I0126959

La energía de los emergentes

ALEJANDRO PELFINI, GASTÓN FULQUET Y ADRIÁN BELING
(COMPILADORES)

La energía de los emergentes

Innovación y cooperación para la promoción de energías renovables en el Sur Global

Este libro es una iniciativa del Global Studies Programme (GSP), programa de investigación y formación dirigido conjuntamente por FLACSO-Argentina, Albert-Ludwigs Universität Freiburg, Jawaharlal Nehru University, University of Cape Town y Chulalongkorn University

La energía de los emergentes : innovación y cooperación para la promoción de energías renovables en el Sur Global / compilado por Alejandro Pelfini; Gastón Fulquet; Adrián Beling. - 1a ed. - Buenos Aires : Teseo; FLACSO Argentina, 2012.
310 p. ; 20x13 cm.
ISBN 978-987-1867-26-4
1. Energía. 2. Sustentabilidad. I. Pelfini, Alejandro, comp. II. Fulquet, Gastón, comp. III. Beling, Adrián, comp.
CDD 333.7

La edición de este libro contó con el apoyo financiero del DAAD (Servicio de Intercambio Académico Alemán)

Buenos Aires, Argentina

ISBN 978-987-1867-26-4

Editorial Teseo

Hecho el depósito que previene la ley 11.723

Para sugerencias o comentarios acerca del contenido de esta obra, escríbanos a: **info@editorialteseo.com**

www.editorialteseo.com

Índice

Prólogo

Como en la década de 1950 y luego en la de 1990, los países de América Latina y el Caribe (ALC) están buscando hoy nuevos senderos de desarrollo. Sin embargo, a diferencia de lo ocurrido en esas coyunturas críticas, en la actualidad carecen de un cuerpo de ideas robusto y bien articulado, ya sea propio o diseñado en otros ámbitos (como lo fueron la teoría de la dependencia o el Consenso de Washington, respectivamente), como hoja de ruta en su búsqueda. Por el contrario, muchos de esos países están experimentando pragmáticamente con nuevas opciones de políticas, instituciones y prácticas en un momento en que los pilares fundamentales del desarrollo -el balance y la relación entre Estado y mercado, el rol del desarrollo rural y la industria, el impacto de los flujos de comercio e inversión internacional, el peso del desarrollo tecnológico, la preservación del ambiente, entre otros- requieren una reevaluación y renovación profundas.

Es imperativo que América Latina y el Caribe encuentren conceptos y enfoques nuevos en su búsqueda del desarrollo. Efectivamente, en el contexto global actual caracterizado por niveles sin precedente de vínculos y acuerdos que trascienden los límites nacionales en la mayoría de los ámbitos socio-económicos, la opción del retiro de los mercados internacionales que la mayoría de los países de ALC siguieron en las décadas posteriores a la Segunda Guerra Mundial es muy improbable, menos aún recomendable. En otras palabras, la posibilidad de volver a las recetas de políticas del los años cincuenta y sesenta del siglo pasado está fuera del escenario. Por otro lado, el balance económico y social altamente negativo -incluidos severos episodios de crisis y tensión- de las políticas de apertura e integración sin restricciones a la economía mundial de la década de los noventa ha impulsado en los últimos años la reconsideración, cuando no el abandono, de esas políticas por parte de muchos países. Insistir con esas recetas está, por lo tanto, también fuera de lugar.

Además, existe un creciente consenso en los círculos políticos y académicos alrededor de todo el mundo acerca de la necesidad de un "nuevo acuerdo" de gobernancia global en el que las llamados "poderes intermedios" asuman mayor responsabilidad, entren en nuevas asociaciones y hasta traigan perspectivas innovadoras para preservar bienes comunes globales y proveer bienes públicos internacionales. Las potencias medias de ALC parecen estar preparadas para este desafío pero, a diferencia de la década de los noventa, cuando su compromiso internacional mayor fue como "tomadores de reglas", ahora se conciben más como "generadores de reglas" y arquitectos de un nuevo orden. Comercio, finanzas, cambio climático, seguridad alimentaria, cooperación para el desarrollo internacional y consolidación democrática en sociedades post-conflicto son algunas de las principales áreas donde esta transición se está desarrollando con expectativas. Pero también con dudas considerables respecto a cuáles sean los arreglos, procedimientos y principios institucionales apropiados para ponerlas en funcionamiento.

Finalmente, ALC debe repensar su camino de desarrollo en un contexto marcado por una incertidumbre "endémica", sin importar la cuestión en juego. En el ámbito de la producción y el comercio, por ejemplo, el proceso de globalización ha generado una dinámica competitiva que redefine una y otra vez el mapa de ventajas comparativas. Una incertidumbre similar prevalece, para agregar otros ámbitos de suma relevancia, en relación con la salud, la seguridad alimentaria o el cambio climático y la preservación de las bases naturales del desarrollo, en tanto resulta difícil predecir la próxima enfermedad animal o vegetal, variedad de virus que pueda poner en peligro el bienestar y la vida humana o cualquier desastre natural.

En este contexto, la tensión entre desarrollo y preservación del ambiente plantea un dilema aparentemente de hierro pero cuya resolución tiene, a la vez, una significación estratégica impostergable y de primer orden. Aunque el problema es multidimensional, la cuestión de las energías renovables está en el centro de cualquier esquema tendiente a la búsqueda de una solución.

En este sentido, la situación en América Latina es variopinta, con países que han logrado progresos sustanciales en la diversificación de sus matrices energéticas y en la consecuente utilización de energías renovables, mientras que otros se encuentran en una situación de rezago aún importante. Argentina, para referirme a mi propio país -sede del seminario que ha dado lugar al presente volumen- posee una matriz con un rol relativamente secundario de las energías renovables y de uso sustentable que resultan menos o no contaminantes. Por ejemplo, la estructura de generación eléctrica (que se halla en fuerte expansión con una tasa de crecimiento anual promedio de 4,9% en los últimos 15 años) estuvo constituida en 2009 por un 54% proveniente de las centrales térmicas por combustibles (basadas en un 98% en gas natural), un 43% de la usinas hidroeléctricas y el restante 4% de las centrales nucleares.

Lograr una mayor diversidad de las fuentes de energía, fundamentalmente reduciendo aquellas que más contribuyen al cambio climático a través de las emisiones de gases y aumentando la participación de aquellas renovables tiene, por ende, una prioridad insoslayable en la agenda de políticas públicas de ALC. Existen razones no solo de índole económica y de sustentabilidad ambiental en este sentido, sino también sociales, ya que son los sectores en situación de mayor vulnerabilidad (pobreza y pobreza extrema) los que más directa e intensamente sufren el deterioro ambiental por carecer tanto de condiciones para hacer frente a sus efectos más inmediatos (pérdida de vivienda y de pertenencias, carencia de alimentos, ropa y medicamentos, exposición a enfermedades infectocontagiosas, etc.) como para relocalizarse en zonas o áreas menos expuestas a tales situaciones. La mayor sustentabilidad ambiental -para cuyo logro las energías renovables son un vector central- es condición ineludible para la preservación de la vida humana en el largo plazo, pero asimismo para la obtención de sociedades más inclusivas y equitativas en un horizonte de tiempo mucho más cercano

Para la comunidad académica, contribuir con la tarea de construcción de un sendero de desarrollo sustentable en Argentina ofrece múltiples oportunidades de intervención, pero debería considerarse, al mismo tiempo, un compromiso insoslayable. La FLACSO, desde la diversidad disciplinaria, de perspectivas analíticas y preferencias programáticas que la nutren, viene haciendo honor a ese compromiso a través de la producción de conocimiento, la generación de debates y diálogos intersectoriales y el apoyo al fortalecimiento de las políticas públicas en una diversidad de áreas, entre las cuales la preservación del ambiente y el cambio climático en sus distintas dimensiones -como la de las energías renovables- es de creciente prioridad.

Miguel F. Lengyel
Director
FLACSO Argentina

Introducción

The territory that is opening up to the social sciences is vast. All the social sciences, not just economics, can contribute to this research program, alongside the agents engaged in economic activities [...] We no longer have to choose between interpreting the world and transforming it. Our work, together with the actors, is to multiply possible worlds through collective experimentations and performations. (Michel Callon, 2007: 354).

A escala global se observa una rápida multiplicación de esfuerzos tendientes al establecimiento de estrategias nacionales y regionales para la diversificación de las matrices energéticas por vías de la producción de energía a partir de fuentes renovables. Entendiendo a la disponibilidad de energía como una precondición para el desarrollo y el bienestar de las sociedades, las renovables han ganado un protagonismo sin precedentes en el marco de ambiciosos programas de estímulo anticrisis, o como herramientas para potenciar el desarrollo rural en regiones rezagadas, pero también como medio para contribuir a la lucha contra el cambio climático. Los llamados países "emergentes" han sido particularmente activos en la introducción de estos programas y herramientas, aun cuando este protagonismo no se base exclusivamente en las llamadas energías renovables no convencionales. Paradigmático resulta el caso de Brasil, cuya matriz energética se compone en la actualidad de aproximadamente el 80% de energía proveniente de fuentes renovables (incluida la hidroeléctrica de gran escala); caso que ilustra que la "descarbonización" de la producción energética no tiene por qué ser una utopía lejana.

El libro que aquí presentamos es fruto de una selección de las presentaciones efectuadas en el Seminario Internacional "Política energética y ambiental global. Las energías renovables en la cooperación Sur-Sur" organizado por el *Global Studies Programme* (GSP) entre la Universidad de Friburgo, Alemania, y FLACSO-Argentina en Buenos Aires, del 22 al 25 de septiembre de 2010. El seminario contó con el apoyo financiero del Programa Alumni del DAAD, reuniendo a expertos de Alemania y de América del Sur y graduados de la Universidad de Friburgo, además del público en general y de académicos del *Global Studies Programme* también de países como India y Tailandia.

En este seminario se presentaron nuevos enfoques, experiencias e iniciativas exitosas en torno a la conexión entre política ambiental y energética dentro de la etapa actual de la globalización, caracterizada por el creciente protagonismo de sociedades emergentes extraeuropeas (*emerging powers*). Las energías renovables no convencionales aparecen en este contexto como una oportunidad para reorientar modelos de crecimiento no sustentables, así como para fomentar innovaciones técnicas y culturales e inaugurar relaciones comerciales inéditas. Además de debatir en torno al rol que puede jugar un país como Alemania como facilitador en el proceso de ascenso de estos poderes emergentes, se profundizó en los dilemas que enfrentan estos últimos países en torno a la articulación de regulaciones ambientales y soberanía energética con el acelerado ritmo de crecimiento que están sosteniendo. A eso aludieron expertos provenientes de India, Tailandia, Brasil y Argentina, quienes discutieron respecto de los tres tipos principales de energías renovables no convencionales (biocombustibles, energía solar y energía eólica) desde la perspectiva de la cooperación Sur-Sur.

Esta obra se sitúa en un espacio vacante: el abordaje desde la ciencias sociales de cuestiones de extrema relevancia societal, pero que suelen quedar circunscritas a los ámbitos de la ingeniería y de la economía. Un abordaje desde las ciencias sociales implica fundamentalmente integrar aspectos que suelen tratarse en forma separada, así como considerar cuestiones que tienden a quedar en las sombras. En este libro, la integración y atención ampliada se reflejan en cuatro premisas fundamentales que, de modo transversal, están presentes en el tratamiento de los temas en los distintos artículos:

- *Integración de la política energética y ambiental*: toda política energética tiene implicancias ambientales significativas, así como toda política ambiental, para superar el mero conservacionismo, requiere pensar cuestiones de uso y provisión de energía. La mirada crítica de las ciencias sociales debe ser también autocrítica respecto de sus propias categorías, y además mayormente escéptica. Las energías renovables no convencionales no son una panacea. Aquí no actuamos como *lobbistas* por el desarrollo de una u otra tecnología. Existen amplios debates sobre los costos, daños, plusvalías y exclusiones que generan varias de ellas, comenzando por los biocombustibles. La evaluación de sus consecuencias sociales no puede, sin embargo, realizarse en abstracto, sino en los territorios y poblaciones específicos donde se introducen estas fuentes de energía alternativa, atendiendo también a sus propias voces y valoraciones en lo que se transforma en un complejo e imprevisible proceso de aprendizaje colectivo.
- *Experimentación institucional y creatividad cultural*: además de la importancia que puedan tener la innovación tecnológica y las soluciones de mercado para hacer más económicamente sustentables a las energías renovables no convencionales, una dimensión central de la innovación es tanto la experimentación institucional (integrando voces usualmente marginadas

e intereses diversos) como la creatividad cultural de la sociedad civil y su capacidad performativa (transformación de patrones de consumo, generación de necesidades y derechos, articulación de discursos alternativos en torno a la percepción del riesgo). Se trata por tanto de pensar la sustentabilidad en todas sus dimensiones (ecológica, social y económica), incluyendo también a la cultural, ligada a la reproducción de modos de vida y cosmovisiones, a la conservación del patrimonio y el trabajo de la memoria.

- *Eficiencia y suficiencia energética*: usualmente las cuestiones de política energética se abordan desde el punto de vista de la *eficiencia* energética ("consumir mejor", reduciendo el costo por unidad de consumo energético –medido, en este caso, en términos de cantidad de recursos insumidos. Nuestro interés recae, sin embargo, en combinar esta idea con la de *suficiencia* energética ("consumir menos" y discutir las necesidades que generan demanda energética). Esto pasa entonces, en primer lugar, por ensayar modelos de desarrollo crecientemente desacoplados de la explotación de recursos naturales (y en general iniciativas asociadas al concepto de "economía verde"), aunque también por explorar caminos donde la autolimitación de aspiraciones, la pequeña escala y los "recorridos cortos" no sean atributos excéntricos exclusivos de vanguardias iluminadas ecológicamente sensibles, sino opciones de masas. Esto incluye también posibilidades de cooperación y relaciones comerciales fuera de los circuitos trillados en la división internacional del trabajo.
- *Conectividad*: en un mundo crecientemente multipolar y organizado en base a la comunicación a distancia nos encontramos con el desafío de desarrollar un nuevo tipo de conectividad que ya no responda a la coordinación centralizada a partir de un actor o instancia

> privilegiada, sino que sea más bien horizontal, descentralizada y organizada en redes. Si concebimos una tecnología no simplemente como un artefacto aislado, sino ligado a toda una concepción del mundo y a un modo de comunicarse con el entorno, en condiciones de una globalización plural y de complejidad creciente, la autonomía y la centralización se desvanecen como una ilusión y se ven reemplazadas por la interdependencia. En este sentido, y siguiendo a Rifkin (2010), se espera que la centralización del suministro energético desde un nodo generador hacia los consumidores pasivos vaya siendo sustituida por la conexión en red de generadores / consumidores que toman de o bien aportan a la red de acuerdo a sus capacidades y necesidades. En esto las energías renovables ofrecen múltiples oportunidades y mundos posibles para explorar.

Si bien no todos los artículos en este volumen abordan de forma explícita estas cuestiones ni siguen con exactitud el camino aquí delineado, las mismas constituyen la base de un modo compartido de mirar el problema y de concordar en una agenda amplia de investigación. De acuerdo con el desarrollo del seminario y respetando la diversidad de los planteos, el libro se organiza en tres partes fundamentales. La primera gira en torno a los llamados poderes emergentes y la sustentabilidad de sus modelos de desarrollo y matrices energéticas. Esta primera parte cuenta con contribuciones de expertos internacionales, algunos de los cuales provienen de países emergentes como India, Brasil y Argentina. Como sugieren varias contribuciones, el ascenso del Sur Global no será sostenible si está basado en un crecimiento desparejo y en el saqueo de sus propios recursos naturales. En este sentido, se impone la necesidad de armonizar el imperativo de desarrollo con criterios de suficiencia energética, lo que demanda un cambio estructural en los regímenes de producción industrial y del conocimiento, en un contexto mundial caracterizado por la redefinición de la división internacional del trabajo y la crisis desatada por el desacoplamiento de la economía financiera respecto de la economía real.

La segunda parte del libro gira en torno al concepto de *innovación*: la innovación tecnológica se evidencia como condición necesaria pero no suficiente para impulsar el cambio social. La pregunta central en esta segunda parte se orienta hacia los actores y las fuerzas de cambio. ¿Cuál es el rol de las élites -más allá de la mala prensa que tiene el término- como agentes de cambio e innovación capaces de abrir opciones para el conjunto social? ¿Cuál es el rol de la sociedad civil en este proceso, así como el de sus diversos actores e instituciones? Junto al desarrollo de mercados con alto potencial económico y social, ilustrado con el caso de los calentadores solares en Argentina, la creatividad cultural y la experimentación institucional en torno a conceptos como el derecho a la energía o la creación de mecanismos no mercantiles de provisión energética resultan claves para la transición a un ordenamiento socioeconómico sustentable, y pueden constituirse en una marca distintiva de las sociedades emergentes. Es importante, al hablar de innovación, distinguirla de simples estrategias de *greenwashing* o de *social washing* que se esconden tras iniciativas de gobernanza que aparecen como "pro sustentabilidad", pero cuyo efecto neto es el refuerzo de un modelo de producción y acumulación no sustentable en términos ecológicos y/o sociales.

La tercera parte se organiza en torno a la dimensión de la cooperación internacional y su vinculación con la actual reconfiguración de un nuevo orden multipolar. Las relaciones estratégicas entre actores internacionales se han visto recientemente modificadas debido a los cambios observados en las relaciones de poder en el sistema internacional. Emergen nuevos protagonistas que de manera creciente refuerzan o apuestan a vínculos a nivel Sur-Sur, y que se valen de una variedad de estrategias de cooperación para incrementar su presencia política y su capacidad de influencia en las discusiones globales. Partiendo de ese contexto, la sección problematiza la dificultosa tarea de la coordinación internacional de políticas entre Estados y otros actores internacionales en el campo de las energías renovables, tratando de superar la tensión Norte-Sur entre hacedores vs. tomadores de reglas. La atención está centrada tanto en las iniciativas de alcance regional tendientes a coordinar acciones conjuntas para la promoción de energías renovables entre Estados de una misma región geográfica, como en las discusiones globales orientadas a consensuar el establecimiento de patrones de conducta ambientalmente sustentables para la producción y el uso de biocombustibles.

En este libro se delinean preguntas que exceden su propio marco, pero que constituyen la base de una posible agenda de investigación para las ciencias sociales en el campo de las energías renovables en general, profundizando las cuatro premisas planteadas más arriba. Si bien en varias de las contribuciones a este libro se esbozan respuestas a ellas, su profundidad, amplitud y relevancia abre un campo de investigación que se vislumbra como fecundo e ineludible, sobre todo en países emergentes. Proponemos dos cuestiones como preguntas centrales a dicha agenda de investigación. La primera cuestión a indagar es por el modo de vinculación entre actores que aparece como más pertinente para fomentar el cambio y la innovación promoviendo las energías renovables no convencionales (ERNC). En este sentido, se trata de evaluar cuál estrategia de innovación resulta más efectiva en nuestros contextos y en qué casos: dos modelos a considerar a tal efecto son la articulación clásica entre Estado, mercado y sociedad civil y la llamada *triple hélice* entre Estado, universidad e industria. De acuerdo con Henry Etzkowitz (2003), en el contexto contemporáneo la innovación puede explicarse crecientemente por la interacción "en espiral" de estas tres instituciones, por contraposición al modelo lineal tradicional que veía en ellas tres esferas claramente diferenciadas y separadas entre sí. En particular, desde la academia cabe revisar el rol de las universidades como mediadoras en la innovación, el aprendizaje y la comunicación en cuestiones de energía y sustentabilidad. Concretamente, sus capacidades para hacer circular el conocimiento a nivel global, asociarse con otros actores y con las transformaciones de la sociedad civil. Estos parámetros podrían constituirse en criterios adicionales para la evaluación de las universidades, complementando los actualmente vigentes como base de los *rankings*. Otros indicadores exclusivamente profesionales son los de publicaciones, cantidad de profesores doctorados,etc.

La segunda cuestión que parece esencial es el balance entre eficiencia y suficiencia energética en países en desarrollo, que puede traducirse concretamente en las siguientes preguntas: ¿cómo puede reducirse el consumo energético sin atentar contra las legítimas aspiraciones al desarrollo en sociedades emergentes? ¿Hasta qué punto es posible desacoplar crecimiento económico del consumo de recursos materiales y naturales? ¿Solo los países desarrollados pueden (y deben) avanzar en la suficiencia y en la búsqueda del crecimiento cero o "posdesarrollo" (Giddens, 2009), o existen también en los países emergentes y en desarrollo importantes capas de la población con niveles de consumo no sustentables que debieran regirse por estos imperativos?

Este libro y el seminario que le dio origen han sido posibles gracias al apoyo financiero del DAAD (Servicio

Alemán de Intercambio Académico) y al aporte organizativo de FLACSO-Argentina y de la Universidad de Friburgo. Esta experiencia de trabajo conjunto entre ambas universidades forma parte de las acciones emprendidas por el *Global Studies Programme* (GSP), programa de *master* y red de investigación focalizada en cuestiones de globalización, gobernanza internacional y cambio cultural, que incluye también universidades de India (*Jawaharlal Nehru University*), Sudáfrica (*University of Capetown*) y Tailandia (*Chulalongkorn University*). FLACSO-Argentina forma parte de esta red, lo que le ha permitido ofrecer desde agosto de 2008 la primera maestría argentino-alemana que otorga títulos conjuntos.

En este marco institucional, el seminario estuvo destinado fundamentalmente a *alumni* de la Universidad de Friburgo, procurando ampliar el conocimiento en torno a las oportunidades que brinda el desarrollo de las energías renovables. Esta actividad contó con el auspicio de la Embajada de la República Federal de Alemania en Buenos Aires, la Cámara de Industria y Comercio Argentino-Alemana y RENOVA SA.

Detrás de las instituciones hay personas concretas que han sido claves para este resultado: Miguel Lengyel, Renata Marinelli, Sophia Palmes, Kalinca Susin, Miriam Hollaender, Anne-Maria Müller, Andrés Valenzuela, Víctor Contreras y Florencia Garay. No queremos dejar de agradecer a los expositores, a los que colaboraron en la moderación de las mesas y al conjunto de los *alumni* de la Universidad de Friburgo y de otras universidades alemanas que participaron activamente del seminario.

Referencias bibliográficas

Callon, Michel (2007), What does it mean to Say that Economics is Performative?, en D. Mackenzie, F. Muniesa, L. Siu (eds.), *Do economists make markets? On the performativity of economics*, Princeton, Princeton University Press.

Etzkowitz, Henry (2003), Innovation in Innovation: The Triple-Helix of University-Industry-Government Relations, en *Social Science Information*, vol. 42, núm. 3, pp. 293-337.

Giddens, Anthony (2009), *The Politics of Climate Change*, Cambridge, Polity Press.

Rifkin, Jeremy (2010), *La civilización empática*, Barcelona, Paidós.

SECCIÓN I
LOS PODERES EMERGENTES EN LA POLÍTICA AMBIENTAL Y ENERGÉTICA GLOBAL

Energy Communication, Power and Elites in Globalization: an Essay on Strategic Discourses

Hermann Schwengel

En el presente texto el autor busca analizar la comunicación en torno a la problemática de la energía desde la perspectiva de las repercusiones estructurales que los desafíos energéticos plantean a las sociedades del mundo; trascendiendo la mera transferencia de conocimiento técnico. Este debate se esboza como un discurso en el borde constituido por la relación entre poder y sociedad en el marco de estas transformaciones. En este contexto, la comunicación aparece como un espacio de discusión ineludible para decidir las transformaciones necesarias que ofrezcan sustentabilidad a las sociedades reconfiguradas. En este proceso, Hermann Schwengel identifica cuestiones culturales como la ruptura con la concepción tradicionalmente histórica de los fenómenos; el papel y la naturaleza de las élites en la comunicación de los temas energéticos; y la transformación del rol y lugar del llamado "Segundo Mundo" en el escenario global. Asimismo, se describen aquí las tres principales estrategias que vinculan la comunicación, las élites y el poder.

Why is energy communication such a key arena for strategic discourses on global ordering? Energy communication is more than discourses on energy problems, it is an arena for various strategies to change our ways of producing, distributing, and circulating commodities and services. Not only because the world has to be saved from elementary risks and not only because the scarcity of certain resources is obvious, although very good arguments could be provided to confirm these reasons. Energy communication however is such a key arena because in this communication the *great transformation* -to use Karl Polanyi's term- is structured and focused there. In energy communication the global transformation of the knowledge-industrial mode of production is intertwined with the transformation of the global order. When Marx talked about modes of production he had in mind the transformation from commercial and trade-led production still embedded in pre-modern political and social structures to an industrial production which is a way of life, too. Most people would agree that in the next decades the change from fossil energy to renewable-energy-driven production regimes -with a few bridges- will be a megatrend. Most people will agree that the rise of the emerging economies becoming emerging powers and emerging societies is a second megatrend and that both trends overlap and interact. We should go one step further and understand that both are not only overlapping and not only influencing each other, but they are intertwined so that the one will not exist without the other. The rise of the global South will not be sustainable without a change of the production regime on the basis of renewable energies but including the whole knowledge-industrial economic order and the new production regime will not be durable without the inclusion of the emerging economies and societies into the global political order. Energy communication is the place where this intertwining process is focused, where the hard choices are articulated, and the conflicts defined. We do not talk about a political philosophy, suggesting what should happen, but about a historical-empirical analysis about what is already happening. In the European debate nuclear energy is sometimes described as a bridging technology. After Fukushima German society prefers to rely on gas and coal as bridging technologies whereas France will have to use nuclear technology for a much longer period. But both adaptations belong to the stronger question how advanced industrial production can be transformed into knowledge-industrial production on the basis of renewable energies. We are not talking about an agenda 2020 but about an agenda 2050. Some German agenda suggesting that in 2050 80% of electricity production and 50% of primary energy resources will come from renewable energies may empirically be doubted but it is powerful as a normative agenda for decision making in the society.

How extraordinary important energy communication may be for the construction of powerful alternatives, there are a few other key discourses although not really many. It would be intellectually dangerous to focus on energy communication as the top and center of social discourse, as any over-centralization of discourses attracts opposition from many sides. Nevertheless, the idea of key arenas in which basic contradictions of globalized modern society are articulated may guide the construction of idea politics, in a sense comparable with Appadurai's concept of spaces.

> [The] mobile and unforeseeable relationship between mass-mediated events and migratory audiences defines the core of the link between globalization and the modern. [...] The work of the imagination, viewed in this context, is neither purely emancipatory nor entirely disciplined but is a space of contestation in which individuals and groups seek to annex the global into their own practices of the modern. (Appadurai, 1996: 4).

We could take the example of *migration communication* intertwining in a similar mode demographic change with the ethnic, religious, and cultural composition of societies. European societies are worried about their national, cultural, and social coherence in Finland and the Netherlands as well as in France and Germany although these worries are not expressed politically everywhere in the same way. Whether there are strong regional disparities like in Italy and Spain or the erosion of strong welfare regimes at their edges the discourse on migration is structuring and focusing certain alternatives. In these discourses societies are discussing the risks of democratic change for their position in the global society visible in China earlier than in India, and in Europe more than in the United States. Energy communication and migration communication have this status of key discourse focusing arenas in common. We could add a third example for key strategic communication areas, i.e. the discourse on the media consumption of the lower classes and the effects on social activity intertwining their conditions of livelihood and the activity potential of the society for growth and change.

What is happening in these key arenas? In these arenas the place of the societies in global society is defined. In these arenas platforms are made available on which elites as well as majorities, sophisticated science as well as cultural narratives are meeting each other. It is a very vulnerable endeavour demanding a lot from the actors participating in this discourse. One could give the example of the former German central banker Thilo Sarrazin who had to leave office because he was not able to distinguish his description of real problems of immigrants from pseudo-biological data. Although certain cases in different societies are not well known in other parts of the world, similar discourses are taking place. The same could happen to technology elites not being able to distinguish the normative power of criticism on nuclear energy from pure risk analysis. It is no accident that cultural historians have moved into these debates on the great energy transformation to explain the patterns in which this change has been articulated in former times. In literature studies the German intellectual Hans-Ulrich Gumbrecht, teaching at Stanford University, talks about *Stimmungen* –climates and atmospheres of meaning– in which circulated key texts express choices and ambivalences society experiences in times of intensive social change (Gumbrecht, 2011). The Indian-born Columbia historian Dipesh Chakrabarty speaks about the *climate of history* conquering the limits of historical understanding. "The discussion about the crisis of climate change can thus produce affect and knowledge about collective human pasts and futures that work at the limits of historical understanding. We experience specific effects of the crisis but not the whole phenomenon" (Chakrabarty, 2009: 221).

Energy communication is a discourse at the edge. With energy communication we do not only exchange strategies on how energies will be available at reasonable prices, which kind of transport will be safe, and how the risks of global climate change will be distributed equally among the classes and countries, but how powerful *society* should be in this transformation. As some effects of climate change are already unavoidable, the definition of *resilience* -of vegetation and animals as well as social structures- is more and more on the agenda. All these learning processes are, as I believe, deeply intertwined with the rise of the emerging powers on a global scale.

1. Our Great Transformation

When the Club of Rome portrayed the limits of growth four decades ago, neither the idea of a new emerging global knowledge-industrial regime driven by renewable energies nor the idea of emerging powers in the world order were on the agenda and the idea of society was articulated from within welfare societies, newly independent societies and societies struggling for independence. Of course the standardized industrial production was challenged by so-called post-Fordist strategies to give answers to a much more flexible technology and a more individualized demand. The differentiation of firm structures should open space for more innovation and more options for entrepreneurship. In western social theory the criticism of the risk society has become familiar with the work of Ulrich Beck, but this criticism has no sufficient understanding of advanced industry already on the way towards a knowledge-based mode of production.

Meanwhile our theoretical and statistical knowledge on the environmental risks of industrial production has evolved dramatically visible in the popularity of the critical STERN-report 2008. The increase of knowledge however is ambivalent. An increase of knowledge without implementation of measurements could exhaust active participants by permanently disappointed moral investment while others prefer to use this knowledge only for their own career advancement. Then moral investments are only made during certain events and only temporarily. The drive towards the inclusion of the emerging powers into the economic universe could create exhaustion too, if it is only based on the consumerism of small middle classes. In the earlier times advocates of the thesis of the forever rising dominating service sectors, postmodern representatives of the creative economy and environmentalists seemed to be natural allies. But the two big crises of the last decade, the financial crisis of 2008 even more than the information-bubble crisis some years before have damaged this alliance. The experience that environmental risks only can be addressed on a global level has grown but the social and liberal classes having senses for global interdependence are not united in changing the production regime or even feeling responsible for world ordering.

Although slowly, perspectives are changing towards the rise of an integrated knowledge-industrial mode of production and the inclusion of the emerging societies into this process. After the contemporary crises people realized that the Anglo-Saxon model of national *deindustrialization* and the global *financialization* have contributed to the crises. "The financial expansion of the last twenty years or so is neither a new stage of world capitalism nor the arbringer of a 'coming hegemony of global markets.' Rather, it is the clearest sign that we are in the midst of a hegemonic crisis" (Arrighi y Beverly, 1999: 272). Even in the UK and the United States the term of reindustrialization has somehow been accepted. Of course -and this could be an enormous resource for misunderstanding- we do not talk about a return to the industrialism of coal, steel, and chemistry. But we have meanwhile an extremely sophisticated engineering system of production in mind which in Scandinavia and Germany never lost its popularity. Renewable energy-driven production regimes demand a totally different way of building intelligent houses, to organize transport as an integrated system, and to develop quite new types of steel and chemical products, not to speak about the consequences for urban planning and medical services. "After oil" is not just a program for the substitution of certain energy resources by others but for a different way to gain productivity and allow sustainably production penetrating all spheres of human life. For environmentalists sometimes paradox effects may occur, i.e. in certain areas even more chemical production will be necessary in order to reduce risky chemistry. You have to have the whole life cycle of a chemical producing mind. The same paradoxical effects may occur when nuclear energy is substituted by stronger efficiency, gas, and coal to be accepted by environmentalists wanting everything at the same time. The real calculation of transportation costs may slow down globalization for some time but will strengthen exchange between global regions in the long run.

The second decisive change of perspective is the growing awareness that the emerging markets, powers, and societies are everywhere in this global transformation, as producers as well as consumers, as users of established technology as well as cutting edge developers. There are interesting cases for this perspective change as even the United States and China -the two big climate sinners- have found ways of merging their research on clean energy, i.e. the US-research in technology and the Chinese experience in developing complete manufactured prototypes could be synthesized in long-term projects. These things are happening everywhere making the emerging powers *change agents* on many levels in the great transformation. Emerging powers are not just rising global economies as China and India, Russia and Brazil, Indonesia and South Africa, they create a global structure, how decentralized this structure may be. If they are coined as BRICS -Brazil, Russia, India, China, and South Africa-, then we would understand them only in traditional terms of the rise and fall of nations which is not inspiring our political senses. The interaction between the experience of these societies -and definitely they are more than these five or six and they are more than the G20- is much more characterized by networks, professional learning and broad participation, elite exchange, mutual observation, and common self-monitoring than by international container-relations. Let us speak about the rise of a new *Second World.* This term has been introduced by the nearly forgotten world of the Soviet Union and its global allies more than half a century ago. In these days the Second World is sometimes understood just as a *reservoire* for the competing hegemonial powers of the US, Europe, land China. I would prefer to stress a third quality of the term namely its *openness* between the First and the Third World changing *both* of them in the context of a global knowledge-industrial mode of production. The Second World is not defined by clear borders, it has no center and top and the interaction within and with the other worlds is fluid. Of course today there is no ideological core as in the

Politbureau in Moscow, there is no articulated development program, and no military alliance to support the rise. But there is very much soft power, networking, and communication. New types of negotiating power are proved and sometimes fail, when for example Brazil and Turkey were negotiating in the Iran affair, but they will try again and may not fail. Negotiation power is no longer the privilege of the occidental elites. The level of the G20 has eroded the level of the G7, conferences from Cancun to Copenhagen are no longer directed only from Washington and London, Paris and Brussels but from other headquarters too. If it is true the pure membership of any country in this club -sometimes provoking old rivalries- is not as important as say the membership in NATO. Whether Brazil, Chile, and Argentina are equal participants in this Second World is not a question of states but of the participation of their *societies* and professional spheres and business circles in an interactive exchange of knowledge, ideas, and strategies. The borders matter but they are integrated in more flexible types of bordering. The great urban and regional conglomerations interacting within the Second World and between the three worlds gain importance against governments not understanding these networks. But they allow on the other hand populist criticism of growth too unequal to be sustainable. There is a common understanding that in the interactive structure of the Second World opportunity and necessity for knowledge-industrial leadership are growing, in Brazil more than in Argentina, in China more than in India, in South Africa more than in Nigeria, but elite change is everywhere. In certain global branches as offshore-delivery of oil and gas, in ethanol-production, and in some agricultural production areas Brazil is already demonstrating this type of leadership.

There are new geographical constellations possible as the Second World itself has no geographical core: Members of this structure called Second World are able to develop their own distinct spaces of interaction, letting India make South Asia a global region where no longer only the United States is able to keep peace and help guard the global commons; interdicting terrorists, pirates, and smugglers, and managing the competition between China, India, Pakistan, South East Asian, and Pacific countries. In the Second-World-structure there is no antagonism for India to deal with the United States in political and military terms and at the same time offering a regional-global public good on its own responsibility. Nor is the Second World mainly characterized by some sort of state capitalism as interested liberal Western intellectuals like to point out. Although there are national oil corporations, state-owned enterprises, privately-owned national champions, and souvereign wealth funds the Second World as a whole offers much more flexible options for participation and empowering. Stronger democracy and vital public spheres will come from the success of the Second World structures. For the European Union it will be decisive to get into clear conversation and well defined relationship with this new Second World. Both have in common that there is not *the* one telephone number to call when there is a crisis as Henry Kissinger, the former American secretary of state, expected from any player in the global game. An agreed shift of power and gradual change of the differences between First, Second, and Third World will not be managed by central agencies of empires and national states but by the variety of economic, social, and cultural networks. The production of renewable energies is embedded in a structure change towards a global knowledge-industrial mode of production and is a good basis for this interactive learning. The crisis of the European common currency is expressing the necessity for the interactive learning of societies which cannot be governed only by financial markets and media industries. Southern Europe has to be linked to Northern Europe not only by financial strategies and austerity but by knowledge-industrial ideas as the production of solar energy in the European -and North African- South based on common European politics. To sum up: In production and consumption of energy, in technological and entrepreneurial participation in the growth of a new global production regime the Second World is present. Consumption needs are obvious. Certainly in China, but even more in the ASEAN-economies more than 75% additional energy supply has to be provided in the next two decades -according to an IEA-prognosis- if majorities should be able to join economic and social growth. The United States on the other hand -although cautiously supporting renewable energies- is relying heavily on old technologies to repair the rotten American energy infrastructure. Energy communication again is the place where the time schedules, conflicts, and alternatives concerning the division of burdens between the actors have to be clarified. And the emerging powers are already relevant actors in this clarification. In the great transformation of our times the provision of energies is intertwined with advanced production regimes and the rise of emerging powers.

2 Power, Elites, and Communication

In the struggle of energy communication actors have to get a voice. The alternative is exclusion according to the famous distinction of Albert Hirschman: "You speak or you are out" (Hirschman, 1970). Actors have to mobilize appropriate power. Let us understand power as a two-sided medal with Max Weber on the one side and Hannah Arendt on the other. With Max Weber power is an asymmetrical process in which holders of power are able to make non-holders do something they would not have done without this power relation. With Hannah Arendt we would understand power on the other hand as mobilization, as the ability to do something with others together. No exercise of power is only asymmetrical and no exercise of power is only cooperative. In communication power it is necessary to synthesize ideas, to cope with the diffusion of the media, and to build up experience in brokering different issues and organize decision making. In our case of global energy communication actors have to bridge the experience of emerging powers articulating and defending their new status as members of a Second World with the experience of advanced societies developing more sophisticated industrial and agricultural regimes on the basis of renewable energies embedded in knowledge-industrial modes of production. Within this framework different agents create, differentiate, and synthesize power. In some other areas foreign policy elites and the representatives of internal development never meet; in energy communication they will have to.

Energy communication is articulated by very different political and economic elites as well as by cultural and social elites. As in the case of power we have to understand the ambivalent status of elites. For some, elites are nothing but the ruling classes occupying knowledge, media, and influence governing opinions. For others there should be no elites at all because the given communication, tools, actors, and movements could be effective, responsible, and powerful enough to create change agencies. Let us follow a third path: elites are neither servants of the governing classes nor representatives of a certain functional knowledge, i.e. the best doctors, the best lawyers, the best environmental engineers, etc. Elites are those persons providing the knowledge about key choices into which directions society can go or not. Personally they have their own preferences but they should give choices to members of the society. The hard choices are how much time societies need to move from fossil energy to renewable energies, however not just in the consumption of energy but in terms of input into new industrial regimes making societies able to build new types of houses, new types of cars or railways, and to allow new divisions of labour in local cooperation, family, and communities. In competitive elite constellations strategic discourses are winning their own role and dignity. Discourses may become tools for elites organizing hard choices but elites are dependent on the track of discourses they have joined some time ago. Change between the discourses is not just free. One can distinguish three types of strategic discourse regarding energy communication, power and elites.

Firstly, there are political top-down discourses describing the shift of positions among and between producers and consumers of energy. Political scientists like to describe this as a global chess game with more or less sophisticated strategies of key actors. Strategies here have a hidden agenda or have countervailing effects. When we identify shifts *between* global regions we could make Central Asia and the Middle East a key object in energy communication whereas the subjects are more defined in terms of classical hegemonial power, the United States, China, India, and Europe. We may identify shifts *within* global regions as from the Southern Middle East with Saudi Arabia, Egypt, and the Emirates to the Northern tier with Iran, Russia, and Turkey because of their higher political power capacities, because of the control of both production and transportation structures of energy and the neighbourhood to Europe and East Asia. However this shift is provoking and has provoked reactions enhancing the modernizing forces in Egypt long before the Arab spring. Modernization has many faces as Saudi Arabia is a country with the most extended cooperation with the WTO as a catalyst for change quite different from modernization forces in Egypt. Again there remains the key question who will be able to guarantee the safe exchange between global growth regions, guaranteeing the security for the street of Malacca and other key exchange routes. In the decade after 1989 when the United States seemed to be the only hegemonial power to provide the global public good of safe interaction between the prosperous global regions, the answer seemed clear. But after the two crises of information and finance in the last decade as the relative decline of the power of the United States the provision of this global public good cannot be taken for granted.

There is a second key discourse on the change of environmental behaviour putting the use of renewable energies into everyday life. If you talk to young people, environmental global change is the emotional megatopic everywhere. Very different experiences are brought together here: the experience of microcredit finance in development, women's groups taking over control in local production systems, and activists' networking the green experience all over the world seem to make energy communication an overall discourse forcing local, regional, and global experiences. These activities are, however, often not related to the rise of emerging powers, the shift among and between global regions and the meaning of global public goods. Activist groups are sometimes deterred by the complexity of power and prefer local social scenarios, globally embedded only in some cultural networks and economically naive ideas. People act locally but do not think globally although the networking of bottom-up is an experience which could provide enough ideas for global theory building. The social sciences have always blossomed when they understood themselves as change agents as expressed in Marx' famous thesis that philosophers were trying to interpret the world but it would be necessary to change the world.

Universities and academic networks could play an intermediate role in building a third strategic discourse, consisting in the translation of different experiences on different local, regional, and global levels, intensifying interaction between observing analysts and participating active people as well. Right now universities are only ranked by the position in science, publication, internationalization, and other professional abilities. They could be ranked according to their capacity to be observer and actor in regional-global civil society and their contribution to the multi-level endeavour of global democracy. Strategic discourses, different types of elites, and knowledge-industrial experience are already there. Some awakening process might be needed to create the necessary social density for deeper change. Although the catastrophic events of Fukushima led to a dramatic change in energy politics in Germany, Switzerland, and Italy, events-driven change does not create strategic discourses. The *Macchiavellian moment* for this third type of strategic discourse is still to come.

References

Appadurai, Arjun (1996), *Modernity at Large: Cultural Dimensions of Globalization*, Minneapolis, University of Minnesota Press.

Arrighi, Giovanni y Silver Beverly (1999), *Chaos and Governance in the Modern World*, Minneapolis, University of Minnesota Press.

Chakrabarty, Dipesh (2009), The Climate of History: Four Theses, en *Critical Inquiry*, vol. 35, núm. 2, invierno de 2009, pp. 197-222, Chicago, The University of Chicago Press.

Gumbrecht, Hans Ulrich (2011), *Stimmungen lesen: über eine verdeckte Wirklichkeit der Literatur*, Munich, Carl Hanser Verlag.

Hirschman, Albert (1970), *Exit, Voice, and Loyalty: Responses to Decline in Firms, Organizations, and States*, Cambridge, Harvard University Press.

Brazil: A Regional Power with Global Aspirations

Sergio Almeida Pacca

Brasil ha promovido históricamente energías renovables, principalmente en respuesta a la crisis del petróleo de los años 70. El país no es alto emisor de carbono, principalmente por sus políticas pro energías renovables. Las hidroeléctricas son altamente competitivas y el programa de uso de etanol está estrictamente relacionado con la producción automotriz y la mezcla de los combustibles. Posee un mercado conveniente y su producción no para de crecer. La energía eólica es aún muy cara, pero aplicable a áreas de poca densidad. Por lo cual si se pudiera proyectar su obtención a ritmo pausado, podría postularse como abastecedora de esta energía en la región. El mejoramiento de las condiciones climáticas es indudable, aunque las energías renovables también presentan una problemática de disponibilidad. Sin embargo, su posible asociación con Argentina en estas materias prevé una posible integración energética en Latinoamérica, los altos estándares de seguridad en Brasil lo podrían permitir.

1. Introduction

Although Brazil is amongst the largest carbon dioxide emitters, its energy mix comprises various examples of renewable energy sources. In reality, about 58% of the greenhouse gas emissions in Brazil come from land use change. Historically, policies were established to promote renewable energy sources, such as hydropower and biomass, in response to the oil crisis of the 1970's. Presently, over 80% of the domestic electricity generation capacity corresponds to hydropower. The share of electricity generated out of biomass is increasing rapidly. Actually, the share of biomass is greater than hydropower if we account for other secondary energy forms besides electricity. The development of biofuels in Brazil has experienced a rapid growth motivated both by domestic demand and expectations of international trade escalation. New renewable energy sources such as wind, which are cost competitive with traditional alternatives, are also developing fast. A mix of policies, R&D, and natural resource availability was key to accomplish a consistent renewable energy deployment. All these alternatives, which have contributed to indigenous capacity building, bring about notable opportunities for energy integration in Latin America based on renewable energy synergies.

2. Greenhouse Gas Emissions in Brazil

The last official greenhouse gas emission inventory in Brazil was released in 2010 and was based on 2005 emission data (MCT, 2010). According to this inventory, total emissions account for 2,200 million metric tons of carbon dioxide equivalent (CO2e), most of which come from land use change. Land use change, which encloses deforestation, was responsible for 61% of total emissions, agriculture was responsible for 19% and energy was the third emission source with 15% of the emissions. Therefore, energy production and use is not a major source of carbon emissions in Brazil (figure 1).

Figure 1. Greenhouse Gas Emission Sources in Brazil

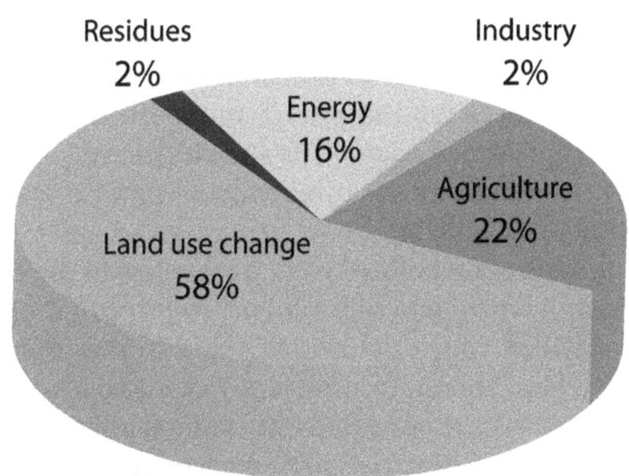

Source: EPE (2010a).

This profile is very unique because in most countries energy consumption is for both electricity generation and transport: it is usually the most significant carbon emission source. In Brazil, this is not the case because of two reasons. First, despite some recent efforts by the government to reduce deforestation rates, they are still positive, and therefore, the deforested area in the country is still growing. Second, public policies in Brazil have favored the deployment of renewable energy sources and its share in the Brazilian energy matrix is currently noticeable.

In fact, deforestation of a tropical forest releases a massive amount of carbon. One hectare of the Amazonian rain forest contains up to 272 metric tons of carbon only in the above ground stock of biomass (MCT, 2010). If all this carbon is mineralized it accounts for almost 1000 metric tons of CO2. Thus, it is estimated that only deforestation in the Amazonian rain forest released 843 million metric tons of CO2 per year between 1990 and 2005. Countrywide, the total annual net release of CO2 due to land use change over the same period was 1250 million metric tons of CO2.

The energy matrix is also responsible for the low share of the sector in the overall Brazilian emissions. Actually, the presence of renewable energy in the Brazilian energy matrix, in the form of liquid fuels and electricity generation sources, results from a combination of natural resource availability and policies.

Although such policies were a response to the oil crisis, which have sought alternatives to imported oil, the other outcome was a significant expansion of domestic oil production. Therefore, both renewable and fossil based energy sources have benefited from federal policies aiming to overcome the external dependency on oil of the 1970's.

3. Brazilian Energy Matrix

Currently oil is responsible for 42% of the primary energy supply, whereas renewable energy is responsible for 47% (EPE, 2010a). If natural gas is also considered, the share of fossil fuels is slightly greater than 50%. The share of natural gas is probably increasing because recent discoveries of oil in Brazil are also associated with the expansion in natural gas supply.

Over the last 10 years, the supply of oil and natural gas increased at a 5.8% annual rate, which is slightly below the rate of 6.5% of sugarcane products. In comparison, the annual rate of increase for wind power over the same period was 38% whereas the rate of increase of hydro power was only 2.9% (EPE, 2010a). So the current annual rate of increase of wind power is ten times greater than the rate or increase of hydro power.

Figure 2. Evolution of Energy Shares in the Brazilian Matrix (1970-2009)

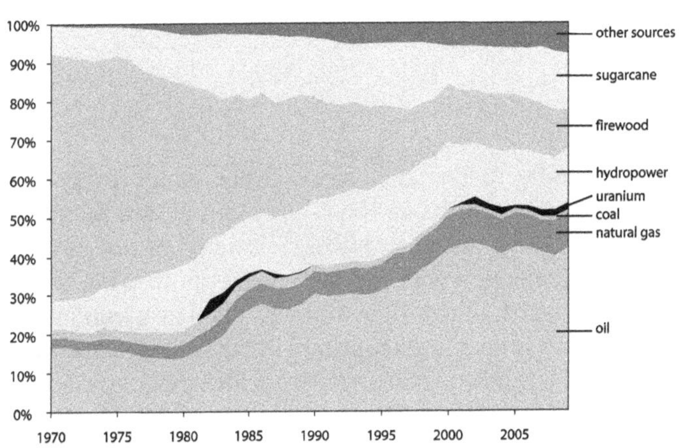

Source: EPE (2010a).

It is possible to state that Brazil is self sufficient in terms of its energy needs, which is an important energy security mark that was attained over the last 30 years. Small amounts of energy are imported nowadays. One fuel that is still imported is coal, which serves as an input to the steel industry in the country. Brazil also imports less than 10% of its total domestic electricity supply from Paraguay.

In 1970, primary energy production in Brazil was almost 50 million metric tons of oil equivalent (toe), the share of firewood was 64% and the share of oil, the second largest energy source, was only 16% (EPE, 2010a). The share of biomass was slightly greater than hydro power and they both were around 7%. Figure 2 shows the evolution of the relative energy source shared over the last 30 years. In the 1970's the Brazilian government started to implement policies to ramp up the share of these two renewable energy sources in the energy matrix. The installation of large hydroelectric plants in the 1970's was responsible for the large share of this energy source in the Brazilian electric matrix. The annual growth rate of hydro power in the 1970's was 12%.

4. Electricity Matrix

Presently, the installed electricity generation capacity in Brazil corresponds to 106 GW, which allows the generation of 466 TWh per year of electricity. About 80% of the installed capacity of electricity generation is based on hydro power. The share of hydro power is even greater if we consider the total energy supply in Brazil since a significant amount of electricity is imported from the Paraguayan share of the Itaipu power plant.

The Itaipu power plant, which was built in the 1970's and contains 14 GW of installed capacity, is a good example of the development of large hydroelectric plants in Brazil. Although only 50% of the plant is controlled by Brazilian public utility companies and 50% is controlled by Paraguay the Brazilian government leadership, it was fundamental for the whole project financing scheme. In part, hydro power development was convenient because of the perceived low cost of new hydroelectric plants in the 1970's. The centralized government was able to convene massive investments in public utilities, which were responsible for the construction of major reservoirs and power plants.

Nowadays, almost 50% of the hydroelectric potential in Brazil is exploited and the remaining potential is located in the Amazon region. However, various contemporary environmental concerns may hamper the full development of the hydroelectric potential in Brazil. The current legal framework allows for different wedges that might deter the full exploitation of the hydroelectric potential in the country. If the development is postponed, other electricity generation alternatives might become competitive. We already see a rapid penetration of wind power in detriment of hydro power.

Other reasons that favored the development of this renewable energy source were the two oil crisis in the 1970's. Electricity was able to displace oil distillates in several industrial applications. So the development of hydro power was part of the response to the oil crisis, aligned to investments in domestic oil production and bio-fuels.

Despite the controversies, the development of the hydraulic potential still persists at a slower pace than it was in the 1970's. Belo Monte dam, which was the last large project being commissioned, is expected to commercialize its electricity at a cost of $46 per MWh, which demonstrates that this energy source is still cost competitive.

5. Biofuels

A direct response for the consumption of oil was the creation of the ethanol program in the 1970's. Figure 2 shows that the share of biomass in the Brazilian energy matrix was already significant in the 1970's. However, this was due to the consumption of traditional biomass fuels such as firewood and the small absolute oil consumption by that time. Oil consumption started to ramp up in the 1970's with the establishing of the first car manufacturing companies in Brazil. Therefore, the two oil crisis triggered the search for alternatives such as ethanol, which is a modern biomass fuel.

Ethanol production started to increase in the late 1970's with the release of ethanol fueled cars and the mixing of ethanol to gasoline; the share of ethanol remained constant over the 1980's and 1990's. Ethanol demand in Brazil was especially dominated by the legal mixing requirement of up to 25% in gasoline. Anhydrous ethanol, which is mixed to gasoline, has lower water content than neat ethanol which is directly sold at the pumps in fuel stations in Brazil.

Over the last 2 decades of the 20th century, neat ethanol sales at fuel stations have fluctuated due to changes in market prices. Indeed, most of the sugar mills in Brazil are able to produce both ethanol and sugar. In fact, from one metric ton of sugarcane it is possible to produce either 100 kg of sugar and 22 liters of ethanol from molasses or it is possible to ferment all sugar into ethanol and produce 93 liters of ethanol. Therefore, depending on the market prices for ethanol and sugar, the sugar mill adjusts its output to produce more sugar or ethanol in order to maximize its profits. In the early 1990's, a shortage of ethanol due to attractive sugar prices has jeopardized the trust of car owners in neat ethanol powered vehicles. The fleet of ethanol vehicles was being scraped and most ethanol produced was mixed to gasoline.

Nevertheless, in 2003 the sales of flex-fuel vehicles started to ramp up and this fact was responsible for greater demand on neat ethanol (BNDES, 2008). Flex fuel vehicles are immune to price fluctuations because the consumer may opt at the gas stations to buy either ethanol or gasoline. Nowadays, whenever the market price of ethanol is convenient, the consumer may choose to fuel her flex-fuel car with bio-fuels. Also, 60% of the fuel volume consumed by the Brazilian car fleet is ethanol and the remainder is gasoline (EPE, 2010a). Diesel fuel is only allowed in pick-up trucks.

In December 2010, the average consumer price of ethanol was \$1.06 per liter and the price of gasoline was \$1.54 per liter, despite December being the off season of ethanol (ANP, 2011). Conversely, in August 2010, the cost of one liter of ethanol was \$0.94. One liter of ethanol is not directly comparable to one liter of gasoline because there is a difference in terms of the distance driven with one liter of each one. Gasoline is 30% more efficient than ethanol so the consumer has to take this into account as well when deciding on which fuel to buy.

By the end of 2010, ethanol production in Brazil was almost 30 billion liters and five billion liters accounted for the net trade of the fuel (OECD, 2010). It is expected that in 2020 the production will be 55 billion liters and that the net trade will be 14 billion liters. Although Brazil exports a significant amount of ethanol, the major demand is driven by the domestic market, especially due to the increasing number of flex-fuel vehicles on the road. Flex fuel vehicles are sold at the same price as gasoline only vehicles and the difference is that the driver can fill up the tank with ethanol, gasoline or any mixture of the two fuels.

The global production of ethanol in 2009 was 70 million liters, with the US being the largest producer of the bio-fuel (OECD, 2010). It is expected that in 2020 the production will reach 160 billion liters.

Brazil also imports ethanol due to off season price spikes and the price competitiveness of imported ethanol during these periods, especially corn based ethanol produced in the USA. Although this is a good option to balance the ethanol supply in Brazil, the use of corn based ethanol is not as effective as the use of sugarcane ethanol in the mitigation of CO2 emissions. According to a recent directive of the European Union, sugarcane ethanol reduces fossil fuel emissions by 71% whereas corn based ethanol reduces emissions by 49% (EU, 2009).

Some bio diesel consumption targets are also being pursued by means of federal policies. In comparison to neat ethanol, which is sold at the pumps, bio-diesel is mixed to diesel at the oil refineries. Up until 2013, it is expected that 5% of bio-diesel will be mixed in the diesel commercialized in Brazil.

In 2009, the domestic production of bio-diesel was 1.6 billion liters; it is already possible to find B5 in the Brazilian market. Most of the bio-diesel that is produced in Brazil comes from soybeans. In comparison to diesel from petroleum, the use of bio-diesel from soy beans reduces emissions by 31% (EU, 2009). Therefore, the consumption of this renewable fuel is neither as significant as ethanol consumption nor as effective in terms of climate change mitigation.

The tax structure for transport fuels in Brazil favors the use of ethanol versus gasoline. Both State taxes and Federal taxes are more substantial for gasoline than for diesel (BNDES, 2008). Figure 3 shows that the price of gasoline has been greater than the price of diesel. Although diesel engines are more efficient than gasoline engines and diesel is cheaper than gasoline, it is not allowed to fuel cars with diesel in Brazil.

Figure 3. Evolution of Fuel Prices in Brazil (2000-2009)

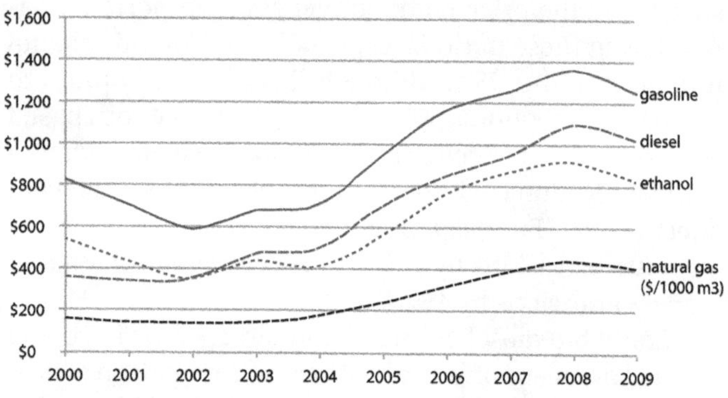

Source: EPE (2010a).

On the one hand, if the price of gasoline was as low as the price of diesel, it would be more difficult for ethanol to compete with gasoline because the efficiency of cars fueled with ethanol is about 30% lower than the efficiency of cars fueled with gasoline. On the other hand, because the price of diesel is lower than the price of gasoline the competition of bio-diesel with diesel is challenging. Diesel prices are maintained lower because most freight transportation in Brazil relies on trucks and it is worthwhile to maintain freight costs low.

Other fuel available for road transport in Brazil is compressed natural gas (CNG). CNG is available in some large cities such as Sao Paulo and Rio de Janeiro. The consumption of CNG is conditioned to the installation of a kit that adds up to the initial cost of the vehicle. Due to its high upfront cost, this technology is not attractive for private drivers but incentives for taxi drivers have popularized CNG among them. The effectiveness of greenhouse gas mitigation due to the use of natural gas in car engines is not substantial.

Biofuels are not the only energy carrier that is extracted from biomass. The growth of bioelectricity, which is produced out of bagasse, has demonstrated that this renewable energy source may add to the current electricity generation installed capacity. In 2007, the total installed capacity in sugar mills was 1.8 GW and the surplus offered to the grid was 875 MW (BNDES, 2008). Currently, it is possible to generate up to 160 kWh per ton of sugarcane (Pacca and Moreira, 2009).

The cost of the electricity produced out of bagasse in the last renewable energy auction was $84.70 per MWh (EPE, 2010b). It is expected that in 2025, 75 GW of capacity will be available if 60% of the sugarcane straw is added to the bagasse and both are used for electricity generation (BNDES, 2008).

Thus, several options contribute to the diversification in terms of fuel transportation needs in Brazil; market prices and policies determine the best mix of fuel sources and technologies over time. In addition to liquid fuels and gas, it is possible to imagine that in the short run electric vehicles will be available and the share of renewable energy in transport might increase due to the penetration of more renewable energy sources such as bio-electricity and wind power. This contributes to climate change mitigation and potentially brings about ancillary effects such as lower air pollution levels in large cities.

6. Wind Power

Although Brazil has more than half of the wind power installed capacity in Latin America, its development is still timid. In 2008, wind power installed capacity was 341 MW and the exploitation of this renewable energy source is growing rapidly. In November 2010, the country had 835 MW, and yet, it corresponds to mere 0.75% of its total potential.

In the recent past, wind power deployment was constrained by its cost. However, the situation has changed due to a combination of policies, resource availability, and market conditions. A achievement for wind power development in Brazil was the renewable energy incentive program (Proinfa) of the Ministry of Mines and Energy, established in 2002. This program has supported the first large scale wind power installations in Brazil.

Another regulation that helped the installation of new projects is the implementation of dedicated wind power auctions, such as the ones in 2009 and 2010, which have attracted more projects and made wind power more competitive with traditional fossil fueled power plants. Finally, other milestone that has contributed to the installation of the wind manufacturing industry in the country was the 60% minimum requirement share of domestic equipments in wind power projects (MME, 2011).

Until 2009, the cost of the wind power based electricity was still a barrier to its expansion. The average electricity price of Proinfa projects in 2007 was in the range of $119 to $135 per MWh, depending on the individual capacity factor of each one (De Araujo Lima and Bezerra Filho, 2010). Up until this point, wind power was considered unfeasible and not competitive despite the considerable potential that was unveiled in the first national assessment of 143 GW.

The turning point was due to a conjunction of good policies and global market conditions. In 2009, the first auction fully dedicated to wind power was commissioned. Possibly due to great availability of wind resources in areas with low population density, the variation of the exchange rate, and the economic crisis in 2008-2009, a significant supply of equipment was available and both domestic and international companies were led to invest in the Brazilian market. In August 2010, a second wind power auction took place, along with other renewable energy sources in which, wind energy competed with small hydroelectric plants (SHP) and biomass cogeneration projects. For the first time, wind energy prices ($73/MWh) were below other renewable alternative energy prices such as small hydroelectric plants and biomass (EPE, 2010b).

Additional 6 GW of wind power projects were enabled to participate in the auction (EPE, 2010b) and certainly most of these will be hired in the future.

The economic crisis in Europe probably affected projects in countries that were carrying massive investments in wind power. Another market condition that favored investments in Brazil is the strengthening of its currency, which favors the acquisition of imported equipment and the building of companies in the country.

According to a recent assessment by the Global Wind Energy Council (GWEC), Brazil has the largest wind power market potential in Latin America due to its large remaining wind resources, the ability to complement hydro power generation, and the possibility of hosting wind equipment manufacturing plants. Moreover, the country is considered as a future equipment supplier to the region (GWEC, 2010).

In addition to favorable regulations, resource availability is also instrumental to the recent development of this energy technology. The Brazilian electricity mix encloses a significant share of hydro power. In 2009, this energy source was responsible for 85% of the total domestic electricity supply (EPE, 2010a). Wind power development in Brazil is unique because high average wind speed resources in the Northeastern region are good complements to the hydrologic cycle (Dutra and Szklo, 2008). Therefore, wind power could be used to match power loss during hydro power' off season, displacing fossil fueled power plants that are currently balancing the electricity supply (Filgueiras, 2003).

Considering the projects assisted by Proinfa and by the latest auctions, more than five GW of wind power will be added to the Brazilian grid by the end of 2013. It is more than the current 0.8 GW but still far away from the total indigenous potential. If wind power electricity trade in dedicated auctions persists, the expansion trend continues and costs decrease over time. In the future, wind power could occupy a significant share of electricity generation and complement the current hydro-thermal system.

In comparison to major future hydroelectric projects in the Brazilian Amazon, wind power resources are closer to energy load areas along the Atlantic coast line and major transmission lines of the national grid. Therefore, transmission costs and losses associated with wind power are smaller than the ones associated with large expected hydroelectric projects.

Forecasts prepared by the Global Wind Energy Council (GWEC) consider LA as a promising wind power market due to its sizable wind potential and increasing energy needs in the region (GWEC, 2010). In fact, since the beginning of the century, various countries in the region have implemented policies to support the development of renewable energy, including wind power (Arango and Larsen, 2010). Over the last years, a timid growth was observed in the share of wind power in LA in comparison to Europe, North America, and Asia. In 2009, the installed capacity in LA doubled from 653 MW to 1,274 MW. However, until August 2010, only two countries were responsible for a significant share of wind power in LA. Brazil and Mexico were responsible for 44% and 29% of the total installed power in the region respectively.

7. Renewables for Energy Integration in Latin America

One feature of renewable energy sources is that it is subject to climatic conditions. This yields positive and negative effects. Due to its continental extent and different seasonal patterns the benefits appear due to complimentary availability between distinct energy sources. The negative aspects are due to uncertainties regarding climate change and its effect on the availability of renewable resources, especially hydro power, which depends on precipitation.

If Brazil has a vocation for ethanol production in Argentina there is potential to produce bio-diesel from soy beans. In Brazil, these two fuels are not direct competitors it is interesting to enhance the trading of these products with Argentina. The cooperation between the two countries can contribute to increasing the share of renewable energy in Latin America with minimal costs. Moreover, the two fuels might be complements because ethanol is suitable for Otto engines in small vehicles and bio diesel is suitable for diesel engines in larger / heavier vehicles.

The complimentary approach is useful to enhance the potential of renewable energy sources in Latin America. In some cases matching different renewable energy sources decreases intermittency related risks and increases energy security.

Figure 4. Seasonal Hydrological Variations at the Tucurui and Guri Dams

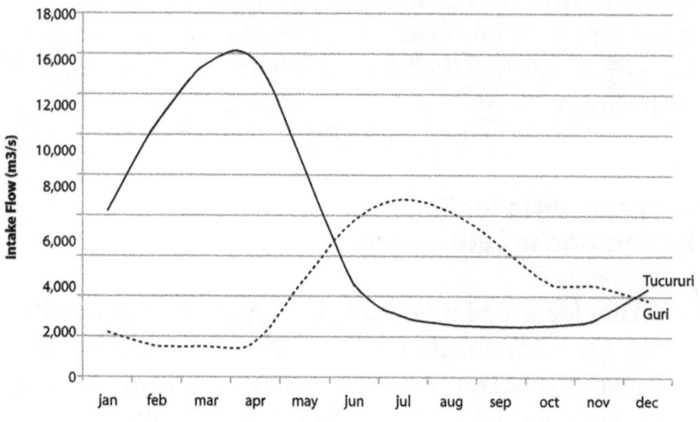

Source: De Gouvello (2010).

A scheme for energy integration in Latin America is possible because of different hydrological regimes in the northern and the southern hemispheres. On the one hand, the Caroni watershed in Venezuela is subject to climatic conditions from the Northern hemisphere. On the other hand, the Tocantins watershed in Brazil is subject to climatic conditions from the Southern hemisphere. Therefore, energy trading between the two watersheds might be beneficial and secure a greater and more stable energy supply.

The Guri reservoir is located on the Caroni watershed and the Tucurui reservoir is located on the Tocantins watershed. These two reservoirs are coupled to two large hydroelectric power plants. Figure 4 shows the complementary between the hydraulic cycles of these two watersheds. In order to take advantage of these conditions, it is necessary the construction of at least 1,000 km of transmission lines across the Amazonian rain forest.

The integration of Latin America by means of transmission lines is also interesting to explore other untapped renewable energy sources such as wind resources in Patagonia.

8. Conclusion

The current energy profile in Brazil reflects a set of policies that were implemented as a response to the oil crises. Further, the global concern with environmental questions emphasized the importance of renewable energy sources that were used to displace oil. However, another policy that demonstrated a certain success was the increment of domestic oil and natural gas production. As a result, Brazil now has a portfolio of energy sources and a reasonably comfortable situation in terms of energy security.

The production of bio-fuels in Brazil is cost competitive with fossil fuels. There are also opportunities to trade ethanol and bio diesel between different countries in Latin America. Brazil has a tremendous vocation for ethanol production but the production of bio diesel is still timid if compared with the production and the use of ethanol.

Similar to the cooperation with Paraguay in the Itaipu hydro power plant, it is possible to collaborate with countries such as Venezuela in developing more hydro power potential and electricity trading. Given the extension of the continent there are several opportunities for energy trading due to seasonal variations in climatic conditions. In order to accomplish these endeavors it is important to extend electricity transmission lines in South America.

The growth of wind-power has been supported by governmental incentives by means of dedicated renewable energy auctions and other policies. This energy source is growing rapidly in Brazil and there is a vast potential for it to be exploited in Patagonia and other Latin American countries. The choice of renewable energy sources in detriment of fossil fuel energy is political because resources are available in Latin America and prices are subject to policies as well.

References

ANP (2011), "Sistema de levantamento de preços". Disponible en línea: http://www.anp.gov.br/preco/prc/Resumo_Mensal_Index.asp [Acceso: 26 de enero de 2011].

Arango, Santiago y Erik R. Larsen (2010), The Environmental Paradox in Generation: How South America is Gradually Becoming more Dependent on Thermal Generation. Renewable and Sustainable, en *Energy Reviews*, 14 (9), pp. 2956-2965.

BNDES (2008), "Sugarcane Based Bioethanol, Rio de Janeiro". Disponible en línea: http://www.sugarcanebioethanol.org/ [Acceso: 24 de enero de 2011].

De Araujo Lima, Laerte y Celso Rosendo Bezerra Filho (2010), Wind Energy Assessment and Wind Farm Simulation in Triunfo - Pernambuco, Brazil, en *Renewable Energy*, 35 (12), pp. 2705-2713.

De Gouvello, Christophe (2010), "Brazil Low-Carbon Country Case Study - Technical Synthesis Report - Energy the International Bank for Reconstruction and Development / The World Bank. Disponible en línea: http://www.esmap.org/esmap/sites/esmap.org/files/Energy_English_final_09-12.pdf

Dutra, Ricardo Marques y Alexandre Salen Szklo (2008), Incentive Policies for Promoting Wind Power Production in Brazil: Scenarios for the Alternative Energy Sources Incentive Program (PROINFA) under the New Brazilian Electric Power Sector Regulation, en *Renewable Energy*, 33 (1), pp. 65-76.

EPE (2010a), "Brazilian Energy Balance, Rio de Janeiro: Empresa de Pesquisa Energética. Disponible en línea: https://ben.epe.gov.br/downloads/Relatorio_Final_BEN_2010.pdf.

EPE (2010b), "Leilões de Fontes Alternativas 2010 - resultado final. Disponible en línea: http://www.epe.gov.br/imprensa/PressReleases/20100826_1.pdf.

EU (2009), "DIRECTIVE 2009/28/EC OF THE EUROPEAN PARLIAMENT AND OF THE COUNCIL of 23 April 2009 on the Promotion of the Use of Energy from Renewable Sources and Amending and Subsequently Repealing Directives 2001/77/EC and 2003/30/EC. Disponible en línea: http://eur-lex.europa.eu/LexUriServ/LexUriServ.do?uri=OJ:L:2009:140:0016:0062

Figueiras, Alexandre y Thelma Maria V. Silva (2003), Wind Energy in Brazil - Present and Future, en *Renewable and Sustainable Energy Reviews*, 7 (5), pp. 439-451.

GWEC (2010), "Global wind 2009 report, Brussels, Belgium: Global Wind Energy Council. Disponible en línea: http://www.gwec.net/fileadmin/documents/Publications/Global_Wind_2007_report/GWEC_Global_Wind_2009_Report_LOWRES_15th.%20Apr.pdf.

MCT (2010), "Segunda Comunicação Nacional do Brasil à Convenção-quadro das Nações Unidas sobre Mudança do Clima, Brasília: Ministério da Ciência e Tecnologia". Disponible en línea: http://www.mct.gov.br/upd_blob/0213/213909.pdf.

MME (2011), "Programa de Incentivo as Fontes Alternativas de Energia Elétrica (PROINFA)". Disponible en línea: http://www.mme.gov.br/programas/proinfa.

OECD (2010), *OECD-FAO Agricultural Outlook 2010*, Paris, Organisation for Economic Co-operation and Development.

Pacca, Sergio Almeida y José Roberto Moreira (2009), Historical Carbon Budget of the Brazilian Ethanol Program, *Energy Policy*, 37 (11), pp. 4863-4873.

India: Food Security and Increasing Energy Consumption

Gadadhara Mohapatra

Este artículo analiza la pertinente cuestión de la búsqueda de la seguridad energética y alimentaria en el contexto del cambio climático en India . En efecto, aquí se examina la promoción de la Política Nacional de Biocombustibles de la India, destinada a satisfacer la creciente demanda de energía por parte del país. El autor ofrece una completa, descriptiva y crítica visión de las estrategias nacionales y sus implicancias sociales y ambientales. Dada la escasez de tierras agrícolas disponibles para la producción de alimentos, las políticas de biocombustibles problematizan la cuestión del uso de la tierra en la India. Se abordará el análisis de los peligros implicados en las políticas actuales de biocombustibles sobre el problema de la seguridad alimentaria; las dimensiones de accesibilidad, estabilidad y utilización. Lo discutido aquí refleja el inminente reto mundial en el tratamiento de la interacción del cambio climático, la seguridad alimentaria y la seguridad energética.

1. Introduction

Bio-fuel policies are motivated by a plethora of political concerns related to reducing dependence on oil, improving the environment and increasing agricultural incomes (Rajagopal and Zilberman, 2007). Global biofuel production tripled between 2000 and 2007 and is projected to double again by 2011. This growth reflects a growing interest worldwide in renewable energy alternatives to fossil fuels, especially as a perceived solution to the transport sector's dependency on oil. It also reflects the enforcement in 2005 of the Kyoto Protocol, and the increasing implementation of national biofuels targets (Molony and Smith, 2010). In response to these concerns, policy maker in both developed and developing countries are giving more attention to the expansion of biofuel production. However the rising demand for bio-fuels has sparked a debate over the threat that energy security poses to food security, and within a few short years biofuels have shifted from being seen as a multipurpose solution to a range of problems -climate change, energy insecurity and underdevelopment- to what the UN Special Rapporteur on the Right to Food has described as a "crime against humanity". The threat is particularly profound for the many African and Asian countries where food security is a significant issue, and raises questions in what has become known as the "food versus fuel" debate. The dramatic rise of prices for basic food staples in 2008 was arguably related in part to farmers switching from food crops to biofuels (Mitchell, 2008).

India is becoming a major oil importer and will soon become the third largest importer of oil next to USA and China. While having a look into the alternative energy sources, it is observed that India has launched a national mission on biofuels, the main strategy of which has been to promote *jatropha curcas*, a perennial shrub that bears non-edible oil seeds that can be used to produce biodiesel. The cultivation of *jatropha curcas* has been undertaken mostly on wastelands. However, India's biofuel production accounts for only 1% of the global production. This translates to around 425 million liters, consisting of 380 million liters of fuel ethanol (Licht, 2009) and 45 million liters of biodiesel (FAO, 2008).

In the agriculture front, low agricultural growth perpetuates food and nutritional insecurities, which also reduces rural incomes. Though absolute poverty in India has reduced significantly, but food insecurity persists untransformed and has even deepened. The government's recent initiative for expansion of agro-fuels is in a controversial state as diversion of forest and wasteland for cultivation of oil bearing crops may cause a conflict with pastoral livelihoods. Due to scarcity of agricultural land and the need for vast amount of land for cultivation of biofuel feedstock, biofuels crops are considered a threat to both food production and forests.

It is in this context, the paper attempts to explore the concurrence between food production and biofuels in and on the demand of biofuels in India with implications for south-south interchanges and cooperation. The paper presents a more descriptive view of the development of biofuels in India (production and demand), its main sources of production, conditions of soil and the market in general. It explores some critical aspects of these developments regarding social and ecological sustainability: basically the competition between land use for biofuels or for food production and the question of food security/sovereignty and the expansion of the agrarian frontier. Finally, it explores how these problems are being addressed by the state, public sphere and social (peasant) movements.

A New Approach to the 12th Five Year Plan, based on an intensive process within the Planning Commission, Govt. of India identified "twelve strategy challenges" which refers to some core areas that require new approaches to produce the desired results. Securing the Energy Future for India is one among these strategy challenges. It outlines that adequate availability of energy is one of the basic requirements for faster economic growth. To make growth truly inclusive, access to energy in rural areas and to urban poor has to be ensured. Ensuring certain minimum level of energy consumption for everyone is a critical requirement for providing basic amenities required by everyone. The overall availability of energy would need to be increased substantially to meet these twin objectives and to enable a sharp reduction in energy demand and supply gap. The strategy challenge in the sustained growth of agriculture also indicates that low agricultural growth perpetuates food and nutritional insecurities in the country, which also reduces rural incomes.

The Indian economy is immersed in a rapid structural transformation with an associated socio-ecological (socio-metabolic) transition (Fischer-Kowalski and Haberl, 2007; Krausmann *et al.*, 2008; Schandl *et al.*, 2009), and energy demand is growing (Ariza-Montobbio *et al.*, 2010). The process of liberalization-globalization in the last two decades has witnessed the interlinked phenomena of industrialization and rapid economic growth for the country as a whole, a slowdown of agriculture, and an intensification of social conflicts (Walker, 2008). The availability of land has been shrinking on account of population growth and the competing demands from various sectors (GoI, 2009b). The pressure is both on agricultural lands and non-agricultural lands (forests, grazing lands, etc). Simultaneously, within agriculture, the shift from food crops to non-food crops is a matter of concern. India has recently started to lose self-sufficiency in food production (Jasani and Sen, 2008). Food prices have been rising rapidly in the past few years (Rahman, 2008). "Food security has been seriously undermined by economic reforms which promote export oriented cash crop at the cost of food crops. A non-sustainable corporate driven production model threatens small farmers who produce more food than large farmers" (Shiva, 2009: 4). Three major reforms that prevented famine in independent India have been reversed by economic reforms: land reforms have been undone for a new zamindari through special economic zones (SEZs), food system of public procurement and minimum support prices to the farmers has been handed to corporations and universal public distribution system (PDS) has been dismantled allowing prices to rise and take food beyond the reach of the poor (Shiva, 2009: 4)

Over the past decade, a series of events in India have brought the question of food security into sharp focus. Vast famine-affected areas versus surplus production and stocks of grains, the impact of globalization and World Trade Organization laws on agriculture and farmers, the media's spotlight on starvation deaths and, finally, the Supreme Court of India's strong reaction to the plight of the hungry; all make a case for recognizing the right to food (Cheriyan, 2006: i). India has been ranked 67 in the Global Hunger Index (IFPRI: 2010). In India, nearly 70% of the population live in rural areas and depend on agricultural and related activities to earn their livelihood. Moreover, in rural India, around 28,3% people are still below poverty line. Food security continues to be a priority for the Indian government in all its developmental efforts. Even though India is food self-sufficient in terms of food production, more than 50% of children and practically the same number of women suffer from protein calorie malnutrition as judged by anthropometric parameters (Bamji, 2007). Hunger is a structural part of the design of the industrialized, globalised food system. Hunger is an intrinsic part of the design of capital-intensive, chemical-intensive monocultures of industrial agriculture, also called the "Green Revolution" (Shiva, 2011).

2. What is Food Security?

According to the Food and Agriculture Organization of the United Nations (FAO), "Food security exists when all people, at all times, have physical, social and economic access to sufficient, safe and nutritious food which meets their dietary needs and food preferences for an active and healthy life" (FAO, 1996). It reaffirmed that freedom from hunger is a fundamental right of everyone. The Planning Commission of Government of India reiterates:

> Food Security implies a situation where everyone has access, at all times, to the food needed for an active and healthy life. Thus, the essential elements of food security are (a) adequate availability of food, (b) efficient distribution through trade and/or public distribution system, and (c) availability of adequate purchasing power in the hands of people. (Government of India, 1997).

However, the concept of food security has undergone considerable modifications in the recent years. Food availability and stability were considered good measures of food security till the seventies, and the achievement of self-sufficiency was accorded high priority in the food policies of developing countries (Radhakrishnan, 2002: 47). This helps many countries across the globe to cope with fluctuations in production, but it fails to solve the issue of chronic household food insecurity and resultant starvation deaths in many cases (Jha, 2009: 356).

Food security, as internationally understood, involves physical, economic and social access to a balanced diet, safe drinking water, environmental hygiene and primary health care. Such a definition involves concurrent attention to the availability of food in the market, the ability to buy needed food and the capability to absorb and utilize the food in the body. Thus, food and non-food factors that is, drinking water, environmental hygiene and primary health care are involved in food security (Swaminathan, 2010). The role of the state in ensuring food security and mechanisms for intervening in food grain market are of three fold. There is a public procurement of food grains and of support prices. Second, the state manages food stocks through storage and buffer-stock operations. Third, there is a state-managed system of providing food grain on subsidized rate through Public Distribution System. Food security stocks are intended to meet the expected deficit in procurement over distribution due to bad harvest.

Historically, food insecurity has afflicted certain vulnerable communities much more than society in general. Despite various policies and programmes, the marginalized communities in India continue to live in a situation of hunger and starvation. In a country like India, scheduled castes (SCs) and scheduled tribes (STs) fall in the lowest rung of socio-economic ladder of society and therefore unfavorably disposed towards access and entitlement to food. The members of these communities work as landless laborers, informal sector workers and quite often excluded from the ambit of right to secure livelihood and dignified life. The undernourishment and starvation of households and communities have a direct correlation with the processes of exclusion in the society (Jha 2009: 352).

The millennium development goals (MDGs) call for halving of hunger-poverty between 1990 and 2015. Assuming constant norms of 2400 / 2100 kilocalories for India, this would mean bringing down the headcount ratio of calorie deficiency from 62,2% in 1990 to 31,1% in 2015 (Saxena, 2009). However, the number of people below the norm has consistently increased over the years, and more than quarters of the population live in households whose per capita calorie consumption is less than the norm, as shown in Table. 1, whereas there has been no decline in the number of people consuming less calories than the norm rather it increased by 10% from the year 1983 to 2004-05. The set of food insecure in India is larger than the set of "officially declared" poor in India (See Table 1). Official Statistics shows that India has the largest number of poor people in the world, at an estimated 301.7 million in 2004-05, or 27.5% of the population. As per the revised estimates of the Suresh Tendulkar committee, 2009, 37.2% of the Indian population is living below the poverty line (Government of India, 2009).

Table 1. Population Living in Households with Per Capita Calorie Consumption Below 2.100 kcal (urban) and 2.400 kcal (Rural) (Percentage)

Year	Round	Rural	Urban	All India
1983	38	66,1	60,5	64,8
1987-8	43	65,9	57,1	63,9
1993-4	50	71,1	58,1	67,8
1999-0	55	74,2	58,2	70,1
2004-5	61	79,8	63,9	75,8

Source: Report of the Expert Group to advise the MoRD on the methodology for conducting the BPL Census for 11th Five Year Plan, 2009.

Various National Sample Survey Organisation (NSSO) rounds in India from 1983 onwards have statistically measured the first type of hunger, by asking people on the availability of two square meals a day. The results are shown in Table 2. Explicit hunger is especially severe in rural Odisha, West Bengal, Kerala, Assam and Bihar. Non-availability of two square meals a day peaks in the summer months from June to September with longer duration suffering in West Bengal and Odisha (Mehta and Shah, 2002). The data showed a drastic decline in self-reported hunger in India from 16,1% to 1,9%, which can be interpreted as decline in food insecurity in its severest form, while much was left undone on other fronts, i.e., food and nutritional insecurity in its not so severe form.

Table 2. Trend in Self-Reported Hunger in India from 1983 to 2004-05

Year	Percentage of population reporting hunger		
	Rural	Urban	Total
1983	18,54	6,33	16,1
1993-94	5,1	1,6	4,2
1999-00	3,3	0,9	2,6
2004-05	2,4	0,5	1,9

Source: Kumaran (2008) cited in Saxena (2010).

Another study on hunger (Ahmed *et al.*, 2007) based on the same NSSO data disaggregated those consuming fewer than 2.200 calories in India into three groups:

- Subjacent hungry: Those consuming more than 1.800 but fewer than 2.200 kcal a day.
- Medial hungry: Those consuming more than 1.600 but fewer than 1.800 kcal a day.
- Ultra hungry: Those consuming less than 1.600 kcal a day.

The study found that in all 58% people in India suffered from hunger in 1999, of which a good 17,4% were classified as ultra hungry.

Table 3. Incidence of Hunger in India (1999) (Percentage)

Types	National	Rural	Urban
Subjacent hungry	28,6	28,9	27,9
Medial hungry	12,1	12,1	12,3
Ultra hungry	17,4	17,1	18,0
Total	58,1	58,1	58,3

Source: Kumaran (2008) cited in Saxena (2010).

Food Sufficiency is defined as a household where every member has had at least two square meals a day. This measures the extent of nutritional poverty of a country. India has the largest number of the absolutely poor. This in turn implies that the number of households not having food sufficiency is also very high. It has been estimated that about 27,3 million people had to suffer some degree of hunger and as many as 23% of the population remained undernourished as of late 1990's.

Table 4. Households without Food Sufficiency, 2004-2005 (Percentage)

State	% of households without food sufficiency
West Bengal	8,91
Orissa	5,24
Bihar	2,69
Chhattisgarh	2,24
Maharashtra	0,84
Punjab	0,65
Jharkhand	0,57
Uttarakhand	0,39
Tamil Nadu	0,30
India	1,93

Source: NSSO 61st (Employment & Unemployment) round in Jharkhand Development Report (2009), "Jharkhand in its Eight Year: A Study for Prabhat Khabar", November, p. 69.

Among the newly formed states like Uttarakhand, Jharkhand performs much better on food front compared to states such as West Bengal, Odisha. Again, among the newly formed states, Chhattisgarh has the maximum percentage of households who live without sufficient food followed by Jharkhand. The percentage of households not getting two square meals per day in Jharkhand is lower than that of its mother state Bihar. It also trails behind the all India figure.

In this context, any proposal to divert land for producing energy for transport sector and the government's initiative to introduce cultivating agro-fuels needs critical reflection.

3. India's Growing Energy Consumption and Quest for Alternative Energy Sources

India is an energy deficit nation having one of the lowest levels of per capita consumption of energy globally. According to the Integrated Energy Policy of India, its per capita energy consumption was 439 KGOE (Kilogram of Oil Equivalent) in 2003, which was much lower than in developed countries but also than the global average of 1.688 KGOE (Integrated Energy Policy - IEC), Planning Commission, Government of India (GoI). The country's proven oil reserves are estimated to be about 775 million tons while consumption is about 150 million tons/year (ADB, 2011). With limited reserves, India's indigenous production was around 33,51 million tons in 2008-2009 and consumption was around 161,7 million tons (Ministry of Petroleum and Natural Gas - MoPNG, 2008-09). India does not have the ability to meet the country's growing demand for energy from indigenous sources even in the short term. As a result, the country is increasingly becoming dependent on imported crude oil.

India has been a net importer of liquid fuels and the volume and value of these imports have risen in the past few years. The import of crude oil has risen from 57,8 million tons ($9,21 billion) in 1999-2000 to approximately 140,4 million tons ($75,6 billion) in 2009-2010, accounting for about 81% of total oil consumption in the country. With the country entering a more energy intensive phase of its development, demand for transportation and consequently liquid fuels will dramatically rise in the future.

Petrol and diesel consumption have been rising rapidly over the past few years. For example, diesel consumption grew at a cumulative average growth rate (CAGR) of 7,19% between 2004- 2005 and 2009- 2010, while it grew at 6% over the past decade. Petrol consumption grew at a CAGR of 9,18% in the last five years and 7,5% in the last decade. Conservative estimates based on growth in the last decade indicate petrol consumption is likely to rise to 21.59 million tons and diesel to 87,3 million tons by 2017-2018 (Ministry of Petroleum and Natural Gas - MoPNG, 2008-09).

The domestic production of crude oil from fossil fuels meets only 30% of national requirement; the balance is met through imports of nearly 146 million metric tonnes of crude petroleum products that cost the country close to $90 billion in 2008-2009. This is impacting the country's foreign exchange reserves in a big way (ethanol India 2009). Over the last eight years, the consumption of motor spirit (gasoline) has grown by 6,64% from 7,01 million tonnes in 2001-2002 to 11,26 million tonnes in 2008-2009. For high speed diesel (HSD), the growth was 5,10% from 36,55 million tonnes to 51,67 million tonnes (Petroleum Planning and Analysis Cell, MoPNG, GOI, 2009).

Higher demand for global energy and rise in the energy prices might adversely affect the country's balance of payments and future development. Thus, this outlook for energy in India has forced the nation to have a policy shift towards biofuel production to support its transport sector with alternative energy sources in the place of fossil fuels and for socio-economic and environmental benefits.

4. Biofuels and its Type

Biofuels are liquid fuels that are directly derived from renewable biological resources, especially from purpose-grown energy crops. Biofuels and bioenergy more generally, are nothing new to developing countries. Bioenergy is defined as the energy generated through biofuels that are produced from renewable sources of plant origin (Rao and Bantilan, 2007).

First generation biofuels, bio-diesel and bio-ethanol derived from food crops, include palm oil in Indonesia, rapeseed in Germany, sugarcane in Brazil, maize in the USA. Second generation fuels are produced from non-food crops, usually on marginal lands, such as Jatropha curcas in India. Bio-ethanol is an alcohol produced by fermenting sugar or converted starch, which yields a high-octane fuel that can be used alone or blended with gasoline. Bio-diesel is primarily produced through a process known as transterification, in which oils are combined with alcohol and a catalyst to create the diesel fuel and a byproduct glycerin.

4.1. Global Biofuel Scenario

World's two largest ethanol producers, such as Brazil and the United States (US), account for almost 87% of total production, with the remainder accounted for mostly by China, Canada, France, India, Russia, South Africa and the United Kingdom (UK) make up the rest. In India, ethanol is produced mostly from molasses, a by-product of sugar cane industry. In the biodiesel sector, the European Union (EU) is the major producer of biodiesel (above 60%), with a significantly smaller contribution coming from the US (17%). Other significant biodiesel producers include China, India, Indonesia and Malaysia. In EU 80% of the biodiesel is produced from rapeseed oil, the rest being animal fats and other used cooking oils. Oil palm is the major source of diesel extraction in Malaysia and Indonesia, whereas both the US and Brazil are using soybean to extract biodiesel. In India, biodiesel production is only in the nascent stage with around 45 million liters being produced from jatropha and pongamia oil (Table 5).

India's Biofuel production accounts for only 1% of the global production. This translates to around 425 million liters, consisting of 380 million liters of fuel ethanol (Licht, 2009) and 45 million liters of biodiesel (FAO, 2008).

Table 5. Biofuel Feed Stocks and Blending Targets in the Selected Countries

Country	Feed Stock		Production Forecast 2009 (Million Litres)		Blending Targets (%)	
	Ethanol	Biodiesel	Ethanol	Biodiesel	Ethanol	Biodiesel
US	Corn	Soybean	38,600	2,415	3	1
Brazil	Sugar cane	Rapeseed, castor seed	25,200	1,825	25	2
EU	Wheat, corn, barley, sugar beet	Rapeseed, sunflower, soybean	3,830	5,304	5.75	5.75
Canada	Corn, wheat	Vegetable oils	1,100		5	2
China	Corn, wheat, cassava, sweet sorghum	Palm oil, jatropha	1,750		10	5
India	Sugar cane molasses, sweet sorghum	Jatropha, pongomia	494	45	20	20
Indonesia	Sugar cane, cassava	Palm oil, jatropha	405		10	10
Malaysia	none	Palm oil		140		5

Source: Licht (2009); FAO (2008); FAPRI (2008) as cited in Raju *et al.* (2009), "Sustainable Development of Biofuels: Prospects and Challenges", *Economic and Political Weekly*, 26 December, p. 66.

4.2. Biofuel Policy Initiatives in India

The government has adopted a three-pronged approach. First, there is the constant refrain of "energy security", the need to become less dependent on foreign petroleum (Government of India, 2006). Second, there is a reference to the opportunity to rehabilitate degraded or dry lands, the so-called "wastelands" without competing with food production. Third, there is an added concern that agro-fuels could become in itself a major poverty alleviation programme for rural poor. The National Biofuel Mission of 2003 aims at blending bio-ethanol and biodiesel with gasoline and diesel, respectively, at a proportion of 20% by 2017. The biodiesel target is planned to be met through the cultivation of 13,4 million hectares of "wastelands" with Jatropha (Ariza-Montobbio *et al.*, 2010).

4.2.1. The National Policy on Biofuels

The National Biofuel Policy states plantations of trees bearing non-edible oilseeds (TBOs) will be taken up on government / community wasteland, degraded or fallow land in forest and non-forest areas. Contract farming on private wasteland could also be taken up through the Minimum Support Price (MSP) mechanism proposed in the Policy. Plantations on agricultural lands will be discouraged (Government of India, 2009a: 7).

The National Biofuel Policy envisages that biofuels, namely, biodiesel and ethanol may be brought under the ambit of "declared goods" by the government to ensure unrestricted movement of biofuels within and outside the states. It is also stated in the policy that no taxes and duties should be levied on biodiesel. The Ministry of Agriculture is providing subsidy through National Oilseeds and Vegetable Oils Development (NOVOD) Board to the farmers, non-governmental organizations (NGOs), individuals, etc., for production of trees bearing non-edible oilseeds (TBOs), including biofuel crops, under the Integrated Development of Tree Borne Oilseeds Scheme. Under this scheme, 30% credit linked subsidy is being provided, which is linked with 50% term loan to be taken from bank, and 20% beneficiary share in the form of land, labour, etc. Further, the Ministry of Rural Development has provided financial assistance to the tune of Rs 49 crore (490 million) to nine identified states in 2005-2006 and Rs 49,50 crore to 15 states in 2006-2007 for the purpose of raising *jatropha/ pongamia* seedlings and plantation of the same under the ongoing states / central sector area development programmes (Raju *et al.*, 2009: 68).

Several ministries are involved in policymaking, regulation, promotion and development of biofuels sector in India. The details on the responsibilities of each ministry are presented in Table 6.

Table 6. Ministries Involved in Development of Biofuel in India

Ministry	Responsibility
Ministry of New and Renewable Energy	Overall policymaking, supporting research and technology development.
Ministry of Petroleum and Natural Gas	Marketing, development of pricing and procurement policy.
Ministry of Agriculture	Research and development of feedstock crops
Ministry of Rural Development	Promotion of Jatropha plantations
Ministry of Science and Technology	Biotechnology research on feedstock crops

Source: Raju *et al.* (2009), "Sustainable Development of Biofuels: Prospects and Challenges", *Economic and Political Weekly*, 26 December, p. 68.

Government of India (2003), estimated that with appropriate extension and availability of planting stocks, it would be possible to cover 13,4 million hectar of land with *jatropha curcas* so as to meet the 5% blending requirement by the year 2011-2012 (Table 7).

Table 7. Planning Commission Estimates on Potential Land Availability for *Jatropha* Plantation

Type of Land	Total Area (m ha)	Area Estimated for *Jatropha* Plantation (m ha)	Assumptions
Forest cover	69	3	14 m ha of forests are under the scheme of Joint Forest Management out of which 20% would be easily available for *Jatropha* plantation.
Agriculture land	142	3	It is assumed that farmers will like to put a hedge around 30 m ha for protection of their crops.
Agro-forestry		2	Considerable land is held by absentee landlords who will be attracted to Jatropha plantation as it does not require looking after.
Cultivable fallow lands	24	24	10% of the total area is expected to come under Jatropha plantation
Wastelands under Integrated Watershed Development and other poverty alleviation programmes of MorD		2	
Public lands along railway tracks, roads and canals		1	

Source: Planning Commission, Government of India, "Report of the Committee on Development of Biofuels", 2003.

However, *jatropha* plantations are slow to take off due to the lack of good quality planting materials, ownership issues of community or government wastelands and other factors (Kureel, 2007). So far, nearly five lakh hectares (500,000 hectares) of land in the country is only put under *jatropha* cultivation. Chhattisgarh is leading with around 0,84 lakh hectares (0.0000084 hectares) followed by Rajastan (0,33 lakh hectares) (0.0000033 hectares), Tamil Nadu (0,20 lakh hectares) (0.000002 hectares) and Andhra Pradesh (0,16 lakh hectares) (0.0000016 hectares) (Gopinathan *et al.*, 2009). Agriculture being a state subject, the responsibility for the promotion of *jatropha* plantation rests with the state governments. Biofuel plantation programme is in dire need of integrated approach across various states. While, the authority for transfer or leasing of government land rests with the district collector, the nodal agency for processing of application differs in each state (Raju *et al.*, 2009). The type of land made available for plantation also varies across different states (Table 8).

Table 8. Initiatives Taken by the States for *Jatropha* Plantations

State	Nodal Agency	Type of Land Made Available
Rajasthan	Department of Agriculture	Waste lands and ravine lands
Andhra Pradesh	Department of Rain and Shadow Area Development	Irrigated and rain-fed lands
Tamil Nadu	Watershed Development Agency and Corporation	Wastelands and degraded forest lands
Chhattisgarh	Biofuel Development Authority	Wastelands or ravine lands
Gujrat	Agro Industrial Corporation	Hilly areas and barren lands

Source: Raju *et al.* (2009), EPW, 26 December, p. 71.

As per the Department of Land Resources[1] (DoLR), GoI, about 63.9 million hectares of land is lay waste in India mainly because they are unsuitable for cultivation in their present state.

Table 9. Wasteland Classifications and Areas

Sl No.	Category of wasteland	Area (million hec)	% of wasteland
1	Snow covered/Glacial	5,6	9%
2	Barren Rockey/Sheet Rock	6,5	10%
3	Sands-inland/coastal	5,0	8%
4	Land affected by salinity/ alkanity	2,0	3%
5	Gullied/or ravinous land	2,1	3%
6	Upland with or without scrub	19,4	30%
7	Water logged & Marshy	1,7	3%
8	Steep sloping area	0,8	1%
9	Shifting cultivation land	3,5	6%
10	Mining/Industrial wastelands	0,1	0%
11	Degraded/pastures/grazing land	2,6	4%
12	Under utilized/degraded notifies forest land	14,1	22%
13	Degraded land under plantation crop	0,6	1%
	Total	64	100%

Source: MoRD, Department of Land Resources, Government of India.

However among the total amount of land only three categories, namely, degraded pastures and grazing land, underutilized degraded notified forest land, and degraded land under plantation crop categories comprising about 17 million hectares is considered to have the potential for cultivation with crops like *jatropha* (Table 9).

---

[1] MoRd, Department of Land Resources, Government of India. Available at: http://dolr.nic.in/wasteland.htm accessed on March 2011.

Although *jatropha curcas* may have the potential to grow in diverse agro climatic conditions, withstand drought and pest attacks, there is bound be accompanying variation in important parameters like seed yield, oil content, nutrient requirements, etc. which are critical to economic viability of plantations (Rajagopal, 2007). The survey conducted by the National Oilseeds and Vegetable Oil Development Board reported variation in oil content ranging from 21% to 48%. There is also no scientific evidence on the absence of pests and diseases in *jatropha* plantations. In fact cultivation practices reported by Tamil Nadu Agricultural University, Coimbatore[2] (TNAU) mention of pests like defoliators, bark eaters, stem borers etc., which call for pest management techniques. Long gestation periods also do not motivate farmers to take up tree plantation adventures. The fact that *jatropha* (3 to 4 years), *pongamia* (6 to 8 years) and other perennials have a long maturation phase and that various uncertainties exist especially in cultivation and marketing such crops present significant barriers to adoption especially for small farmers (Rajgopal, 2007).

A study on the planting of *jatropha* as part of the horticulture program of the Employment Guarantee Scheme in Maharashtra shows that subsidies are mainly benefiting the large farmers who are the adopters.[3] This study also found that the total subsidy that was provided exceeded the cost of cultivation. Small and marginal farmers might at best benefit indirectly if they gain from new employment opportunities in the plantations of adopting farmers or if there is an increase in the price of crops displaced by *jatropha*.

---

2 Tamil Nadu Agricultural University, Coimbatore (TNAU), Jatropha Curcas, available at: http://www.tnau.ac.in/tech/swc/jatropha.pdf accessed on March 2011.

3 Jatropha in Horticulture Program of Employment Guarantee Scheme – An Assessment from the Small Farmer's Perspective by PRAYAS. http://www.prayaspune.org. Accessed on March 2011.

Small farmers are also likely to be more skeptical of buy-back contracts being offered by biodiesel companies with little track record with farmers in a given region. Shorter duration crops like Sweet Sorghum and Castor are likely to offer better prospects for poor farmers especially during the initial stages of development of the biofuel industry (a more detailed discussion follows (Rajgopal, 2007).

However, an assessment by The Energy and Resources Institute (TERI), pointed out that the present strategy of the Central Government is to utilize wastelands for biodiesel plantations so as not to affect the food security of the country. However, several private industries and state governments are exploring the possibility of utilizing agricultural land as well for biodiesel production (TERI, 2005: 28).

India is globally one of the largest producers of sugar cane and ethanol made from sugar cane molasses. It is in this regard, GoI launched Ethanol Blended Petrol Programme (EBPP) since January 2003. Subsequently, the Cabinet Committee on Economic Affairs in October 2007 has taken the decisions such as (a) five per cent mandatory blending of ethanol with petrol with immediate effect across the country (except Jammu and Kashmir, north-eastern states and island territories), (b) fixing of uniform purchase price of ethanol (ex-factory) all over the country at Rs 21,.50 per liter in the next three years.

To meet the targets for 5% blending with ethanol in 2008-2009, about 0,62 million tones of ethanol was required, while about 1,25 million tones would be required to meet the target of 10% blending (Table 10). The OMCs have been making all efforts to implement the 5% EBPP for which they have finalized tenders for procuring ethanol in various states. The requirement of ethanol for the three-year (2007-2010) period is 182 crore liters. The OMCs have been able to contract 146,6 crore liters; however, they have procured only 49,44 crore litres as on January 2009 under this programme (MOPNG, 2009). EBP releases have commenced in all the states except in Orissa, Chhattisgarh, West Bengal, Tamil Nadu, Kerala and Jharkhand.

Table 10. Projected Demand for Petrol and Ethanol Requirements, India (million tonnes)

Year	Petrol Demand	Ethanol Blending Requirement	
		@ 5%	@10%
2007-08	11	0,55	1,1
2008-09	12,5	0,62	1,25
2009-10	14,5	0,72	1,45
2010-11	16,5	0,82	1,65
2011-12	18,15	0,91	1,82

Source: MoPNG (2009).

The biodiesel blending programme was announced by GoI in the year 2003, which mandates blending of biodiesel in HSD before using in the vehicles.

- The target is to have a 5% blending by the year 2012, 10% by 2017 and 20% blending after 2017.
- A minimum purchase price for purchase of biodiesel by the OMCs will be also established and is to be linked to the prevailing retail market price of diesel.

Table 11. Projected Demand for Diesel and Biodiesel Requirement, India (million tons)

Year	Diesel Demand	Diesel Blending Requirement	
		@ 5%	@ 10%
2009-10	60,07	3	6
2011-12	66,9	3,35	6,69
2016-17	83,58	4,18	8,36
2009-20	111,92	5,6	11,19
2019-20	202,84	10,14	20,28

Source: Planning Commission, GoI and TERI.

5. Impacts of Biofuel Production on Food Security

Large-scale expansion of biofuel based programmes on agricultural feed-stocks may have wider implications the lives and livelihoods of the rural poor. Food insecurity is an enduring problem in the tribal areas and certain regions in India. The recent discourse over the issue on price rise of essential commodities as a consequence of major shift of cultivable land are for agro-fuels have created major concerns among the policy makers in developing countries.

The latest poverty ratios released by the Planning Commission based on the 61st round of national sample survey organization (NSSO) of 2004-2005, estimate that 28,3% households in the rural areas were living below the poverty line. In India, nearly 70% of the population live in rural areas and depend on agricultural and related activities to earn their livelihood. Food security continues to be a priority for the Indian government in all its developmental efforts. Even though India is food self-sufficient in terms of food production, almost 50% of children and practically the same number of women suffer from protein calorie malnutrition.

Food and nutrition security is a major challenge before the nation, therefore while initiating the expansion of biofuel based programmes it must be ensured that the area for food crop production should not be diverted for agro-fuels in any situation. However, utilizing various categories of waste lands such as unirrigated, mining or industrial wastelands, degraded pastures or grazing land for *jatropha* plantation would benefit lead to employment generation for rural youth and greening the unused lands.

5.1. Social and Ecological Sustainability of the Expansion of Biofuels

In promoting this new technology, the India Vision 2020 planning document claims that an optimistic scenario in which 10 million hectares are planted with *jatropha curcas* could lead to production of 7,5 million metric tons of fuel annually and year-round employment for 5 million people.

Moreover, the advantage of biofuels "is that they can generate tens of millions of rural jobs and stimulate enormous growth for rural incomes, especially among the weaker section. Therefore, these strategies should not be regarded from the narrow perspective of energy alone, but from the wider perspective of national development" (Government of India, 2002: 74).

The effort to promote cultivation of *jatropha curcas* is often described as having a dual purpose of creating energy plantations and addressing the degradation of low-productivity wastelands. India has 63,85 million hectares (20,7% nof the entire country) that are referred to as "wastelands" (Government of India, 2000).

The government's classification of wastelands has several ambiguous categories. Shiva (1991) points out that the idea of "wasteland" is a colonial construction and a revenue classification, not necessarily an ecological classification. Areas that did not create revenue for the state did not interest the state bureaucracy and were therefore considered "wastelands." These lands were not considered a waste, however, for the local people, who relied on them for firewood, fodder, grazing land, and other foraged, non-intensive products. Shiva's argument points out, that the state and private enterprise hold differing views of what is considered "productive" land.

More recently, ADB (2011) conducted an assessment study on cross-sectoral implications of biofuel production and use which reveals that at the current level of productivity, a 20% blending of sugar cane based ethanol cannot be achieved without affecting the food sector. Sweet sorghum (SS) and tropical sugar beet (TSB) will also compete with the food sector for land and water. However, molasses based ethanol blending does not have any impact on the food sector. If confined to wastelands and using only limited irrigation during the establishment phase of the crops, biodiesel production will not have any adverse impact on the food sector.

A global response to climate change has been to develop and foster carbon trading across the globe. India has been keen to be involved in such opportunities. However, any such market based solutions put in place across board may have differential implications for issues like biodiversity, control over land and other resources and also food security (Chand, 2008).

The experience of promoting biofuel through corporate farming in states like Rajasthan and Gujarat has also highlighted some of the potential dangers of a market based solution to the challenges of climate change. CSOs have raised a number of questions. Is biofuel a substitute for food production? Whose consumption is being supported at the cost of whom? What will be the long-term implications for land use? These issues need to be addressed while calibrating the various options for carbon markets in a context-specific situation (Shah, in ICPR, 2011: 141).

At present, ethanol production is mainly from sugar cane molasses, and there is an urgent requirement to search for alternate feedstock to enhance ethanol supply. Sweet sorghum is one option; however, concerted research effort should be focused on producing ethanol from second generation biofuels like lingo-cellulosic materials (TERI, 2005). Scientific studies on the environmental sustainability of biofuels is very much limited in the context of India; however, it has been established that biodiesel use in vehicles have resulted in reduction in several important air pollutants. It is also proved that biodiesel has a positive energy balance and life cycle carbon dioxide (CO2) emission from biodiesel is around 78% lesser than that of conventional diesel (Paramathma *et al.*, 2007).

6. Biofuels's Potential and Obstacles to South-South Cooperation

Studies on biofuel investment and trade among developing countries are repeating earlier biofuel relations between Northern and Southern countries. Increasingly powerful Southern countries are providing incentives to their less developed counterparts to produce biofuels, with varying environmental and economic repercussions. This south-south political economy of biofuels is part of a larger political economy of the environment, in which more powerful economies are deepening relationships with multinational corporations (MNCs). This changing global economic architecture, is adding to already unsustainable resource exploitation and environmental degradation in many developing countries (Dauvergne and Neville, 2009: 634).

In biofuel investments and development, emerging economies have adopted new roles, new socio-economic ties are on the rise such as countries include, Brazil, Russia, India and China (the BRIC countries), South Africa, the ASEAN-4 countries (Thailand, Indonesia, Malaysia, the Philippines), and Mexico (together making up BRICSAM) and other core countries in international and regional contexts include Turkey, Egypt, Iran, and Nigeria (Cooper *et al.*, 2007). Some characterize the new dynamics as a shift from north-south relations to interactions among the three worlds of developed countries, emerging economies and the remaining high diverse third world developing countries. As emerging economies compete for positions as regional hubs, they built relationships not only with developed countries but also with other developing countries; moreover, many MNCs have established headquarters in the BRICSAM countries. Politically cooperation among the emerging economies is observed in declarations such as the one China, Brazil, India, Mexico and South Africa issued in July 2008 addressing issues such as climate change, food security, energy security, and the Millennium Development Goals: a statement emphasize their roles as leaders among developing countries and highlighted the need for south-south cooperation (Dauvergne and Neville, 2009).

In order to create a coordinating mechanism amongst the largest producers and consumers of biofuels, the International Biofuels Forum was created in March 2007, in New York. At the bilateral level, Brazil intends to cover technical cooperation initiatives, including research on alternative sources for producing biofuels, as well as promoting scientific and academic exchanges. In order to make such exchanges operational, Brazil has signed memoranda with India, South Africa (i.e. IBSA), Chile, Denmark, Ecuador, Paraguay, Sweden, Uruguay, and other countries (Bio Energy India, 2010: 28).

The global biofuel sector grew considerably in the 2000-2009 period, driven primarily by concerns about fossil fuel prices and availability, a renewed quest by many countries for energy independence and widespread awareness of the need to reduce greenhouse gas emissions (UNCTAD, 2009). Global production of ethanol (as a gasoline substitute) increased from 11,0 million tons of oil equivalent (TOE) in 2002 to 38,4 million TOE in 2009, of which 53% was produced in the United States, 34% in Brazil and 4% in Europe (BP, 2010). Global production of biodiesel increased from about 2,2 million tons in 2002 to a forecasted 19,1 million tons in 2010, with an estimated 51% being produced in Europe, 11% in Brazil, 10% in Argentina and 9% in the United States (ISTA Mielke, 2010). While Brazil and Argentina are important biofuel producers, most developing countries do not play a significant role in supplying biofuels to global markets; however, they do increasingly supply feedstocks. At present, 13% of Europe's feedstock demand for biodiesel production is covered by soybean oil imports, while 5% is covered by palm oil imports. Due to growing demand for biodiesel in Europe, China and India, these regions are projected to import increasing volumes of feedstocks from developing countries (MVO, 2009; ActionAid, 2010).

7. Conclusion

While climate change introduces new challenges to food and agricultural production, bioenergy poses new challenges on the demand side as the largest source of new demand for agricultural commodities in recent years. Climate change and bioenergy development affects food security in all of its four dimensions -availability, accessibility, stability and utilization (FAO, 2009). Thus, achieving global food security, adapting to and mitigating climate change, and meeting growing demands for energy needs to be addressed through an integrated approach.

Although biofuels offers the potential of huge new markets for agricultural producers, there are also growing concerns on its implications to food security, poverty and environments. India's biofuel policy is comprehensive and is based on the pillars of economic viability, technological feasibility, environmental sustainability and market-friendliness. However, such a policy must also ensure energy security and environmental sustainability without compromising food security of the nation. As estimates shows that proportion of food insecure in India is larger than the set of "officially declared" poor in India, food security should not be diluted in the name of energy security. There should be no encouragement by the state or the public sector for utilizing agricultural land for biodiesel production, which may affect food security to a larger extent.

Studies on the expansion of agrofuels based alternative energy sources reveals that ethanol production using sugarcane juice is not justifiable on economic grounds and food security. The ethanol sector should be confined to molasses based production and its future expansion should be based on second generation ethanol technology (ADB, 2011). However, as suggested by the energy experts, concerted research effort should be focused on producing ethanol from second generation biofuels like lingocellulosic materials. Biodiesel production is economically feasible; its benefits exceed the costs. It has a potential to enhance inclusive rural development. Expansion of the biodiesel sector has significant positive macroeconomic impacts without any negative impacts on the food sector. The environmental impacts of the biodiesel sector are largely positive and its limited negative impacts can be easily mitigated with existing technologies. Expansion of the biodiesel sector does not have foreseeable negative social impacts. In addressing the economic impact of future oil price hikes, India can achieve better results if supply side responses such as the expansion of biodiesel, are applied in conjunction with energy efficiency and agricultural productivity improvements. Currently, India's position in the global biofuel production is in its infancy, hence the South-South cooperation and trade of biofuel would create a new environment for sustainable development of biofuels based alternative energy sources in developing countries in general and with specific reference to India.

References

ACTION AID (2010), "Meals per Gallon: The Impact of Industrial Biofuels on People and Global Hunger", *ActionAid*, UK, London.

Ahmed, A. U.; Vargas Hill, R.; Smith, L. C. y T. Frankenberger (2007), *The World's Most Deprived: Characteristics and Causes of Severe Poverty and Hunger*, IFPRI, Washington DC.

Ariza-Montobbio, Pere *et al.* (2010), The Political Ecology of Jatropha Plantations for Biodiesel in Tamil Nadu, India, *The Journal of Peasant Studies*, 37: 4, October, pp. 875-897.

Asian Development Bank (2011), *India: Study on Cross-Sectoral Implications of Biofuel Production and Use*, For Department of Economic Affairs Delhi, India.

Bamiji, S. M. (2007), Nutrition Secure India - How Do We Get There? Nutrition Conclave Discusses the Way Forward, *Current Science*, vol. 93 (11), December.

British Petroleum (2010), *BP Statistical Review of World Energy*, BP, London.

Chand, Ramesh (2008), "The Global Food Crisis: Causes, Severity and Outlook", *Economic & Political Weekly*, June 28, pp. 115-122.

Cheriyan, Gerge (2006), Enforcing the Right to Food in India: Bottlenecks in Delivering the Expected Outcome, UNU-WIDER, *Research Paper No. 2006/132.*

Cooper, A. F.; A. Antkiewicz and T. M. Shaw (2007), Lessons from/for BRICSAM about South-North Relations at the Start of the 21st Century: Economic size Trumps all else?, *International Studies Review*, 9 (4), pp. 673-689.

Dauvergne, Peter y Kate J. Neville (2010), Forests, Food, and Fuel in the Tropics: the Uneven Social and Ecological Consequences of the Emerging Political Economy of

Biofuels, *The Journal of Peasant Studies*, 37: 4, October, pp. 631-660.

Ethanol India (2009), Available at: http://www.ethanolindia.net/ethanol_demand.htm. Accessed on October 2009. [Accessed on March 2011].

Fischer-Kowalski, M. and H. Haberl (2007), *Socio-Ecological Transitions and Global Change. Trajectories of Social Metabolism and Land Use*, Cheltenham, Edward Elgar.

Food and Agricultural Organization (1996), *Report of the World Food Summit*, 13-17 Rome, November.

Food and Agriculture Organization (2008), *Biofuels: Prospects, Risks and Opportunities in The State of Food and Agriculture*, Rome, Food and Agriculture Organization.

Food and Agriculture Organization (2009), "Climate Change and Bioenergy Challenges for Food and Agriculture", High Level Expert Forum, 12-13 October, Rome, available at: http://www.fao.org/fileadmin/templates/wsfs/docs/Issues_papers/HLEF2050_Climate.pdf

Gopinathan, Mambully Chandrasekharan; Rajasekaran (2009), Biofuels: Opportunities and Challenges in India, *The Society for In Vitro Biology*, 45, pp. 350-371.

Government of India (1997), *Ninth Plan Document 1997-2002*, Planning Commission, New Delhi.

Government of India (2000), "Wastelands Atlas of India", New Delhi, Department of Land Resources and National Remote Sensing Agency, Ministry of Rural Development, available at: http://dolr.nic.in/wasteland.htm accessed on March 2011.

Government of India (2002), "India Vision 2020", Planning Commission, New Delhi, available at: http://planningcommission.nic.in/plans/planrel /pl_vsn2020.pdf.

Government of India (2003), *Report of the Committee on Development of Biofuels*, Planning Commission, Government of India.

Government of India (2006), *Integrated Energy Policy*, Planning Commission, New Delhi, August.

Government of India (2009), *Report of the Export Group to Review the Methodology for Estimation of Poverty*, Government of India, Planning Commission, New Delhi.

Government of India (2009a), *National policy on biofuels*, Ministry of New and Renewable Energy, New Delhi.

Government of India (2009b), *Report of the Committee on State Agrarian Relations and the Unfinished Task in Land Reforms*, Department of Land Resources, Ministry of Rural Development, New Delhi, 24 December.

International Food Policy Research Institute (2010), *Global Hunger Index - The Challenge of Hunger: Focus on the Crisis of Child Undernutrition*, Washington DC.

Ista Mielke (2010), *Oil World Annual 2010*, ISTA Mielke, Hamburg, Germany.

Jasani, N. and A. Sen (2008), *Asian Food and Rural Income*, Credit Suisse, Asia Pacific Equity Research Macro / Multi Industry.

Jha, Manish K. (2009), Food Security in Perspective: the Significance of Social Action, en *Community Development Journal*, vol. 44, núm. 3, pp. 351-366.

Jharkhand Development Report (2009), *Jharkhand in its Eight Year: A Study for Prabhat Khabar*, November.

Krausmann F., Fischer-Kowalski, M. et al (2008) The Global Sociometabolic Transition.Past and Present Metabolic Profiles and Their Future Trajectories, en *Journal of Industrial Ecology*, vol. 12, 5-6, pp 637-656.

Kureel, R. S (2007), Biofuel Scenario in India, *IREDA News-Focus: Biofuels*, pp. 5-12.

Licht, F. O (2009), *World Ethanol and Biofuels Report*, 7 (18), 26 May 365.

Mehta, Aasha Kapur and A. Shah (2002), *Chronic Poverty in India: Overview Study - Defining the Nature of Chronic*

Poverty in India, Mimeo, Manchester, UK, Chronic Poverty Research Centre.

Mehta, Aasha Kapur *et al.* (2011), *India Chronic Poverty Report: towards Solutions and New Compacts in a Dynamic Context*, New Delhi, Indian Institute of Public Administration.

Ministry of New and Renewable Energy, Government of India (2010), "Bio Energy India", Issue 5 July-September, 28, available at: www.winrockindia.org

Ministry of Petroleum and Natural Gas (MoPNG) (2009), "Ministry of Petroleum and Natural Gas", www.petroleum.nic.in [Accessed on 7 March 2011].

Ministry of Petroleum and Natural Gas (MoPNG), "Basic Statistics on the Indian Petroleum & Natural Gas 2008-2009". http://petroleum.nic.in/petstat.pdf

Ministry of Petroleum and Natural Gas (MoPNG), "Petroleum & Natural Gas 2008-2009". http://petroleum.nic.in/petstat.pdf

Molony, Thomas and James Smith (2010), Breifing Biofuels, Food Security, and Africa, *African Affairs*, 109/436, April, pp. 489-498.

MVO (2009), *Market Analysis Oils and Fats for Fuel*, Product Board for Margarine, Fats and Oils, Rijswijk, the Netherlands.

Paramathma, M., P, Venkatachalam y A. Sampath Raja (2007), *Jatropha Improvement Management and Production of Biodiesel*, Centre of Excellence in Biofuels, Agricultural Engineering College and Research Institute, Coimbathur.

Radhakrishna, R. (2002), "Food and nutrition security", in K. S. Parikh and R. Radhakrishna (eds.), *India Development Report*, Oxford University Press, New Delhi, pp. 47-58.

Rahman, S. H. (2008), *Soaring food Prices. Response to the crisis*, Asian Development Bank, available at: http://

www.adb.org/Documents/Papers/soaring-food-prices/soaring-foodprices.pdf [Accessed 7 March 2011].

Rajagopal, Deepak (2007), *Rethinking Current Strategies for Biofuel Production in India*, Energy and Resources Group, University of California, Berkeley.

Rajagopal, Deepak and David Zilberman (2007), Review of Environmental, Economic and Policy Aspects of Biofuels, *World Bank Policy Research Paper*, 4341, pp. 1-107.

Raju, S. S.; P. Shinoj; P. K. Joshi (2009), Sustainable Development of Biofuels: Prospects and Challenges, en *Economic and Political Weekly*, 26 December, pp. 65-72.

Rao, P. P. y M. C. S. Bantilan (2007), Emerging Biofuel Industry: A Case for Pro-Poor Agenda with Special Reference to India, *ICRISAT Strategic Assessment and Development Pathways for Agriculture in the Semi-Arid Tropics, Policy Brief*, núm. 12.

Rhoads, James (2007), "Biodiesel and India's Rural Economy. Case Study 7-8 of the Program: Food Policy for Developing Countries: The Role of Government in the Food System", available at: https://jatropha.uni-hohenheim.de

Saxena, Naresh Chandra (2009), Hunger, Under-Nutrition and Food Security in India, *CPRC-IIPA Working Paper 44*, New Delhi: Chronic Poverty Research Centre, University of Manchester and Indian Institute of Public Administration.

Shah, Amita (2011), "Towards Alternative Growth", en Aasha Kapur Mehta *et al.*, *India Chronic Poverty Report: Towards Solutions and New Compacts in a Dynamic Context*, New Delhi, Indian Institute of Public Administration.

Schandl, H., Fischer-Kowalski, M., Grunbuhel, C., Krausmann,F. (2009), Socio-metabolic transitions in developing Asia. Technological Forecasting and Social Change, vol. 76 (2), pp. 267-281.

Shiva, Vandana (1991), *Ecology and the Politics of Survival: Conflicts over Natural Resources in India*, New Delhi, United Nations University Press and Sage Publications.

Shiva, Vandana (2009), "Extracts from the Report Released by Her, Why is every 4th Indian Hungry? The Causes and Cures for Food Insecurity, Navdanya", en *The Hindu*, July 31, p. 4.

Shiva, Vandana (2011), "Hunger, by design, Navdanya", en *The Asian Age*, March 3.

Swaminathan, M. S. (2010), "Pathway to Food Security for all", *The Hindu*, March 28.

The Energy and Resources Institute (TERI) (2005), *Liquid Biofuels for Transportation: India Country Study on Potential and Implications for Sustainable Agriculture and Energy*, German Ministry for Food, Agriculture, and Consumer Protection (BMELV), New Delhi, German Agency for Renewable Resources (FNR).

United Nations Conference on Trade and Development (2009), *The Biofuels Market: Current Situation and Alternative Scenarios*, United Nations Conference on Trade and Development, Geneva and New York.

Walker, K. L. M. (2008), Neoliberalism on the Ground in Rural India: Predatory Growth, Agrarian Crisis, Internal Colonization, and the Intensification of Class Struggle, en *Journal of Peasant Studies*, 35, 557.

Argentina: paradojas de un eterno emergente

Alejandro Pelfini y Adrián Beling

This chapter presents Argentina as an "eternally emerging" country and considers its strengths and missing potential enablers for overcoming this ambiguous position. It is argued that by lack of significant political leadership or economic power -dimensions which are emphasized in the notions of "emerging power" and "emerging market", respectively- Argentina's greater potential for international (regional) leadership would lay in pursuing a sui generis pathway as an "emergent society", developing an "export profile" not only for the country's immense potential in renewable energy, but also for innovative solutions balancing the economy, society and the environment in the face of a future context of enhanced interdependence, increasingly scarce fossil energy sources and growing constraints on greenhouse gas emissions. It is further argued that the potential for innovation, which is currently visible in agricultural production and latent in Argentina's particularly vital civil society, could be fostered by setting up experimentalist institutional arrangements that reap the synergies of these combined historical strengths, thus eventually enabling Argentina's wholesale emergence.

1. Introducción

El objetivo primordial de este capítulo es analizar la particular y ambivalente ubicación de la Argentina en el concierto de los países emergentes, revisando sus potencialidades y obstáculos para transitar de su condición de "eterno emergente" a la de actor protagónico al menos en el ámbito de la política ambiental y energética; y más precisamente en la promoción de energías renovables no convencionales. En primer lugar, y coincidiendo con Hermann Schwengel (en este volumen), se realizará una distinción entre mercados emergentes, poderes emergentes y sociedades emergentes, para luego indagar la ubicación que podría tener la Argentina en tal distinción, evaluando cuáles son sus potencialidades y las fortalezas históricas de las que éstas se derivan. La tesis central de este capítulo es que solo la articulación de innovación productiva en el sector agrícola con la creatividad cultural de una sociedad civil efervescente, ambos rasgos notorios de nuestro país, permitirá a la Argentina superar la condición de "eterno emergente" para asumir una posición de liderazgo en un área de importancia estratégica para la región, como lo es el área de generación de energías renovables. Indicios de ello ya pueden hallarse en algunos emprendimientos existentes tanto en el sector público como en empresas e iniciativas de la sociedad civil. Algunas de ellas han sido presentadas durante el Seminario Internacional *Política Ambiental y Energética Global. Las energías renovables en la cooperación Sur-Sur*, que dio origen a este libro, y serán incluidas al final de esta exposición.

2. De *emerging powers* a sociedades emergentes

Tanto en los medios de comunicación como en la literatura especializada se están extendiendo las referencias a los llamados *emerging powers* o potencias emergentes. El primer criterio para definir tal *emergencia*, y el más fácilmente observable e inteligible para los medios de comunicación, es registrar y comparar tasas de crecimiento; sin embargo, este indicador suele relacionarse, más bien, con el concepto de *mercado emergente*. El término *potencia* o *poder emergente*, por su parte, agrega el concepto de fortaleza política, medible, en primer lugar, en términos de supremacía militar, pero también de solidez institucional y como capacidad de liderazgo a nivel regional (dimensiones que permiten hablar más propiamente de poder emergente y menos de *potencia*, que tiene demasiada connotación geopolítica y de seguridad) (Harris, 2005). Al centrarnos en el concepto de "emergente", es preciso recordar que la idea de emergencia se asocia con lo novedoso, lo inesperado, lo original. La genuina emergencia no pasa, entonces, o al menos no de manera fundamental, por el aumento de poderío militar y económico, sino básicamente por el surgimiento de algo inédito, repentino e inesperado. Si hablamos además de *sociedad emergente*, nos referimos a una entidad particularmente activa, compleja, diferenciada, en constante movimiento; equilibrando e integrando las dinámicas del Estado, el mercado y la sociedad civil según parámetros originales. Además, esta emergencia debería conducir a un nuevo estadio de relativa estabilidad; que no es algo meramente coyuntural ni un episodio más en el permanente ascenso y caída de países, regiones y civilizaciones (Pieterse y Rehbein, 2008; Schwengel, 2008).

Si, además, el país en cuestión no sólo desarrolla capacidades que le permiten enfrentar desafíos inéditos, sino que asimismo sirve de orientación a otras sociedades en condiciones similares, entonces dicha capacidad se vuelve replicable y se convierte en liderazgo. Por lo tanto, una sociedad emergente combina una *capacidad original para resolver problemas* junto a un *liderazgo* de fuste, en la medida en que su solución admite ser replicada en otros contextos.

En el ámbito del tema que nos ocupa, el de la política ambiental y energética, la novedad y el liderazgo para enfrentar problemas inéditos vinculados al próximo agotamiento de los combustibles fósiles y a la necesidad de reducir las emisiones de gases de efecto invernadero (GEI) deberían pasar por la combinación original de elementos, si no contradictorios, al menos con frecuencia difícilmente combinables. Por un lado, la articulación de las tres dimensiones de la sustentabilidad:[4] la económica (ligada a la eficiencia en el uso de recursos y a la regularidad de los flujos de inversiones), la social (la satisfacción de necesidades básicas) y la ambiental propiamente dicha (vinculada con el equilibrio y la reproducción de ecosistemas y la protección de la biodiversidad). Por otro lado, la doble persecución de eficiencia y suficiencia energética. La primera, consistente en consumir la misma cantidad de energía a un costo menor en términos de recursos ("consumir mejor"). La segunda se basa simplemente en reducir el consumo de energía ("consumir menos"). En el caso de los países emergentes, la necesidad de armonizar estas dimensiones de la sustentabilidad es particularmente urgente. Si consideramos la perspectiva de que, en su legítima aspiración al crecimiento y al desarrollo, países superpoblados adoptasen los patrones de consumo y formas de producción de los países industrializados, se generaría una demanda tal de recursos naturales que las dotaciones y la capacidad de regeneración del planeta se verían con mucho excedidas. Sólo se puede hablar de *sociedades emergentes* si estos países logran desarrollarse de tal modo que su población pueda satisfacer necesidades y abandonar la pobreza encontrando equilibrios más o menos estables entre las tres dimensiones de la sustentabilidad. De lo contrario, seguiremos en el terreno conocido de mercados o de poderes emergentes.

---

4 A estas tres dimensiones que reconoce la División para el Desarrollo Sustentable de la ONU diversos autores les adicionan una o varias dimensiones, buscando dar cuenta más cabalmente de la complejidad del concepto. El Estado argentino contempla, además de las tres mencionadas, las dimensiones cultural, geográfica y política. Véase: http://www.siia.gov.ar/index.php/servicios/blog/140-las-dimensiones-de-la-sustentabilidad.

3. La eterna emergencia de la Argentina

¿Cómo se sitúa la Argentina en una hipotética lista de países emergentes constituida, en primer lugar, por los BRIC, y luego por una serie de países aspirantes a esa categoría que -quizá por ejercer un liderazgo regional- vienen a incluirse con mayor o menor dificultad: Sudáfrica, posiblemente alguno en el Sudeste Asiático, como Tailandia o Indonesia, y en Sudamérica quizás el reciente aspirante Chile, así como algunos años atrás la misma Venezuela? No es objeto de este texto discutir esta lista en detalle. Sin embargo, ante las modas y etiquetas que se propagan acríticamente, no resulta inoportuno decir que el carácter de emergente para China y Rusia es discutible: China es más bien un "emergido", si bien su ascenso continúa y parece no tener límites. El caso de Rusia se evidencia como un *resurgimiento* previsible, basado en recursos y herramientas tradicionales. Salvo por unos años de crisis que siguieron al colapso del socialismo real, Rusia nunca dejó de ser una potencia. Por lo tanto, los únicos auténticos emergentes en la lista mencionada son Brasil e India, básicamente porque su ascenso nos toma por sorpresa.

Lo que ciertamente los países citados tienen en común es que alcanzan un grado de liderazgo en varios campos y constituyen tanto mercados emergentes con altas tasas de crecimiento sostenidas, como potencias o poderes emergentes en términos políticos o militares, además de sociedades emergentes. El caso de Argentina es más complejo. Podríamos decir que apenas alcanzaría el estatus de *sociedad emergente* -una sociedad para algunos, quizás demasiado agitada y turbulenta-, y el resto de las categorías solo de forma circunstancial. Justamente por ello, y debido a sus repetidos ciclos de *stop and go*, suele ser considerado como un eterno país emergente, que viene prometiendo incorporarse al círculo de los países desarrollados desde fines del siglo XIX (Nuscheler, 1996: 85). *Eterno emergente* es, sin duda, un oxímoron, porque si -como se dijo- la emergencia va asociada a la novedad y a lo repentino, un candidato eternizado pierde su carácter emergente, e incluso puede agotar por fuerza de la repetición a observadores y amigos de los rankings. De tal modo se pierde la excepcionalidad: si se es un eterno candidato, ya no se tiene nada de emergente. No obstante, intentar dirimir las razones de esta repetición excede con creces el objetivo de este capítulo. Preferimos aquí intentar seleccionar los factores que hicieron posible que Argentina pudiera ser considerada un eterno emergente, y que aún hoy en día, luego del colapso del proyecto neoliberal en 2001, siguen permitiendo al país colarse en escenarios de protagonismo junto a naciones con mucho mayor peso. A nuestro juicio, Argentina puede todavía ser considerado un país emergente y, más aún, una sociedad emergente, aunque una de segundo rango y con liderazgos parciales y en el marco del continente sudamericano.

Entre tantos atributos que, más reales o más soñados, están presentes en las repetidas ocasiones que se consideró a la Argentina como emergente o como candidato firme para convertirse en un país desarrollado, queremos destacar dos: el primero es la creatividad cultural, medible no solo por un nivel educativo superior al promedio regional, o en calidad y cantidad de productos culturales y de recursos humanos, sino también por la vitalidad de su sociedad civil: la argentina es una sociedad abierta a la experimentación, amiga de la crítica y cuestionadora de la autoridad, aunque signada por un ánimo jacobino que la vuelve más reactiva que proactiva. El segundo, más evidente y menos discutible, es su carácter de potencia agroalimentaria. Argentina es el cuarto exportador de alimentos más importante del mundo, posición histórica en la división internacional del trabajo que data de finales del siglo XIX. Ninguna de estas dos dimensiones está librada de cierto carácter mítico o estereotípico. Los mitos correspondientes no son otros que Buenos Aires como la "París de Sudamérica" y el país como el "granero del mundo". Los *clichés* esconden siempre alguna verdad, mientras la hipérbole no la corrompa.

En tanto puede afirmarse que Brasil ejerce un liderazgo sobre todo en términos políticos por la coherencia de su política exterior, Chile se destaca por haber desarrollado un modelo económico que le permitió exhibir indicadores macroeconómicos consistentemente exitosos a lo largo de más de una década. Argentina quizás aún ejerza algún liderazgo en América del Sur por su creatividad cultural. Históricamente se ha destacado por su desarrollo científico y sus universidades, por contar con recursos humanos muy calificados, así como por sus industrias culturales que cobraron auge después de la crisis económica de 2001 y constituyen un "producto" exportable de magnitud.

Por la abundancia de sus recursos primarios, por su extraordinaria productividad agrícola, y por haber ingresado con rapidez en los circuitos del comercio mundial en la segunda mitad del siglo XIX, la Argentina es hoy una potencia agroalimentaria de primer orden. No puede dejar de mencionarse también un destacado avance en la agroindustria y en la producción de maquinaria agrícola, que no solo abastece la demanda nacional, sino que se exporta como tecnología "made in Argentina". Al amparo de un tipo de cambio favorable, junto con la introducción de innovaciones como la siembra directa, el modelo de los agronegocios se ha expandido de manera espectacular, básicamente en torno al cultivo de la soja. Esto podría representar una oportunidad para el desarrollo de los biocombustibles; aunque una cotización alta y sostenida de la soja tendería más bien a no incentivarlo. No obstante, las metas de uso de biocombustibles establecidas por ley en los principales países industrializados permiten prever un crecimiento sostenido de la demanda de biodiesel y bioetanol impulsado por el comercio global. Gracias a su producción actual y al crecimiento proyectado de las exportaciones, la Argentina está preparada para consolidarse como un proveedor relevante de biocombustibles en los mercados mundiales, habiéndose posicionado en pocos años como uno de los principales productores mundiales de biocombustibles y de biodiesel en particular (Mathews y Goldsztein, 2008). Esta aspiración se sostiene con la política fiscal: dentro de las retenciones que se cargan a la exportación de productos obtenidos de la soja, el aceite de soja está gravado con el 30% de retenciones, mientras que el biodiesel producido en base a ese mismo aceite está gravado con el 5% solamente. Este es terreno fértil para el despliegue de la capacidad innovadora, ya no basada principalmente en soluciones tecnológicas, sino en estrategias de asociatividad y diferenciación que innovan cultural e institucionalmente.

4. Innovación cultural y potencia agroalimentaria. El desafío de articular ambos aspectos

El desarrollo del biodiesel no escapa al patrón que signa la evolución de la industria agroexportadora argentina en general: las Pymes están quedando fuera del negocio, a causa de una concentración creciente en manos de grandes compañías con la escala y la tecnología que requiere la actividad, muchas veces fuera del alcance de los bolsillos de los pequeños y medianos empresarios. Incluso los volúmenes necesarios para cubrir el mercado interno -siendo obligatoria la mezcla de combustibles fósiles con 5% de biodiesel a partir de 2010- son provistos por las 19 empresas inscriptas para exportar.[5] El empresariado pyme está comenzando a explorar otros caminos, como son el modelo de asociatividad o la diferenciación progresiva, apuntando a nichos de mercado que están fuera del *target* de los grandes jugadores. Esta realidad, sumada a los problemas de sustentabilidad social y ambiental, evidencia los límites del modelo de los agronegocios. Básicamente se trata de un modelo productivo de bajo valor agregado que descansa en la incorporación de tecnología generada sobre todo en el exterior, de escasa intensidad de mano de obra calificada y no calificada, y con un marcado desacoplamiento respecto de la demanda interna (Teubal, 2008; Giarraca y Teubal, 2005). Lo más riesgoso aquí es, no obstante, la tendencia a generalizar un modelo de monocultivo, mayormente a partir de la producción de soja, que acarrea enormes daños ambientales: erosión del suelo y deforestación. Ciertamente esto no constituye por sí solo una razón para abominar los agronegocios, ya que son una fuente ineludible de ingresos para un país que cuenta con ventajas comparativas en ese terreno. Tampoco se trata de oponer a ellos el polo contrario: un radicalismo ecologista/comunitarista con la filosofía de *small is beautiful* en producciones de cultivos orgánicos a pequeña escala. Sin embargo es preciso señalar que la persistencia del modelo de los agronegocios difícilmente pueda generar el tipo de innovación requerida para convertir a la Argentina en una sociedad emergente en cuestiones ambientales y energéticas.

Tanto la coyuntura actual como el escenario prospectivo hacen prever un aumento de la demanda de alimentos, de desarrollo de energías alternativas y de uso

---

5 La Secretaría de Energía estableció las especificaciones que deberán cumplir (Resolución 6/2010) y asignó un cupo a cada empresa (Resolución 7/2010). (Carrizo, Ramousse y Velut, 2010).

intensivo de recursos naturales en general. En este juego la Argentina cuenta, sin duda, con cartas poderosas. Sin embargo, lo que apenas se ha intentado aún es combinar los dos potenciales de liderazgo regional del país: la creatividad cultural y la innovación productiva en el sector agropecuario. A nuestro juicio, esta inédita combinación sería la base de una auténtica *emergencia* que puede sustentar un liderazgo en un área relevante no solo para el país y la región, sino también para el futuro de la humanidad. De este modo, la Argentina se convertiría en una sociedad genuinamente emergente, ya que podría ofrecer soluciones originales para problemas comunes y replicables en otros contextos.

Figura 1. La combinación de las dos potencialidades de Argentina

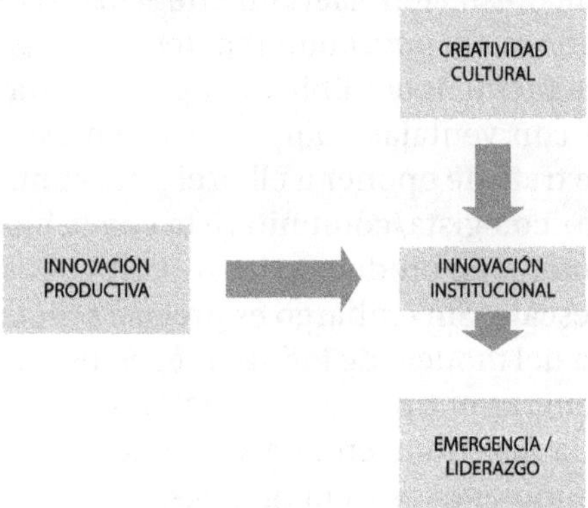

Fuente: elaboración propia.

Esto nos acerca a una pregunta central en cualquier análisis de procesos de innovación y de aprendizaje colectivo: ¿de dónde surge lo nuevo? Existen múltiples posiciones al respecto. Entre las de mayor consenso figuran las que sostienen que difícilmente lo nuevo pueda surgir de la adaptación mecánica a entornos complejos, del solipsismo o de la acción en solitario al estilo compromisos voluntarios o del espíritu de la responsabilidad social empresaria (Larraín, 2004; Vogel, 2005; Frynas, 2005). Lo nuevo surge sólo del contacto con lo diferente, con posiciones divergentes en arreglos institucionales complejos abiertos a la experimentación, pero también basados en la interacción ordenada, el diálogo y la agregación de intereses. En otras palabras -para el caso que nos ocupa-, de la articulación entre creatividad cultural e innovación productiva. No se trata de aplicar una receta prefijada que conoce de antemano dónde están los problemas como pregona (o pregonaba) el neoinstitucionalismo ligado al Consenso de Washington, incluso en sus formas más elaboradas. La innovación no se promueve necesariamente de arriba hacia abajo a partir de un actor central (sea el Estado, un organismo internacional o una cámara empresarial), sino que puede surgir también desde la base. La innovación tampoco viene a corregir supuestas patologías definidas *ex-ante*.[6] En cambio, la innovación, entendida como experimentación, recoge la energía emergente en la sociedad y la reorganiza en torno a la resolución de desafíos inéditos. Su eficacia se traduce, así, en el ejercicio de un liderazgo.

No parece exagerado afirmar que uno de los sectores económicos que más potencial presenta para el desarrollo de un liderazgo argentino sobre la base de la innovación institucional es el de las energías renovables no convencionales, particularmente en el ámbito del agro, los biocombustibles, y en particular, el biodiesel. La innovación genuina consistiría en explorar la senda de la *interdependencia*: una conexión en redes sin un centro definido desde el que se irradie la provisión de energía. La articulación de

6 Al respecto ver: Lengyel, Miguel (2010).

innovación cultural y producción y distribución de energía sustentable se plasma así en el ideal de acoplar producción y consumo: producir la energía, allí donde se la consume y conectarse a la red para intercambiar excedentes y necesidades. Si la sociedad centralizada, en el sentido empleado por Jeremy Rifkin (2010), producía y distribuía la energía de la misma forma -es decir, centralizada-, sociedades complejas, pluralistas e innovadoras se diferencian por la interconexión de partes tendientes a la simetría y a la autosuficiencia: una casa, un edificio o un establecimiento agrícola pueden generar la energía que requieren mediante una combinación de fuentes renovables, conectándose a la red si necesitasen un suministro extra o tuviesen excedentes para distribuir.

En este sentido, lo que interesa destacar no es tanto un estado de cosas, sino más bien un potencial, una fuerza latente asociada a formas novedosas de entrelazamiento entre los tres niveles fundamentales de la sociedad:

- Nivel macro: representado por el Estado y la conformación de reglas de juego jurídicas y económicas, así como por la implementación de políticas de promoción de ciencia y tecnología.
- Nivel meso o medio: propio del mercado y la innovación productiva, ligado a la generación de nuevos productos y mecanismos de distribución.
- Nivel micro: el de la sociedad civil, con la permanente presencia de nuevas demandas y reclamos inéditos, reclamos por mayor participación y exigencias de *accountability* y transparencia.

A continuación se presentarán algunos indicios de innovación observados en la Argentina actual en los tres ámbitos referidos, explorando casos en que pueden encontrarse esbozos de esta articulación entre innovación productiva y creatividad cultural. Como hemos señalado, se trata apenas de escenarios de naturaleza experimental. No es posible hablar de políticas sistemáticas o cadenas de valor ya instaladas. También está pendiente su articulación en una estrategia de innovación que integre los niveles macro, meso y micro, aunque ya existen experiencias prometedoras para analizar.

4.1. Nivel macro: el Estado en el G-20 y en la promoción de políticas innovadoras

Como es de esperar por la importancia que han ganado las energías renovables no convencionales en la agenda internacional, Argentina, como casi cualquier país de rango medio, ya ha realizado avances en este campo por medio de regulaciones, políticas de fomento a la innovación, y acuerdos internacionales. La Secretaría de Energía -perteneciente al Ministerio de Planificación Federal, Inversión Pública y Servicios- y el Ministerio de Ciencia, Tecnología e Innovación Productiva comparten la responsabilidad del diseño de políticas públicas en materia energética. Se han dado pasos en la construcción de un marco regulatorio que promueva la diversificación de la matriz energética, dando un papel más importante a las energías limpias y renovables. A saber, la Ley n.º 26190/06 de régimen de fomento nacional para el uso de fuentes renovables de energía destinadas a la producción de energía eléctrica, y el Decreto Reglamentario 562/09, a través de los cuales se espera poder alcanzar la meta, a partir de un conjunto de beneficios fiscales, de abastecer en el año 2016 el 8% de la demanda de electricidad nacional con energías renovables. Esta ley-marco ha comenzado a traducirse en acciones: a través del programa GENREN, se han suscripto contratos de abastecimiento para generación eléctrica a partir de fuentes renovables de energía por un total de 1.015 Mw de potencia.[7]

---

7 Aquí se observa una vez más, sin embargo, un patrón de exclusión y de reproducción de mercados oligopólicos: a diferencia del programa

Existen también avances en la cooperación bilateral y multilateral en materia de ciencia y tecnología, parte de los cuales se centra en el campo de las energías renovables. A modo de ejemplo, y reforzando la idea de interdependencia de alcance regional, cabe mencionar el Programa Bilateral de Intercambio Científico y Tecnológico entre Brasil y Argentina sobre energías nuevas y renovables. Este marco funciona como eje conductor de las iniciativas dispersas en los niveles meso y micro, fomentando el relevo y la formulación de políticas comunes de ciencia y tecnología, capaces de identificar intereses prioritarios para ambos países.

Más allá de estas iniciativas, que podrían considerarse "esperables" en un país como Argentina, la posibilidad de ejercer un liderazgo -al menos de escala regional- en política energética y ambiental se juega fundamentalmente en dos espacios diferentes que se han abierto en los últimos años de la mano de la crisis global. El primero, a nivel internacional, es la participación argentina en el G-20 junto con otros países emergentes. El segundo, a nivel nacional, es una serie de iniciativas ligadas a reducir la vulnerabilidad de la economía a la volatilidad de los precios internacionales de los *commodities* y la desigualdad regional y socioeconómica que genera el modelo de los agronegocios, contribuyendo así a aumentar la seguridad alimentaria del país.

El G-20 ofrece un nuevo escenario de negociación internacional para los emergentes, donde éstos pueden alcanzar una influencia más significativa en decisiones

---

brasileño análogo PROINFA (*Programa de Incentivo a Fontes Alternativas de Energia Elétrica*), que cuenta con financiamiento integral del BNDES (Banco Nacional do Desenvolvimiento), el GENREN no prevé financiamiento propio, lo que se traduce en barreras infranqueables de acceso para las Pymes y favorece la inversión por parte del capital extranjero.

clave para la gobernanza global. Sin embargo, aún está por verse cómo serán tratados los asuntos de alcance global cuya regulación debería sufrir importantes modificaciones. Por ahora, y como plantean Diana Tussie y Pablo Trucco (2009), el G-20 oscila entre la necesidad de llevar a cabo acciones coordinadas para mitigar los dolorosos efectos económicos y sociales de la crisis global, y el replanteo de los "mismísimos fundamentos de la gobernanza financiera global, cuestionando el rol rector de los países del G-7 y de su autodesignada responsabilidad como guardianes de la provisión del crédito mundial".

En este sentido, el G-20 se constituye en un espacio factible para la redefinición de reglas de juego, así como de estándares de producción y normas de calidad. En este marco comienzan a observarse disputas relevantes, y no solo en temas con mayor tradición como los subsidios agrícolas y la arquitectura financiera global, sino también en temas ligados a la seguridad alimentaria y energética, que empiezan a recibir mayor atención. Estas cuestiones se manifestaron, por ejemplo, en las más recientes cumbres de Pittsburgh en 2009 y de Toronto y Seúl en 2010. Allí se acordó reducir en un mediano plazo los subsidios a los combustibles fósiles. Si bien este espacio para la negociación de una agenda menos ortodoxa es incipiente, la Argentina puede ciertamente aprovecharlo en la medida en que actúe en conjunto con otros emergentes de mayor peso. Por ejemplo, deberá insistir en la necesidad de reconfiguración de la matriz energética del mundo industrializado ya que ésta determina buena de la demanda por exportaciones de países como Argentina. En esta incipiente vía de *subjetivación* o *empoderamiento*, los países emergentes han mostrado visos de progreso en dejar su rol como *rule takers* (tomadores de reglas), asumiendo en alguna medida el rol de *rule makers* (generadores de reglas).

A nivel nacional, entre las políticas públicas existentes o en elaboración con mayor potencial para la articulación de las fuerzas creativas e innovadoras existentes en las esferas micro y meso de la sociedad, en relación con la cuestión agrícola y los biocombustibles, se destacan el PNBio del INTA y el Plan Estratégico Agroalimentario y Agroindustrial 2010-2020 (PEA2).

El PNBio tiene como objetivo central la difusión horizontal de conocimiento experto, proveyendo *know-how* en todo el espectro de biocombustibles, con particular énfasis en los de segunda generación. Su principal fortaleza es la densidad y el alcance de su red de cooperación, que le permite constituirse en plataforma de interacción horizontal para la difusión y aplicación, conectando en forma directa productores con expertos, pero manteniendo la verticalidad en la generación y sistematización de conocimiento.

El Plan Estratégico Agroalimentario y Agroindustrial 2010-2020 (PEA2), que tuvo su génesis en un conflicto coyuntural entre el gobierno y productores agropecuarios, apunta sin embargo a un objetivo mucho más complejo y trascendente: reorientar la producción alimentaria y agroindustrial de un esquema exclusivamente extractivo / exportador a un modelo de exportaciones de alto valor agregado en origen y simultáneamente dirigido a satisfacer las demandas alimentarias de la propia población, atendiendo la posición de los sectores más vulnerables de la estructura agraria.[8] Este plan está explícitamente

---

[8] Para ello se está iniciando un proceso de debate en cada provincia y consulta con universidades y actores relevantes, tratando de lograr avances en la redistribución geográfica del ingreso agrario. Ver Ferro, Silvia, "Superar las asimetrías. El Plan Estratégico Agroalimentario y Agroindustrial 2010-2016", *Página 12, Suplemento Cash*, núm. 1065, p. 4 (29 de agosto de 2010), y también en el sitio *web* oficial del ministerio respectivo: http://www.minagri.gob.ar/site/areas/PEA2/_noticias/PEA-Una_Visi%C3%B3n_Compartida_de_Futuro.pdf.

diseñado sobre la base del modelo participativo de *triple hélice* (Ezkowitz, 2003), convocando como actores clave tanto al Estado como al empresariado y a las universidades.

Si bien estas iniciativas representan *per se* un avance hacia una mayor innovación en las políticas públicas para el sector, el mayor potencial de innovación institucional radicaría en la articulación de ambas iniciativas. Por un lado, la combinación del carácter más bien vertical de la primera con los mecanismos de consulta y participación que contempla la segunda. Por otro lado, se requiere el abordaje sistemático de la tensión existente entre la cuestión alimentaria y los biocombustibles, así como una evaluación seria de la sustentabilidad ambiental y social de cualquiera de los polos de la tensión.

4.2. Nivel meso: mercado, innovación productiva

Además de los avances registrados en el terreno de los biocombustibles dentro de un modelo más cercano a la reciente expansión de los agronegocios, podemos destacar una serie de emprendimientos que no solo se caracterizan por una ingente inversión en ciencia y tecnología, sino también por combinar este tipo de innovación con innovación institucional. Estos emprendimientos son fuentes significativas de creación de valor y de trabajo calificado. En algunos casos, incluso ofrecen soluciones tendientes a potenciar el desiderátum que representan las redes no centralizadas de nodos autosuficientes en materia energética, y que al estar interconectados pueden intercambiar sus excedentes en caso de necesidad.

Comenzando por la gran escala, la empresa IMPSA (Industrias Metalúrgicas Pescarmona SA) es un ejemplo de empresa de capital nacional con una larga tradición en el campo de la energía hidroeléctrica, que más recientemente se ha visto complementada por importantes desarrollos en el campo de la energía eólica, llegando a constituirse en el mayor inversor de América Latina en parques eólicos. Esta expansión tiene lugar no solo a nivel nacional, sino que abre un campo inédito de inversiones argentinas en el exterior con capital, *expertise* y tecnología nacionales. Sus mayores proyectos son los parques eólicos en el Nordeste de Brasil, en el marco del programa PROINFA: CEARA I (100 Mw), CEARA II (211 Mw), Agua Doce y Bom Jardín (217 Mw), entre otros, totalizando una potencia instalada cercana a los 1.000 Mw en ese país. En la provincia de La Rioja, el parque Arauco I, con 25.2 Mw, se ha convertido en el mayor parque eólico de la Argentina. En la misma locación se desarrolla el parque Arauco II, con una capacidad similar. Dentro del programa GENREN, la empresa ha resultado adjudicataria de los parques eólicos Kaluel Kaike I y Malaspina I, totalizando otros 155 Mw de potencia instalada. Además, IMPSA está incursionando con éxito en otros países de América del Sur y el Sudeste Asiático (Vietnam).

Un enfoque original tanto en el plano de las políticas industriales como en empresas específicas se inspira en la idea de "generar energía donde se la consume", coincidiendo con el espíritu mencionado de ir más allá de las redes centralizadas. En el campo de la energía solar es donde existen los principales desarrollos al respecto. En el caso del INTI (Instituto Nacional de Tecnología Industrial), a través de su Área Tecnológica Estratégica Energías Renovables (E-Renova), se pretende promover la investigación aplicada para generar equipos y propagar el conocimiento necesario a los usuarios.[9] Se trata tanto de proyectos comerciales como

---

9 Para el financiamiento de tales proyectos el INTI creó el Fondo de Innovación Tecnológica Sectorial (FITS) Energía Solar 2010, de $30.000.000. Entre sus objetivos están: generar modelos piloto de los recursos energéticos adaptados a las condiciones locales, desarrollar componentes y aplicaciones para el sector y crear nuevos empleos, así como promover

también de proyectos vinculados a políticas de superación de la pobreza en áreas sin conexión eléctrica. En marzo de 2011 la Plataforma Solar Térmica (PST) instalada en la sede central del INTI en Buenos Aires finalizó el testeo exitoso de unos prototipos de termotanques solares de fabricación nacional, destinados a cubrir la demanda de agua caliente de hogares en asentamientos marginales y viviendas sociales.

Un potencial similar puede encontrarse en proyectos de perfil comercial como los de la empresa ALDAR. Mediante la producción de celdas fotovoltaicas y el asesoramiento sobre inversiones en este rubro ofrecen soluciones sustentables tanto a grandes empresas como a escuelas y a sistemas de alimentación de antenas y repetidoras en todo el país, explotando la provisión de electricidad en los márgenes del sistema como un nicho de mercado. ALDAR ha instalado generadores fotovoltaicos en puestos fronterizos de Gendarmería Nacional y en más de 370 escuelas de Santiago del Estero, Salta y Río Negro, así como en 300 viviendas rurales en el delta del Orinoco, en Venezuela. Además, recientemente instaló el primer sistema *On-Grid* (con conexión a la red de electricidad) de la Argentina en la planta de Unilever, en Gualeguaychú, Entre Ríos.

En una escala más pequeña, también existen proyectos, particularmente en el ámbito de los biocombustibles, destinados a cubrir las necesidades de autoconsumo para el pequeño productor agropecuario, que es diesel-dependiente, usando una mínima porción de la superficie cultivable. Aquí no se apunta a la interconexión sino que el objetivo primordial es el autoabastecimiento y la generación

---

el crecimiento del sector. Además, en línea con el objetivo de difundir el conocimiento y la capacitación sobre energías renovables, el INTI habilitó recientemente en su campus virtual una comunidad *online* para educar a pequeños empresarios en tecnología solar térmica, con vistas a ser ampliado a otras energías renovables no convencionales.

descentralizada de energía utilizando excedentes de producción y, en algunos casos, incluso residuos. Un caso destacado es el de la empresa Biofuels SA, que produce pequeñas maquinarias para generar biodiesel y apunta a un segmento industrial usualmente desatendido por los proveedores que prefieren focalizar en emprendimientos de gran escala bajo el dictado del *bigger is better.*

Todas estas son soluciones con alto valor agregado, capaces de generar trabajo calificado y que aprovechan I&D, sea para emprendimientos de pequeña como de gran escala. De este modo, se ofrece una alternativa a los modelos de generación de energía intensivos en recursos no renovables, al tiempo que se generan soluciones para contextos específicos en vez de modelos estandarizados en gran escala.

4.3. Nivel micro: sociedad civil proactiva

Podría argumentarse que en la Argentina el activismo de la sociedad civil a veces puede ser exagerado, espasmódico y sin rumbo. Suele resultarle difícil alcanzar la institucionalización y considerar los intereses de los diversos actores, sobre todo cuando se abusa de la acción directa como mecanismo de protesta. Frecuentemente la sociedad civil actúa de forma reactiva y movida por un ánimo jacobino, que al no articularse constructivamente con las demás fuerzas sociales, no resulta sino en juegos de suma cero. No obstante, incluso una sociedad fragmentada -y fuertemente polarizada como resultado de un modelo de desarrollo excluyente que imperó en el país en la década de 1990- puede ser dinamizada para generar un efecto político, mediante el diseño de instituciones de "democracia dialogante". A través de la identificación de grupos marginalizados y de la articulación apropiada de sus necesidades y demandas se abren espacios de experimentación social con potencial para redefinir la organización de ciertas actividades económicas y su relación con la política (Callon, 2007). En efecto, mirando más allá de los titulares alarmistas de la prensa, se puede identificar un número significativo de aportes al fortalecimiento de la institucionalidad, alternativas innovadoras que constituyen la base potencial de una experiencia de auténtico aprendizaje colectivo. Desde estas iniciativas se promueve la expansión de derechos colectivos e individuales, la creación de espacios ajenos a la lógica del mercado, y se demanda la provisión y la conservación de bienes públicos.

También se puede observar en el nivel micro una incipiente efervescencia de microiniciativas que surgen como respuesta a problemáticas particulares, o bien de la percepción de situaciones de vulnerabilidad que se registran a nivel local. Muchos de estos emprendimientos son concebidos, sin embargo, con potencial replicativo. Es decir que, si bien apuntan a resolver situaciones particulares, atienden también a situaciones típicas y a sus posibles soluciones. Son voces alternativas que surgen del espíritu emprendedor y de la creatividad de individuos y grupos sociales.

Un aporte valioso al seminario que dio origen a este libro fue la experiencia de la ONG Taller Ecologista, de la ciudad de Rosario. Con sus veinticinco años de existencia, esta ONG, actuando en vinculación con la Universidad Tecnológica Nacional en esa ciudad, se ha convertido en una incubadora de proyectos innovadores y en una plataforma para su difusión. Ejemplos son la moción impulsada para el reconocimiento del derecho a la energía como un derecho esencial de las personas, y la creación de mecanismos no comerciales de provisión energética. En la provincia de Santa Fe se están introduciendo proyectos que vinculan organizaciones comunitarias con el gobierno provincial para promover energías renovables con una lógica alternativa a los grandes jugadores del mercado. De este modo, la ya trillada difusión de emprendimientos público-privados (PPP) o la promoción de la responsabilidad social empresaria (RSE) se ve complementada -y, por qué no, vigilada- mediante nuevos esquemas de asociatividad entre organismos públicos, organizaciones comunitarias y universidades.

Otra iniciativa que se recoge también en este libro es la de la Fundación Ecoandina, situada en San Salvador de Jujuy: una organización que trabaja con microemprendimientos para el autoabastecimiento energético en la Puna argentina, haciendo la energía accesible para los habitantes de las zonas más aisladas del país, con la ayuda de una vasta y densa red de instituciones internacionales, en la que predomina la presencia de agencias alemanas de cooperación para el desarrollo. La disponibilidad de fuentes de financiamiento y *know-how* globales para el abordaje de problemas específicos de carácter local da cuenta de cómo la sociedad civil puede aprovechar la interconectividad global para generar soluciones por fuera de la lógica del mercado sin renunciar por ello a las ventajas de la tecnología de avanzada.

Este tipo de enfoques e iniciativas son ejemplos de la vitalidad cultural existente en la sociedad argentina, a la que hacíamos referencia, y que constituye el caldo de cultivo que podría impulsar a la Argentina a una posición de liderazgo en materia de innovación institucional y social en el campo de las energías renovables, cuya importancia en el mundo estamos apenas comenzando a vislumbrar.

5. Conclusiones

Este panorama de incipientes experiencias promisorias en la vinculación de creatividad cultural e innovación productiva en el ámbito de las energías renovables no convencionales en la Argentina invita al optimismo, en la medida en que estos indicios positivos se mantengan en el tiempo y se multipliquen en el mediano plazo. El primer objetivo es la consolidación de cadenas de valor, la generación de oferta y demanda de trabajo calificado y el aumento de valor agregado a partir de la incorporación de conocimiento al proceso productivo. También es urgente -apuntalando la innovación cultural que ofrece una sociedad civil particularmente vital- el desarrollo de arreglos institucionales inclusivos que integren sectores habitualmente marginalizados a estos circuitos y entrelacen las distintas esferas sociales de forma creativa, dando lugar a sinergias quizás insospechadas. Más ambiciosa y algo más alejada en el horizonte temporal, pero no menos importante, aparece la tarea de explorar la articulación entre eficiencia y suficiencia energética de una forma tal que permita sostener las legítimas pretensiones de desarrollo económico sin comprometer el equilibrio entre sustentabilidad ambiental y social. Largo es el camino a recorrer. Lo que hemos querido destacar en este capítulo es que existen indicios y experiencias promisorias en ese sentido y que la Argentina cuenta con buenas cartas para el juego.

La transición de la Argentina desde su condición de "eterno emergente" a una posición de liderazgo efectivo, al menos en el espectro regional, depende de su capacidad de innovación institucional para articular las dimensiones mencionadas de creatividad cultural e innovación productiva. Si el auge de los países emergentes trae consigo algún tipo de novedad en cuanto a un modelo de desarrollo y organización social capaz de desafiar el orden OCDE, la Argentina -si aspira a ser auténticamente emergente- también debería aportar alguna novedad en ese sentido. En tanto su potencialidad radica menos en su carácter de mercado o potencia y más en el de sociedad emergente, una posible y significativa contribución a la consolidación de una alternativa al modelo de desarrollo dominante sería la incorporación de la sustentabilidad ambiental y social a una matriz energética y a un modelo productivo hasta ahora básicamente extractivo y por lo tanto difícil de sostener.

Referencias bibliográficas

Callon, Michel (2007), An Essay on the Growing Contribution of Economic Markets to the Proliferation of the Social, *Theory, Culture & Society*, 24 (7-8), pp. 139-163.

Carrizo, Silvina C.; Didier Ramouse y Sébastien Velut (2010), "Biocombustibles en Argentina, Brasil y Colombia: avances y limitaciones", *Geograficando*, vol. 5, núm. 5, pp. 63-82. Disponible en línea: http://hal.archives-ouvertes.fr/docs/00/55/68/45/PDF/Biocombustibles_Carrizo_Ramousse_Velut_SHS.pdf.

Etkowitz, Henry (2003), Innovation in Innovation: The Triple-Helix of University-Industry-Government Relations, *Social Science Information*, vol. 42, núm. 3, pp. 293-337.

Frynas, Jedrzej G. (2005), The False Developmental Promise of Corporate Social Responsibility: Evidence from Multinational Oil Companies, *International Affairs*, vol. 81, núm. 3, pp. 581-598.

Giarraca, Norma y Miguel Teubal (coord.) (2005), *El campo argentino en la encrucijada. Estrategias y resistencias sociales, ecos en la ciudad*, Buenos Aires, Alianza Editorial.

Harris, Jerry (2005), Emerging Third World Powers: China, India and Brazil, *Race & Class*, col. 46 (3), pp. 7-27.

Larraín, Sara (2004), Responsabilidad social empresarial: ¿compromisos voluntarios o regulación pública para la sustentabilidad?, en *Responsabilidad Social*

Empresarial, vol. XX, núm. 2, Sección Especial, pp. 85-88.

Lengyel, Miguel (2010), "Innovación productiva e innovación institucional: el vínculo virtuoso", en García Delgado, Daniel (comp.), *Rol del Estado y desarrollo productivo-inclusivo*, Buenos Aires, Ciccus, pp. 45-52.

Mathews, John A. y Hugo Goldstein (2008), "Capturing Latecomer Advantages in the Adoption of Biofuels: The Case of Argentina", en *Energy Policy*, doi:10.1016/j.enpol.2008.07.022. Disponible en línea: http://www.carbio.com.ar/es/pdf/biblioteca/ 13_PotencialdebiocombustiblesenArgentinaScienceDirect.pdf

Nuscheler, Franz (1996), *Lern-und Arbeitsbuch Entwicklungspolitik*, Bonn, Dietz, cuarta edición.

Pieterse, Jan N. y Boike Rehbein (2008), Emerging Powers, en *Futures*, vol. 40, núm 8, Pieterse, Jan N. y Boike Rehbein (eds.), *Special Issue on Emerging Futures*, pp. 703-706.

Rifkin, Jeremy (2010), "La civilización empática", *Colección Estado y Sociedad*, núm. 175, Barcelona, Paidós.

Schwengel, Hermann (2008), Emerging Powers as Fact and Metaphor: Some European Ideas, en *Futures*, vol. 40, núm. 8, Pieterse, Jan N. y Boike Rehbein (eds.), *Special Issue on Emerging Futures*, pp. 767-776.

Teubal, Miguel (2008), "Soja y agronegocios en la Argentina: la crisis del modelo", *Lavboratorio/n line*, año X, núm. 22. Disponible en línea: http://lavboratorio.fsoc.uba.ar/textos/22_1.htm.

Tussie, Diana y Pablo Trucco (2009), ¿Invitados o colados en la elite global?, *Papers G-20*, FLACSO-Argentina, septiembre de 2009.

Vogel, David (2005), *The Market for Virtue: The Potential and Limits of Corporate Social Responsibility*, Washington DC, Brookings Institution Press.

SECCIÓN II
INNOVACIÓN EN EL ÁMBITO DE LAS ENERGÍAS RENOVABLES

How to Handle the Complex World of Renewable Energies?

Jürgen Hauber y Simon Funcke

En un mundo de fuentes renovables crecientes, es necesario cambiar la producción energética y considerar en la inevitable transición, aspectos económicos, tecnológicos y sociales. Deben equilibrarse capacidades y producción de energía: actualmente los recursos renovables siguen siendo caros. Las 'nuevas' energías renovables llegarán a ser competitivas en el corto plazo solo en la medida en que las convencionales internalicen los costos ambientales. Los avances tecnológicos apuntan a la producción efectiva, transporte e infraestructura; los avances sociales se refieren al impacto en las ciudades y la ecología. El desarrollo de la tecnología a su vez generará fuentes de trabajo y especializaciones. También habrá que considerar el impacto de algunas formas de energía renovables, que aún siendo menos destructivas, pueden causar daños. Es necesario complementar distintos aspectos, conectando a las personas con el conocimiento y a las disciplinas entre sí, para crear nuevas investigaciones e instituciones.

1. Introduction

Within the global discussion about future energy systems and the process of developing a carbon free supply, renewable energies are always considered an essential issue. Different initiatives exist already worldwide which are pushing the transformation of the energy systems towards a system with a larger share of renewable energies. The process is aiming towards an energy supply that is completely relying on renewable energies –an energy world that is based on renewables. In the first part of this article, we present the current state of this world presenting its dynamic character followed by the question how such a world is structured. We argue that such a world is made up of different aspects which need to be taken into account to understand the issue of renewable energies. We show that the main aspects of a world of renewable energies are their economics, technological considerations and social and ecological aspects. These interdependent aspects are leading to the diverse and complex character of the subject of renewable energies which have to be handled.

Starting from our background as scientists, we raise the question how the research of such a world has to be organized. The global prominence of the phenomena has already attracted the attention of the scientific community which is challenged to analyze the phenomena to accompany the process and to recommend follow-up action. In the second part of the article we bring forward the argument that research institutions and research projects are needed which reflect the interconnection of the different aspects of renewable energies. Based on our own experience we present the new founded research institution, the Centre for Renewable Energy, located at the University of Freiburg, and the research project "Renewable Energy Regions: Socio-Ecology of Self-Sufficiency" which realizes the idea to connect people and their knowledge to cope with the complexity of the research object of renewable energies.

2. The Growing World of Renewables: a Diverse and Complex One

Current data shows that renewable energies are contributing 19% to the global final energy consumption (cf. fig.

1). By far the largest share comes from traditional biomass utilisation and hydropower, conversion paths that have been established already for a long time. So it can be stated that the world of renewable energies is small, but this world is growing. In the last few decades, other technologies like wind turbines or solar panels have been developed and are increasing in numbers.

Figure 1. Renewable Energy Share of Global Final Energy Consumption, 2008

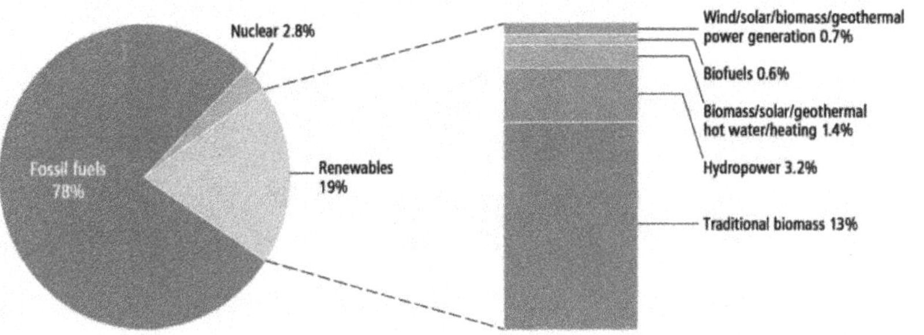

Source: REN21 (2010).

While traditional biomass utilisation, large hydropower plants and fossil fuels are stagnating or growing in maximum up to 6% annually, the capacities of many of the "new" renewable energy technologies are growing in rates of 20 to more than 60% globally per year (cf. fig. 2), even though they started from low levels. In Europe already 62% of all newly installed capacity in 2009 is drawing on renewable sources for power production (Jäger-Waldau *et al.*, 2010).

Figure 2. Average Annual Growth Rates of Renewable Energy Capacity, end-2004 to 2009

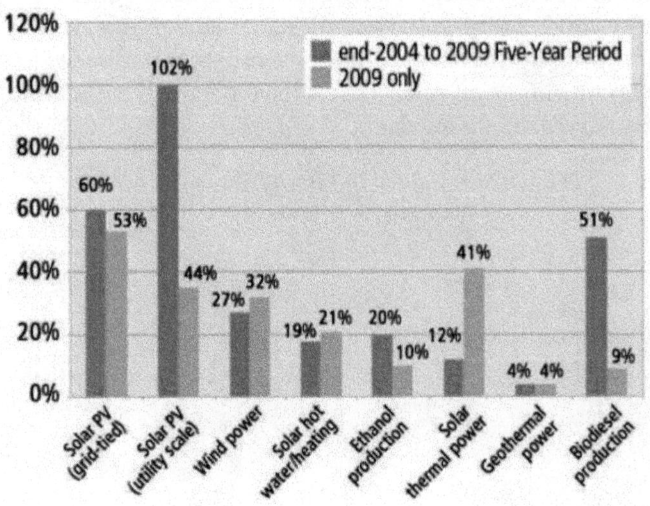

Source: REN21 (2010).

The focus of this article will be on the so called "new" renewable energies, which is the field with the most rapid developments. These alternative technologies can be deployed on the electricity, heat and fuel market and offer implementation possibilities for developed as well as developing countries.

- Technologies for power generation: solar systems, woody and agricultural biomass, wind turbines, small and large hydropower plants (incl. wave and tidal plants).
- Technologies for heat generation: solar systems, woody and agricultural biomass.
- Technologies for fuel generation: agricultural biomass.

Theoretically, all technologies that can be used for power generation could supply electric cars once they are established and therefore support the mobility sector as well.

Renewable energies can have a large impact on different spheres. For their evaluation, four fields should be considered: ecological, economical, social and technological aspects. Every aspect is shaping the world of renewable energies which is discussed in this paper.

3. The Economics of Renewable Energies

Renewable energies are in competition with fossil fuels and also with energy efficiency and non use alternatives. In the following, only the competition with fossil fuels will be considered. In doing so, it is important to consider the side conditions in different geographical parts of the world. Usually, the energy generation costs, e.g. in US Dollar cent per kilowatt hour ($ct/kWh), is a useful approximation for the competitiveness of a certain technology. At the same time, the role of the individual renewable energy technology in the energy system has to be taken into account; e.g. wind energy or PV cannot replace traditional fossil based plants without additional measures to balance their fluctuations (cf. next paragraph about technological considerations). While fossil and nuclear electricity generation costs range roughly from 4 to 10 $ct/kWh, renewable energy technologies are still more expensive under the current market conditions. Figure 3, an estimation of an environmental NGO and a renewable energies lobby group, shows that renewable energy technologies are following a steep learning curve. Also the influence of fossil fuel price changes plays a role in changing cost-competitiveness.

Figure 3. Expected Electricity Generation Costs from RE in North America, $ct/kWh

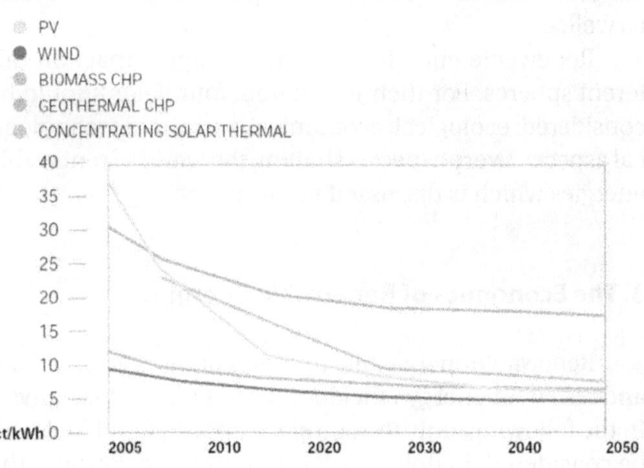

Source: EREC / Greenpeace (2007).

One could argue that the world of renewable energies is a very expensive world. But related to the dynamics of renewable energies and the fact that the technologies are still very young learning curve effects can be assumed so that in the near future renewable energy technologies will become competitive. Based on this argument, incentive mechanism like renewable energy quotas or feed-in tariffs is established to increase the share of renewable energies in the electricity sector. Another aspect that could increase the competitiveness of renewable energies compared to the fossil based energy system is to create instruments and mechanism that integrate the external costs (e.g. CO2 emissions) of the energy production e.g. through auctioning CO2 emission certificates. The cost-effectiveness also depends on the existing infrastructure. In countries or regions without an existing power or gas grid, renewable energy technologies that run as island systems could be more cost-effective.

4. Technological Considerations

Technological aspects are, as for the conventional energy systems as well, an important field that needs to be considered. Renewable energy technologies are unequally suitable for different countries, depending on the meteorological, geographical but also technological circumstances. Solar systems are a good example. While they always have higher yields in areas with more sunshine, systems using the photovoltaic effect can still be a better option in more cloudy areas like Central Europe than concentrating systems that need direct irradiation.

Renewable energy technologies are usually deployed to take steps towards a sustainable energy system. One aspect to measure the achieved improvements is to examine the Energy Payback Time (EPBT), which is the time of deployment that is necessary for a renewable energy system to generate the amount of energy that equals the total energy that went into its production. While coal and gas power plants have a payback time of two to three months for the energy that was used during their construction process, they never reach a break-even point because of the constant input of more fossil fuels. Renewable energy systems on the other hand have payback times between three months and five years, with biomass plants being an exception because of the constant input of biomass feedstock and other inputs like fertiliser or transportation. Wind turbines with three to seven months and water power plants with nine to 13 months are faster than solar systems that need 1.5 to five years, depending on the technology (BMU, 2009).

The increasing deployment of "new" renewable energy technologies can lead to problems with the existing infrastructure. While the introduction of renewable energies into the heat and bio-fuel sector is easier, the implementation into the power sector can be more problematic. For a functioning power grid the electricity generation and consumption needs to be synchronised at all times. As there are limited capacities and as it is expensive to store electricity, it is required to provide most electricity at the moment it is consumed. Wind and solar energy, and to a lesser extent water power, are fluctuating during a day and, depending on the country, also during the whole year. These fluctuations need to be balanced out by other technologies, e.g. larger storages, flexible biomass plants and water or natural gas plants that are easy to regulate. In countries with no or weak power grids and also in very remote areas that are not connected to the national grid, the renewable energies option could be more cost effective than fossil alternatives, as the opportunity costs for fossil based infrastructure are high. It can be said that in the future world there will be no dominating energy source but that a combination of all renewable energies technologies is very likely. Mechanisms and instruments like Virtual Power Plants, Demand Side Management or Smart Grids could play an important role for the transformation of the existing fossil energy system to a new one, relying completely on renewable energies.

5. Social Aspects

As all industries and widely used technologies, renewable energies also have an influence on the social sphere. Critics often mention that renewable energy installations have impacts on the landscape. While some regions develop touristic offers because of their new facilities, others fear their assumed negative impacts: Wind turbines are criticised for their size, the rotor blade movements, the beaconing or their impact on the local fauna; large hydro power plants possibly change large areas completely; biomass utilisation brings the possibility of smells, monocultures or danger of clear cuts through wood utilisation and might increase food scarcity in certain countries; the blue colour of photovoltaic (PV) modules on rooftops would negatively change the appearance of villages, cities and single houses. Also the financial impact on private households through national incentive schemes becomes more important in the media discourse in countries with higher penetration of "new" renewable energies like Spain or Germany.

As renewable energies usually have a smaller capacity than conventional energy plants and depend on the local potential of renewable sources, they bring an added value to the region where they are deployed through incomes, local taxes and profits of local companies. A recent study about the added value effects of renewable energies on the local level in Germany (Hirschl *et al.*, 2010), showed that in 2009 6.75 billion Euros were generated. Renewable energy technologies contribute in different shares to this amount; in Germany, PV and then wind power have the largest effects. Wind turbines are usually produced centralised but have a strongly positive local impact during construction and possibly through local business taxes during their whole life-span. Solar systems are also produced in certain regions only, but they have rather high transaction costs per installed kW peak on the rest of the value chain which mostly stays on the regional level. All technologies that draw on biomass fuels represent great opportunities especially for rural and less developed areas, because the continuous harvest of crops and, with larger plants, feeding of the generation-unit creates constant added value effects throughout the year and the whole life-span of the plant.

Generally, these regional added value effects offer an opportunity for local decision makers to strengthen the communal economic and social development and become less dependent on energy imports. That renewable energies have the potential for significant economic changes can already be seen on the German job market, where already 300,000 jobs depend on the renewable energies sector (cf. fig. 4).

Figure 4. Amount of Jobs through RE in Germany

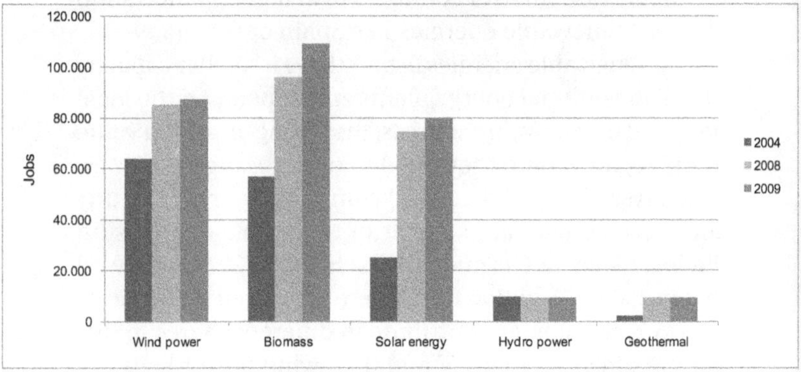

Source: BMU (2010).

The development of renewable energies technologies in Germany strongly depend on the introduction of feed in tariffs through the Renewable Energy Act (EEG). Without this support scheme, these numbers would be significantly lower.

The appearance of a world of renewable energies would be controversial, some people would argue that it would be for good, some people would interpret it as a bad development depending on their opinion how the landscape should look like. It is certain that the world of renewable energies would have a different image that is characterized by more decentralized energy production sites. Through the decentralized character of renewable energies people will be more exposed to the ways how energy will be produced.

6. Ecological Aspects

The implementation of renewable energies is often justified by their better performance in ecological indicators compared to fossil fuels. Naturally, also renewable energies technologies have ecological impacts and they have to be considered when looking for the most sustainable option. In this paragraph, an emphasis will lay on greenhouse gas (GHG) emissions through renewable energies and their influence on land use patterns.

The amount of GHG emissions (measured in CO2 equivalents) through renewable energy systems strongly depends on the used technology, with biomass being a special case because of the connection to agriculture or forestry. Comparing different renewable energy options for power generation show clear advantage over the fossil alternatives (cf. fig. 5). The examined renewable energy options do not need any fuel for operation, so all emissions stem from construction, maintenance and disposal. The variety between the renewable energies technologies can be explained by the energy intensity during the production, maintenance and disposal process and the electricity output during operation, e.g. the production of a PV panel is more energy intensive per installed kilowatt than a wind turbine.

Figure 5. CO2eq Emissions in t/GWh for Power Production in Germany

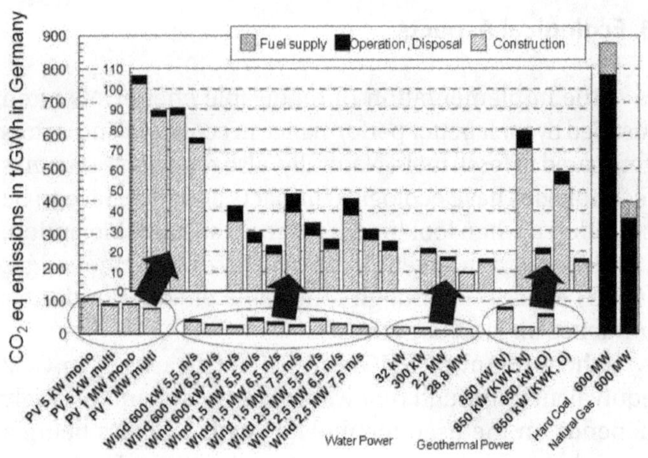

Source: Kaltschmitt *et al.* (2005).

Renewable energy systems based on biomass are a special case and need to be considered accordingly. The annual growth and harvest of the crops needs extra inputs like fertiliser and transportation, especially in the agricultural sector. These need to be included into the GHG balance. Another important aspect is the location of the biomass feedstock cultivation as it could lead to direct or indirect land use change (LUC). Direct LUC means that the purpose of a certain area is changed and transformed into a field for biomass production. An example for that could be the burning of tropical forest for setting up a soy bean production. In this case not only the process and the inputs for growing the soy beans have to be taken into account for the GHG balance, but also the additional emissions of the LUC process. This can easily lead to emissions a lot higher than fossil fuels. Indirect LUC can happen when agriculturally exploited areas are used for biomass feedstock production and the original food production is shifted into the mentioned sensitive areas. Indirect LUC patterns are therefore a lot more difficult to recognise. To avoid these effect certification schemes are set up, e.g. the European Union has set the requirement to at least 35% GHG emission reductions for bio-fuels compared to fossil fuels. Here we can state that a future world of renewable energies will be a more ecological world. But a world of renewable energies is not a world free of ecological problems; the main point is that renewable energies are more ecological than fossil based energy. But also the production of renewable energies consumes resources and is therefore exposed to controversies e.g. in the case of competition for land.

Competition for land is not an exclusive issue for biomass production; also other renewable energies technologies are dependent on land. While small hydro power plants have only limited impact, large installations can alter the land use patterns in a rather big area quite significantly and compete with many alternatives like agriculture, forestry or human settlements. Wind turbines and solar systems have a comparably small impact on land use. Wind energy converters generally have a rather small land consumption per installed megawatt and roof mounted solar systems are not competing for land at all. Open field solar installations on the other hand possibly compete with other alternatives like agriculture.

On our planet earth land is the limiting factor and competition for land and the allocation of it can be a pressing challenge for the future. The ecological aspects of land use are linked to the social aspects of allocation.

7. How to Handle such a World?

As shown, many different aspects regarding renewable energies have to be taken into account. Economic, technological, social and ecological aspects are interrelated.

In any given situation it is likely that different aspects of renewable energies are interacting, sometimes competing, and sometimes complementing each other. The skilful handling of such a world requires a sound knowledge about the different aspects, the ability to combine them and reflect them from different theoretical perspectives and competing conceptual frameworks, as well as the skills to manage renewable energies in everyday situations. Therefore a management of renewable energies must keep in mind a holistic image of renewable energies and must acknowledge the complex character of the issue of interest.

But beside of admitting the complex and challenging character of renewable energies the question will be how to handle the world of renewable energies. In this paper we can only answer the question from our experience as scientists: such a world is handled by connecting knowledge and people through building up new institution and new research foci. As an example for a new institution we will introduce the Centre for Renewable Energies (ZEE) of the University of Freiburg and as an example for a new research focus the research project "Renewable Energy Regions: Socio-Ecology of Self- Sufficiency".

8. The Centre for Renewable Energy (ZEE)

The ZEE is the central research centre of the Albert-Ludwigs-University Freiburg which addresses questions related to renewable energies. The goal of this interdisciplinary, cross-faculty centre is to connect different scientific partners within the university and from outside of the university, offer a Master program to advance education, as well as to perform collective interdisciplinary research. The ZEE organizes a network of different institutions which provide their knowledge to handle the world of renewable energies.

Again, the idea is to connect people and knowledge related to the different aspects of renewable energies. This is achieved through connecting research institutions that bring together the different competences of the different members of the ZEE. Scientists can be organized through the institutionalized network of the ZEE regarding the diverse aspects of renewable energies. Among them are institutions from outside the university e.g. the Fraunhofer ISE, one of the world's leading research institutes for solar energy which can provide knowledge focusing on the technological aspects of solar energy, the Öko-Institute e.V., an Institute for Applied Ecology, which has its expertise related to the economic aspects of energy or the University of Applied Sciences Offenburg which offers a bundle of activities around the technological aspects of renewable energies. Besides of the external scientific partners, the ZEE connects 7 of altogether 11 faculties of the University of Freiburg and serves as a platform for cooperation within the university. Cooperation can be formed to analyze the different aspects in interdisciplinary research project, e.g. the faculty of Economics and Behavioural Sciences could attend to questions related to the economic aspects, while e.g. the Faculty of Applied Sciences could deal with the technological aspects.

Furthermore, all the competencies of these members of the ZEE were used to design the international program M.Sc. "Renewable Energy Management" which enables young people to manage the world of renewable energies with all their different aspects. The same ideas creating a network of different experts can also be found in research projects that are associated to the ZEE, for example the project "Renewable Energy Regions: Socio-Ecology of Self-Sufficiency".

9. The Project "Renewable Energies Regions: Socio-Ecology of Self-Sufficiency"

The overarching intent of the project is to analyze strategies aiming to achieve communal and regional energy self-sufficiency through the use of renewable energies for power and heat generation, as well as compile their influence. A focal point is the consideration of the integrated use of biomass, focusing on environmental and social challenges and opportunities together with economic and technical aspects. The project is centered on five interrelated building blocks. The building blocks are worked on in an interdisciplinary research team existing of seven scientists with different professional backgrounds.

Figure 6. Interrelated Building Blocks of the Project

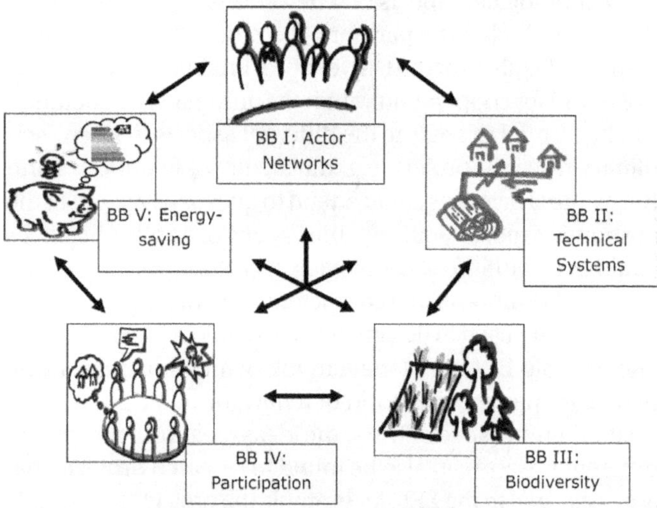

Source: Project EE-Regionen (2009).

The social aspects of renewable energies are analyzed in building block I which explores the decision making and communication processes associated with the transformation of an energy system to a system based on renewable energies at the regional and local levels, taking the social environment of the factors into consideration. While the focus of building block I is on political and economical factors, building block III examines the perceptions, attitudes, interests, and behaviors of residents towards the goal of attaining local self sufficiency through the use of renewable energies. Together, the two buildings blocks try to analyze how different actors are shaping the world of renewable energies. This aspect is enhanced through the work of building block V which is not focused on the production side of renewable energies but on the consumption side by following the question how can the consumption of energy be reduced through the implementation of new technologies and new lifestyles. Within the building blocks a special emphasis is on the interaction between the technological and social aspects of renewable energies, e.g. how the chosen technologies influence the organization of the related value chain.

Within building block II mainly the technological aspects of renewable energies with a focus on bio-energy are covered and regional energy concepts are evaluated. The analysis of the energy concepts does not only focus on technological aspects but also on ecological and economic terms. The ecological aspects of bio-energy are treated especially in building block III which explores the impact of biomass cultivation on landscape structures as well as on habitat functions and their interconnectedness. At the end the building block-specific conditions relevant to reach the goal of regional energy self-sufficiency will be defined and their interactions will be indicated. This will help to integrate the different aspects of renewable energies to derive recommendations and a decision framework which will support decision makers to handle the diverse and complex world of renewable energies.

10. Conclusions

Economic, technological, social and ecological aspects constitute the complex and diverse character of the emerging world of renewable energies. The complexity of this world is also a challenge to the scientists which are interested to analyze and understand it. From our perspectives as scientists we show by presenting the two examples how the complex and diverse world of renewable energies can be scrutinized; the main point is to bring people from different disciplines together, give them sufficient space to discuss with each other the different aspects of renewable energies and to integrate their knowledge. The idea behind these concepts is to overcome the boundaries of disciplines that are related only to one of the aspects. The two presented examples are only two new forms how research on renewable energies can be handled. Social, economic, natural and ecological scientists must develop further ways to organize an interdisciplinary research process. At the end this would be a first step to understand and to shape the multidimensional world of renewable energies. From our point of view this step is necessary because the world of renewable energies will be our future world. Now it is up to us to understand it and to organize this world in a prudent way.

References

BMU, Bundesministerium für Umwelt, Naturschutz und Reaktorsicherheit (2009), "Erneuerbare Energien. Innovationen für eine nachhaltige Energiezukunft". Disponible en línea: http://www.erneuerbare-energien.de/files/pdfs/allgemein/application/pdf/ee_innovationen_energiezukunft_bf.pdf. [Retrieved: 20th of July 2010].

BMU, Bundesministerium für Umwelt, Naturschutz und Reaktorsicherheit (2010), "Gesamtwirtschaftliche Effekte des Ausbaus erneuerbarer Energien - erste Ergebnisse". Disponible en línea: http://www.erneuerbare-energien.de/files/pdfs/allgemein/application/pdf/gesamtw_effekte_ee_bf.pdf. [Retrieved: 18th of July 2010].

EREC, European Renewable Energy Council & Greenpeace (2007), "Energy [r]evolution. A SUSTAINABLE GLOBAL ENERGY OUTLOOK". Disponible en línea: http://www.greenpeace.org/raw/content/international/press/reports/energyrevolutionreport.pdf. [Retrieved: 22nd of December 2010].

Hirsch, Bernd; Astrid Aretz; Andreas Prahl; Timo Böther; Katharina Heinbach; Daniel Pick y Simon Funcke (2010), "Kommunale Wertschöpfung durch Erneuerbare Energien". Disponible en línea: http://www.ioew.de/uploads/tx_ukioewdb/IOEW_SR_196_Kommunale_Wertsch%C3%B6pfung_durch_Erneuerbare_Energien.pf. [Retrieved: 22nd of December 2010].

Jäger-Waldau, Arnulf; Bloem, Hans; Monforti-Ferrario, Fabio y Szabo, Marta (2010), "Renewable Energy Snapshots 2010. A Report by the European Comission", DG Joint Research Centre, Institute for Energy, Renewable Energy Unit. Disponible en línea: http://re.jrc.ec.europa.eu/refsys/pdf/FINAL_SNAPSHOTS_EUR_2010.pdf. [Retrieved: 15th of January 2011].

Kaltschmidtt, M.; Streicher, W. y Wiese, A. (eds.) (2005), *Erneuerbare Energien. Systemtechnik, Wirtschaftlichkeit, Umweltaspekte*, Springer-Verlag, Berlin, Heidelberg.

Projekt EE-Regionen (2009), *Flyer. Renewable Energie Regions: Social-Ecology of Self-Sufficiency*.

REN 21 (2010), "Renewables 2010. Global Status Report". Disponible en línea: http://www.ren21.net/Portals/97/documents/GSR/REN21_GSR_2010_full_revised%20Sept2010.pdf. [Retrieved: 22nd of December 2010].

Políticas energéticas en América Latina en un contexto de emergencia climática[10]

Pablo Bertinat

Global energy debate stresses the demand for energy, new productive models, population rights and fair use of sources and territories for measuring real sustainability, being the climate change the main issue. It must be more consciousness about the current destructive model. Right to get clean energy sources is mandatory to avoid the inconsistency between discourses on the problem and the proper actions, however fossil uses keep increasing. Latin America has large diversity to engage renewable energy sources, more than other regions, but inequalities and transnational barriers are an issue for its development. Also sustainability concern challenges renewability, as is in the case of Hydropower, which has high social impact. Decreasing fossil and nuclear sources will bring climate stabilization, but is also important to de-commercialize energy and have more control on land owning. Rights of peoples and rethinking global market should be discussed, in order to improve life quality and local production, in a different development model.

1. Introducción

El debate sobre la actualidad y el futuro energético aún no ha incorporado un análisis sobre la relación entre la demanda energética, los modelos productivos, los derechos de la población y la sustentabilidad en el uso de los recursos y los territorios.

El cambio climático[11] se constituye como una problemática de alcance global, gran parte de cuyas causas se pueden asociar a los impactos de las actividades humanas bajo la lógica del modelo económico-productivo vigente. En este trabajo se adscribe a la línea de pensamiento que sostiene que dicho modelo es ecológicamente destructivo, económicamente concentrador y socialmente excluyente,[12] siendo su finalidad prioritaria el crecimiento económico en base a la utilización intensiva de materia y energía.

De hecho, la estructura energética actual, dependiente de fuentes fósiles en rápido proceso de agotamiento y generador de emisiones gaseosas que agudizan el efecto invernadero, es el principal causante antrópico del calentamiento global, fenómeno que pone en riesgo la biodiversidad y en consecuencia los procesos productivos humanos y la existencia a futuro de la especie.[13]

---

11 La Convención Marco de las Naciones Unidas sobre el Cambio Climático (CMNUCC), en su Artículo 1, lo define como "[...] el cambio de clima atribuible directa o indirectamente a la actividad humana que altera la composición de la atmósfera mundial y que se suma a la variabilidad natural del clima observada durante períodos de tiempo comparables". Fuente: Grupo Intergubernamental de Expertos sobre el Cambio Climático (IPCC), "Climate Change 2007 - The Physical Science Basis", *Contribution of Working Group I to the Fourth Assessment Report of the IPCC*, Cambridge, University Press, 2007.

12 Existe profusa información sobre la problemática del cambio climático, entre la que resulta relevante la contenida en el Informe sobre Desarrollo Humano 2007-2008 del Programa de Naciones Unidas para el Desarrollo (PNUD). Allí es posible observar información que muestra el deterioro de las condiciones ambientales y el incremento de la pobreza.

13 El IV Informe del Panel Intergubernamental sobre Cambio Climático y sus sucesivas actualizaciones advierten sobre la necesidad de revertir de manera urgente el proceso instaurado de calentamiento global. El Informe sobre Desarrollo Humano 2007-2008 del Programa de Naciones Unidas para el Desarrollo alerta sobre la imposibilidad de alcanzar los objetivos del milenio si no se avanza en medidas efectivas frente al

Se han desarrollado un número importante de indicadores[14] que revelan el impacto ambiental -en un sentido amplio, considerando todos los componentes y relaciones significativas para el sistema humano- producido por el tipo y la intensidad de las acciones antrópicas en el marco del modelo vigente. Estos muestran la magnitud de los efectos de las acciones humanas, trabajan sobre la idea de la finitud de los recursos y alertan sobre la posible irreversibilidad de muchos de los efectos a los que se hace referencia. Estas nuevas herramientas indican con claridad otras facetas del modelo de producción y consumo vigente, en cuyo marco el aumento de indicadores comúnmente utilizados como el Producto Bruto Interno (PBI) intenta demostrar que *todo* marcha bien sin incorporar los efectos producidos por el mismo modelo.

En este contexto, es evidente que lo que está en juego en la discusión sobre el desarrollo energético en nuestra región es la dinámica del modelo de desarrollo vigente, donde la apuesta por el crecimiento económico sostenido ha significado un aumento de la demanda de insumos energéticos para satisfacer a los sectores productivos, especialmente a aquellos vinculados a la extracción, el transporte y la exportación de materias primas o *commodities* (como recursos naturales con bajo procesamiento).

En consecuencia, avanzar en el problema energético en el marco de la actual crisis climática y económica requiere

---

Cambio Climático, y alerta sobre la posibilidad de reversión del proceso de desarrollo.

14 Si bien existe un amplio abanico de nuevos indicadores, se hace referencia a los siguientes: Bienestar Económico Sustentable, elaborado por Daly y Cobb; Huella Ecológica, desarrollado por Wackernagell y Rees; Espacio Ambiental, desarrollado por Spangemberg; y Planeta Vivo, desarrollados por WWF. Algunos de ellos trabajan sobre una modificación del indicador Producto Bruto Interno incorporando variables ambientales y sociales, otros atienden a la finitud de los recursos y sumideros, y hay también los que analizan las pérdidas de especies.

una revisión y transformación profunda del modelo de producción, intercambio y consumo vigente.

El futuro energético como desafío global de alcance local debe considerar el derecho de las personas, comunidades y naciones de acceder a fuentes energéticas limpias y seguras, y debe asegurar la sustentabilidad ecológica de los recursos naturales, los ecosistemas y los territorios.

Se adhiere fuertemente a la idea motriz de pensar la imposibilidad del crecimiento infinito en un planeta con recursos finitos. Más allá de la percepción existente de que la tecnología podría resolver esta cuestión, todos los indicadores asociados a los funcionamientos ecosistémicos muestran que esto es solo una idea positivista incompatible con la realidad. El impacto que presenta el proceso de cambio climático global exige respuestas rápidas frente a ello.

Respecto a la idea establecida de que se viven procesos de crisis energéticas, Roberto Espejo (2008) recuerda que hace más de 30 años Iván Illich decía que hablar de crisis energética era ambiguo ya que tal afirmación descansaba sobre la idea, errónea según él, de que la sociedad necesitaría siempre niveles más elevados de energía.

Es necesario discutir la idea del requerimiento creciente de energía por parte de la sociedad para poder desarrollarse. Es intención del presente trabajo aportar al debate algunos elementos que se estiman ineludibles.

2. Acerca de los escenarios energéticos

En el último siglo y medio se puede observar un crecimiento exponencial de la producción de energía. Este crecimiento se basa en una incorporación masiva de fuentes fósiles, como carbón en una primera etapa, seguido por petróleo y gas.

La estructura de abastecimiento energético mundial depende en más del 80% de petróleo, gas y carbón, estructura que no ha cambiado significativamente en los últimos veinticinco años. Además se verifica un incremento del 100% de la producción y consumo de energía con la misma estructura de fuentes (ver Figura 1).

Este crecimiento de la producción y el consumo es paralelo al mencionado incremento de las emisiones de gases de efecto invernadero, de las cuales cerca de las dos terceras partes corresponden al sector energético.[15]

Figura 1. Matriz energética mundial (porcentajes)

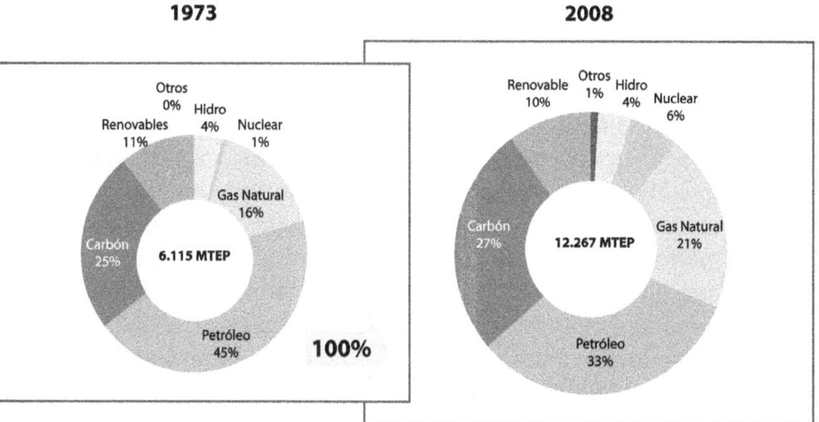

Fuente: elaboración propia a partir datos Key World Energy Statistics. IEA (2010). Key World Energy Statistics. International Energy Agency. Paris.

15 Ver el Tercer Informe de Evaluación Cambio Climático 2001, La Base Científica, elaborado por el Panel Intergubernamental de Expertos sobre Cambio Climático para el Programa de Naciones Unidas sobre Medio Ambiente (PNUMA).

Cabe recordar que a principios de la década de 1970, con la emergencia de la ya mencionada crisis del petróleo, asociada básicamente a la intención de los países productores de ejercer un mayor control sobre los precios, se incorporó en la agenda política internacional la idea de la fragilidad del abastecimiento energético para sostener los procesos de crecimiento económico. Fragilidad fuertemente vinculada, en aquel momento, a la relación mecánica entre crecimiento y consumo de energía, y también a cuestiones políticas como la creación de la Organización de Países Exportadores de Petróleo (OPEP).

En el año 1956, el geólogo M. King Hubbert[16] anunció en un encuentro del *American Petroleum Institute* (Instituto Americano del Petróleo) que la mejor información disponible auguraba un zenit del petróleo no lejano y en particular un pico para los Estados Unidos en los años 1960-1970. Hecho, este último, corroborado por la realidad. A partir de aquel momento se han desarrollado numerosos trabajos que abordan la temática del pico o zenit del petróleo. Si bien los debates son amplios y se discute acerca del momento específico de dicho pico, a partir del cual se espera que decrezca la producción, lo central es dimensionar y tomar conciencia de que en solo unos siglos de la historia planetaria se habrán consumido todos los combustibles fósiles generados durante millones de años.

Más allá de esta relevante cuestión, el mencionado proceso de incremento de la concentración de gases de efecto invernadero en la atmósfera terrestre pone en escena la idea de que la extinción del petróleo y demás combustibles fósiles pasaría a ser un problema de segundo orden. En este contexto, se plantea que el problema central pasa por garantizar la estabilidad climática o -al menos- establecer

---

16 Marion King Hubbert, geólogo nacido en Estados Unidos, quien fuera uno de los inspiradores de las teorías sobre el pico o zenit del petróleo.

mecanismos que garanticen que los efectos no alcancen determinadas magnitudes. Esto se asocia a la posibilidad de sostener, inicialmente, un proceso de disminución del uso de combustibles fósiles, no ya por la problemática de la extinción, se insiste, sino básicamente para morigerar los impactos ecológicos que su uso está provocando.

Diferentes trabajos consultados[17] acerca de la situación energética y sus perspectivas denotan fuertes incongruencias entre el discurso de apuntar sustentabilidad energética y las posibilidades reales de gestionarla. La viabilización de escenarios futuros depende de que las herramientas operativas adecuadas articulen los objetivos de protección climática, con otras dimensiones inherentes a la sustentabilidad de los sistemas humanos.

Las previsiones para el año 2030 de los escenarios analizados son de un incremento continuo de la utilización de combustibles fósiles -que seguirían siendo la base de la estructura energética-, poniéndose en evidencia una fuerte incongruencia con las posibilidades reales de alcanzar los objetivos propuestos por los organismos internacionales que trabajan en pos de mitigar el cambio climático causado por acciones antrópicas.[18]

---

17 Se analizaron los escenarios de referencia y alternativos propuestos por la Agencia Internacional de Energía, la Agencia Internacional de Energía Atómica, la Organización Latinoamericana de la Energía y la Comisión Económica para América Latina y el Caribe, entre otros.

18 En el Informe sobre Desarrollo Humano 2007-2008 del Programa de Naciones Unidas para el Desarrollo (PNUD), se plantea la necesidad de estabilizar la concentración de gases de efecto invernadero en la atmósfera en 450 ppm. Esto permitiría evitar lo que se denomina "cambio climático peligroso". Asimismo, sostiene que reducir las emisiones a la mitad hacia el año 2050 requeriría que los países desarrollados disminuyan sus emisiones en el 80%. Se plantean metas alternativas en el Pronunciamiento Mundial de los Pueblos frente a la crisis climática (abril de 2010), en Cochabamba, Bolivia, y en documentos elaborados durante la Cumbre de Cambio Climático (2010), en Cancún, México. En este último encuentro, en el acuerdo al cual suscriben los antes ajenos

Este escenario mundial sintetiza la problemática descrita. Para enfrentarla, se considera indispensable y urgente definir estrategias y mecanismos adecuados para la transición hacia una situación energética no contaminante y más equitativa. Planificar esta transición es un gran desafío que impone una reflexión seria acerca de la imposibilidad de revertir el proceso de crecimiento permanente de la producción y consumo de energía, así como la dependencia de fuentes fósiles.

2.1. Sobre la situación energética en América Latina

La región configurada por América Latina y el Caribe es sumamente extensa y diversificada; tanto a nivel ecosistémico como social, cultural y económicamente. La composición de la oferta de energía primaria en el año 2008 para toda América Latina y el Caribe nos muestra una dependencia del 42,1% del petróleo, el 25,8% del gas natural, y muestra una participación del 23,1% de fuentes renovables de energía. De estas últimas, la hidroenergía y los productos de caña son los que predominan (CEPAL, 2010).

Por un lado, se observa que la participación de las energías renovables en la matriz energética de la región es muy superior a la registrada en la matriz mundial. Esto podría ser considerado un aspecto positivo, sin embargo al observar si se observa el devenir del proceso, podemos ver que esta participación porcentual se encuentra estancada o bien es levemente decreciente. En el año 1990, la participación de las energías renovables era apenas superior al 24%.

Japón, EE.UU. y China, se reconoce la gravedad del calentamiento global y se aspira a limitar el calentamiento a dos grados centígrados por sobre la temperatura planetaria en la era preindustrial hacia el año 2050. Disponible en línea: http://www.cumbrescambioclimatico.org/cochabamba/noticias/321-pronunciamiento-mundial-de-los-pueblos

Figura 2. Oferta de energía en América Latina y Caribe (en miles de BEP)

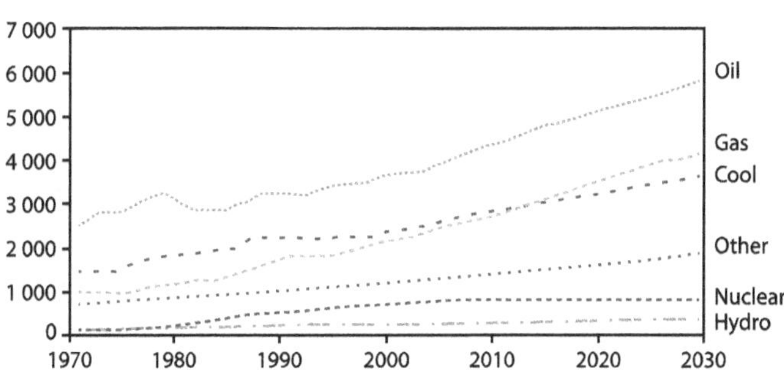

Oferta de energía AL&C	1990	2008
Renovables	830.237	1.292.015
No renovables	2.504.628	4.230.209
TOTAL	3.334.865	5.522.224

Fuente: elaboración propia en base a datos CEPAL (2010).

Como se observa en la figura 2, se debe indicar la notoria disparidad en el crecimiento de sectores renovables y no renovables. Allí se ve que más allá de mantener un porcentaje no menor de renovables en la oferta, las tasas de crecimiento son notablemente inferiores a las observadas en las fuentes no renovables, lo que denuncia una disparidad importante en el crecimiento másico de las fuentes indicadas.

Si se observa el otro lado de la matriz, el del consumo, veríamos que el sector más intensivamente consumidor es el transporte, y luego el sector industrial; en mucho menor valor podemos observar el sector residencial.

En el trabajo *Contribución de los Servicios Energéticos a los Objetivos de Desarrollo del Milenio y a la Mitigación de la Pobreza en América Latina y el Caribe*, se estima que aún en 2009 veintinueve millones de personas permanecían sin acceso a la energía eléctrica en dicha región (CEPAL; Club de Madrid; GTZ; PNUD, 2009). Esto lleva a revisar el destino real de los incrementos de producción energética. Estas cifras no incluyen a los habitantes que tienen acceso a recursos energéticos de manera informal en condiciones inseguras.

Otro aspecto a tener en cuenta es que el acceso a los recursos energéticos que permitirían una vida digna están directamente en relación con las condiciones de inequidad económica. En este asunto se constata, en los casos donde existe información, que el gasto en energía del quintil de menores ingresos llega a ser –en algunos países de América Latina– cinco veces mayor que en el quintil de mayores ingresos. Este es el problema básico de la energía, la necesidad de garantizar un acceso en condiciones que permitan mejorar la calidad de vida de los sectores carenciados.

Por otra parte la región se ha configurado como netamente exportadora de energía, ya sea esta de manera directa, como los caso de Venezuela, Ecuador, Colombia, México; o indirecta, a través de la energía incorporada en sus productos extraídos o elaborados.

Muchos países han establecido metas para la incorporación de energías renovables en sus matrices; lo han establecido por ley, han determinado mecanismos de mercado para su avance, sin embargo el camino no se ha allanado de manera franca. El acceso a la tecnología, el rol del sector de las transnacionales energéticas aún se muestran como barreras.

3. Respecto de la renovabilidad y la sustentabilidad de las fuentes energéticas

Aún a principios del presente siglo se puede encontrar que no existe en las estadísticas energéticas de los organismos internacionales una clara clasificación de las fuentes de energía.

Se asume como fuentes no renovables de energía a los combustibles fósiles, básicamente petróleo, carbón, gas y a la energía nuclear. Sobre la clasificación de los no renovables no hay prácticamente dudas más allá de las intenciones que pueden mostrar algunos matices en el debate energético. Entre estos matices aparece el considerar al gas un combustible de menor impacto ambiental que el carbón, o las intenciones recientes de ubicar a la energía nuclear como una energía "verde" en función del rol que, según quienes sostienen esta postura, podría jugar frente al cambio climático. No es intención en el presente trabajo abordar estas cuestiones, sino dejar en claro que se incorpora a las fuentes nombradas en la clasificación de no renovables ya que su presencia en el planeta es escasa en términos físicos e históricos. Existe profunda documentación que muestra que la existencia de tales fuentes solo representaría en términos históricos algunos siglos de historia planetaria de utilización al ritmo actual, con importantes diferencias entre ellas.

Se asume también en el presente trabajo que la utilización de los combustibles fósiles y la energía nuclear causó y causa un fuerte impacto socioecológico asociado a toda la cadena de producción y consumo. En este sentido, es esperable sostener que avanzar en caminos de sustentabilidad energética requiera el progresivo abandono o al menos una fuerte minimización de la utilización de estas fuentes.

Se entiende como *fuentes renovables de energía* a aquellas que se derivan de procesos naturales que se renuevan constantemente (AIE, 2007). Esta definición de la Agencia Internacional de Energía advierte además sobre las dudas acerca del tiempo necesario de reposición.

Si bien la clasificación de renovabilidad y no renovabilidad de las fuentes de energía genera algunas dudas, ello no representa una gran dificultad para su abordaje. La cuestión central se asocia a los tiempos de reproducción y a la acción antrópica que –tal cual se ha demostrado en los últimos años, en relación con la biomasa, por ejemplo– puede afectar la condición de renovabilidad de la fuente.

Sin embargo, trabajar acerca de la sustentabilidad energética requiere poder seleccionar o construir herramientas que den cuenta de este atributo de las fuentes. Se plantea entonces analizar las fuentes de energía desde dos atributos: la renovabilidad y la sustentabilidad.

En este sentido, la discusión sobre la sustentabilidad de las fuentes energéticas es aun más reciente y un tema muy amplio de debate. Una de las primeras menciones al tema se encuentra en los trabajos de CEPAL de fines de los años 1990 y principios del presente siglo. En términos generales, esos trabajos consideran a la renovabilidad como un atributo de la fuente energética, mientras que la sustentabilidad se atribuye a las características asociadas al uso de las fuentes de energía (CEPAL, 2004).

El mismo trabajo establece las siguientes fuentes como energías renovables:

- Hidroenergía (de gran y pequeña escala).
- Geotermia.
- Dendroenergía sostenible: porción de biomasa sostenible usada para la energización residencial, industrial, agropecuaria y el carbón vegetal.
- Bioenergía sostenible no relacionada con la madera. Es el caso de los agrocombustibles (productos de caña y otros residuos biomásicos) y de los subproductos de origen municipal (residuos orgánicos).

- Otras tecnologías renovables (eólica, fotovoltaica).

Ese trabajo deja fuera de la categoría de renovables a los hidrocarburos, la energía nuclear y el carbón. También ubica fuera de las renovables a lo que denomina porciones no sostenibles de la biomasa y la dendroenergía. Se observa aquí una vinculación causal entre no sustentabilidad y no renovabilidad. En otras palabras, la no sustentabilidad en los procesos de utilización de determinada fuente de energía causa su no renovabilidad. Esto es muy claro, por ejemplo, en muchos casos de utilización de la leña, y deviene de aplicar la dimensión ecológica de la sustentabilidad. Sin embargo estos trabajos denotan la ausencia de análisis respecto a otras dimensiones de la sustentabilidad.[19]

Además se hace referencia a una clasificación de las tecnologías de las fuentes renovables diferenciando entre tradicional y moderna. La forma tradicional se asocia al uso de la biomasa destinada a calefacción y preparación de alimentos en los hogares, mientras que el uso moderno se refiere a la biomasa destinada a la generación de electricidad y vapor, y la producción de agrocombustibles. Para los dos tipos de usos el citado trabajo presupone fracciones de sustentabilidad y no sustentabilidad.

Esta clasificación se fundamenta en la idea de la existencia de porciones sustentables o no sustentables de biomasa, la porción no sustentable está asociada a la leña proveniente de la deforestación. A partir del año 2004, en la documentación de análisis de las matrices energéticas de América Latina y el Caribe realizadas por CEPAL, es posible observar la incorporación de esta clasificación en los análisis de composición de las matrices subregionales. Es posible reconocer innumerables dificultades para su

---

[19] En tal sentido, las dimensiones ecológica, económica, social y política o institucional de la sustentabilidad.

implementación, ya que las estadísticas mundiales de energía no hacen esta distinción. La base de la incorporación, en este caso, se debe a un modelo propuesto por el Ministerio de Minas y Energía de Brasil, basado en el consumo sectorial sobre el cual luego se estima lo que se denomina "fracciones de renovabilidad".

En la Figura 3 se puede observar la composición de la matriz energética del año 2008 de América Latina y el caribe con estas consideraciones. En la misma, que es la matriz del año 2008, se ubican claramente las fracciones sustentables y no sustentables de la leña atendiendo a la dimensión ecológica. No así las probables fracciones sustentable y no sustentable de otros recursos energéticos.

Figura 3. Matriz energética regional, América Latina y el Caribe: composición de la oferta de energía, 2008

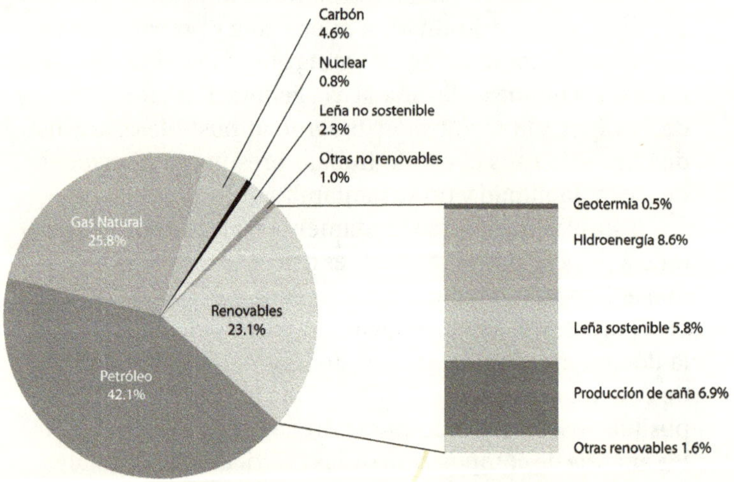

Fuente: elaboración propia en base a datos CEPAL (2010).

Es importante realizar una observación: en realidad, estos análisis han asociado la sustentabilidad de la fuente a su renovabilidad. En otras palabras, la aplicación del análisis al caso de la leña considera sustentable el uso de la fuente siempre y cuando no se ponga en riesgo su renovabilidad. Es un importante avance que incorpora una de las dimensiones de la sustentabilidad habitualmente relegada: la ecológica.

Otro ejemplo posible y actual podrían ser los debates sobre las nuevas normativas sobre agrocombustibles que avanzan en el marco de la Unión Europea. Posiblemente permeados por las discusiones respecto a las problemáticas de los combustibles de origen vegetal, se espera que las nuevas normas incluyan entre ellas un modo de certificar que dé cuenta también de ítems como que tales combustibles han sido producidos en territorios no deforestados para ese propósito, ni ha habido en el proceso de producción mano de obra esclava. Esto es analizado de distinta manera según los distintos actores, como por ejemplo los productores de nuestra región que catalogan estas medidas como virtuales medidas paraarancelarias.

Pero el mayor debate respecto a la sustentabilidad de las fuentes de energía renovables en América Latina se ha dado alrededor de la hidroenergía. "Ubicada tradicionalmente entre las fuentes renovables, la hidroenergía asociada a medianas y grandes centrales ha recibido últimamente fuertes críticas que llevaron prácticamente a su virtual exclusión del contexto de las energías renovables, no por intrínseca ausencia de renovabilidad del recurso, sino por sus impactos ambientales y sociales" (CEPAL, 2004).

A pesar de estos análisis, no existe una clasificación en los estudios energéticos regionales sobre qué porción de la energía hidroeléctrica generada o consumida se ubica en esta situación. Esto muestra la necesidad de profundizar el proceso de doble caracterización de las fuentes energéticas, ya que el solo hecho de pensar en su renovabilidad pareciera ser una característica necesaria pero no suficiente. Resulta imperioso trabajar sobre mecanismos y herramientas que permitan establecer a la sustentabilidad como el otro atributo a tener en cuenta, y profundizar las metodologías para su análisis atendiendo al conjunto de las dimensiones implicadas.

De todas maneras, se debe aclarar que no se observa en los documentos de otros organismos de energía como la Agencia Internacional de Energía (AIE) o la Organización Latinoamericana de Energía (OLADE) este tipo de análisis y clasificación, lo que parece mostrar un avance importante para la región.

En este trabajo se considera que CEPAL ha hecho un avance importante, aunque aún debiera explorarse la manera de profundizarlo e incorporar el resto de las dimensiones al análisis. Es preciso establecer un marco de análisis que permita identificar muy bien la fuerte insustentabilidad de los combustibles fósiles, además de su no renovabilidad. Además también correspondería incorporar el análisis de sustentabilidad sobre el conjunto de las fuentes renovables.

La manifiesta insustentabilidad de los combustibles fósiles se asocia a múltiples factores, aunque tal vez el más importante es el fuerte impacto que ha producido y produce su quema sobre la composición de gases de la atmósfera, siendo causa fundamental del proceso de calentamiento global. Este hecho debiera desplazar la preocupación central por su posible extinción, o sea, por su renovabilidad, hacia un proceso de disminución de su uso compatible con la estabilización climática. En este marco, sería deseable avanzar en un proceso de establecimiento de límites de uso que garanticen la compatibilidad.

Sin embargo, en los trabajos -por ejemplo- de CEPAL, se plantea una observación que consideramos insuficiente; que la insustentabilidad de los combustibles fósiles se asocia al caso de explotación intensa con bajo nivel de reservas, argumentando que esto pone en peligro el desarrollo socioeconómico del país a largo plazo, sobre todo si no hay reinversión suficiente en otras formas de capital (Altomonte y Salgado, 2001).

3.1. La intensidad energética

La diferencia entre la mejora en la intensidad energética de los países desarrollados y la realidad en América Latina es evidente. Mientras en los primeros se observa un claro decrecimiento del indicador, en nuestra región ese mismo indicador presenta solo una leve disminución en los últimos 20 años.

Si se analiza la relación entre las intensidades energéticas de los países desarrollados (OCDE[20]), se puede observar que mientras en el año 1980 la intensidad energética era 10% menor en los países desarrollados que en América Latina, esta brecha se acrecentó en el año 2005, alcanzando el 37%, lo que denuncia un trayecto de aparente desenergización de las economías en los países desarrollados que no se verifica en nuestra región (Altomonte, 2008).

Inicialmente conviene distinguir entre intensidad energética y consumo de energía. La primera es fuertemente decreciente en los países desarrollados: siguen manteniendo un consumo per cápita muy superior a los países de América Latina.

La imposibilidad latinoamericana de mejorar los indicadores asociados a la intensidad energética puede estar vinculada con un proceso de transferencia de sectores industriales energointensivos desde los países desarrollados a los países en desarrollo. Por ejemplo, si se analizan los sectores que más energía consumen en las industrias de

---

20 OCDE, Organización para la Cooperación y el Desarrollo Económico, fundada en 1961, reúne a los principales países desarrollados.

Brasil y la Argentina, veremos que son sectores de grandes empresas con perfil fuertemente exportador, entre los que se encuentran la siderurgia, la petroquímica, la industria del aluminio, la pasta de papel, la de los aceites vegetales, etc. La razón de este proceso podría ser la existencia de normativas más laxas para estas industrias, pero quizás se deba a que en América Latina la energía es, comparada con otras regiones, abundante y barata (Arelovich, Bertinat, Salerno, y Sánchez, 2008).

Debemos observar las estrategias como las de la Unión Europea, que importa más para exportar más. La demanda de materia prima y productos semielaborados por parte de la Unión Europea es uno de los grandes motores del consumo de recursos naturales y energía en América Latina (tanto en los procesos de extracción y elaboración como de transporte) junto con las nuevas y avasallantes demandas de los países asiáticos y Estados Unidos. El proceso de *desmaterialización de la economía* de los países desarrollados se basa en una fuerte materialización en otros.

Por lo tanto, el desafío que se presenta es cómo poder construir otra realidad en América Latina en un marco en el cual las economías locales necesitan de los recursos que les brindan los altos precios de los *commodities.*

4. Los derechos y el mercado

Es necesario recuperar la idea de energía como derecho, y esto requiere avanzar en un proceso de desmercantilización. Es muy difícil torcer la lógica energética cuando en la actualidad se asocia bienestar y progreso al incremento de la venta de energía.

"El proceso de mercantilización de los denominados recursos naturales refiere a la apropiación de la naturaleza por parte de un agente económico cuyo objetivo es lograr una ganancia monetaria al colocarla a disposición del proceso de producción" (Aguirrezábal y Arelovich, 2011). Durante la década de 1990, el neoliberalismo imperante en los países de la región promovió las privatizaciones del sector energético en general y con alcances particulares según el país. En los últimos años ha tenido lugar un proceso de recuperación de la propiedad de diversos activos. Sin embargo, más allá de quien detente la propiedad sobre los recursos y las empresas, la lógica mercantil impregna el desarrollo energético de la región. La idea de garantizar un flujo de energía abundante y barata en condiciones relativas a otras regiones del planeta es la idea que mueve el rentable negocio de la energía.

La desprivatización del sector parece ser una condición necesaria pero no suficiente. Es imprescindible desarticular la lógica mercantil y construir una lógica de derechos, de cobertura de necesidades humanas y de suficiencia. Es cada vez más fuerte la sensación de que más mercado no es una solución en el tema energético y climático.

Esping-Andersen (1993) entiende que la desmercantilización "aspira a captar el grado en el que los Estados de bienestar debilitan el nexo monetario al garantizar unos derechos independientes de la participación en los mercados". Para el autor, a través de la desmercantilización, se aspira a retirar una relación social del circuito mercantil con el objeto de reubicarla en la esfera de lo público. En definitiva, se trata de discutir la centralidad del los mercados para resolver necesidades.

Algunos de los elementos a considerar a la hora de pensar en la construcción de derechos sobre las cuestiones energéticas pueden ser:

- Considerar a la energía como un derecho de los pueblos y no como una mercancía;

- atender a la necesidad de subsistencia, al mejoramiento de la calidad de vida y al desarrollo de sistemas productivos locales;
- derecho de las comunidades a los territorios y sus bienes naturales;
- la necesidad de la participación democrática de la población en los procesos de tomas de decisión, especialmente en temas que involucren sus territorios;
- la idea de que la seguridad energética debe estar basada en la soberanía de los pueblos sobre sus recursos;
- la necesidad de eliminar la circulación superflua de mercancías que incrementan su contenido energético y además destruye las producciones locales;
- la necesidad de avanzar en procesos de fuerte descentralización productiva y energética;
- la idea de construir relaciones entre los países y los pueblos que se orienten a la cooperación y complementación energética, orientada solidariamente a satisfacer las necesidades de los pueblos.

Pero necesita también de un fuerte cuestionamiento sobre el tipo de bienes que producimos, para quiénes se producen, de qué manera y quiénes se benefician. En definitiva, cuál es nuestro derecho a otra clase de desarrollo.

5. Acerca de las políticas energéticas

Sin dudas, discutir políticas energéticas tiene que ver con discutir políticas de desarrollo; ya que son un área sectorial de las mismas. En este marco, es necesario reforzar el trabajo de análisis y discusiones sobre diversos estilos de desarrollo. Volver a pensar el modelo de producción industrial, el modelo de producción agropecuario y sus implicancias extractivas, el modelo de transporte y circulación de mercancías. Así podrá inaugurarse la reflexión acerca del modelo mismo de mercado globalizado y primario en el que los países de la región son exportadores de productos que cada vez tienen incorporada más energía. ¿Es posible torcer la lógica de la división internacional del trabajo? ¿Es posible desarrollar modelos locales de desarrollo desacoplados del mercado mundial? ¿Existen grados de libertad frente al proceso de globalización? ¿En que áreas pueden desarrollarse? Estos debates deberán ser muy prácticos, ya que es la única manera de encarar un proceso de transición. Preguntarse por ejemplo si se imagina que nuestros países deberían tener en 20 o 30 años una industria del automóvil particular más fuerte o más débil que hoy, o si la producción de forrajes debiera ser más grande o no. Estos análisis deberían ser orientadores a la hora de pensar procesos de transición deseables y las herramientas económicas, regulatorias, científico-tecnológicas y políticas, políticas que los hagan viables.

Es necesario superar la trampa de la ecoeficiencia. Es un paso necesario pero no suficiente. Jevons trabajó ya en el siglo XIX la idea de que aumentar la eficiencia disminuye el consumo instantáneo, aunque por otro lado incrementa el uso del modelo, lo que provoca un incremento del consumo global (Foster, Clark y York, 2010). El avanzar sobre estándares, normativas y legislaciones que mejoren la eficiencia en el uso de la energía en sus diferentes campos es, sin dudas, una condición necesaria en la coyuntura actual. Sin embargo, estas medidas alientan en un segundo plano a extender el consumo de energía e incrementarlo en términos absolutos. Es un camino difícil de abordar, sobre todo en una región donde una de las prioridades es mejorar la calidad de vida de sus habitantes. Esto marca la idea de avanzar en los caminos y los debates acerca de la suficiencia.

Los debates sobre la calidad de vida han abierto un camino posible de aportes. La recuperación del viejo paradigma comunitario de la cultura de la vida para vivir bien, concebido en un estilo de vida basado en la práctica cotidiana del respeto, de la relación armónica y el equilibrio con todo lo que existe, comprendiendo que en la vida todo está interconectado, es interdependiente y está relacionado, puede ser una herramienta de construcción de alternativas (Huanacani Mamani, 2010).

Otras miradas como la de desarrollo a escala humana cuestionan la esencia del modelo de consumo imperante y promueven la reflexión acerca de cómo satisfacer las necesidades. Cuestionan el actual peso de bienes de la naturaleza y energía que tienen la infinita cantidad de bienes que se utilizan para satisfacer dichas necesidades. Es necesario desarrollar procesos que promuevan la construcción de formas culturalmente otras de vivir (Elizalde, 2003). En definitiva, la energía solo es una herramienta en este proceso.

Al decir de Enrique Leff, el problema pasa por "¿cómo desactivar el crecimiento de un proceso que tiene instaurado en su estructura originaria y en su código genético un motor que lo impulsa a crecer o morir? ¿Cómo llevar a cabo tal propósito sin generar como consecuencia una recesión económica con impactos socioambientales de alcance global y planetario?" (Leff, 2008: 84).

Y agrega: "Esto lleva a una estrategia de deconstrucción y reconstrucción, no a hacer estallar el sistema, sino a re-organizar la producción, a desengancharse de los engranajes de los mecanismos de mercado, a restaurar la materia desgranada para reciclarla y reordenarla en nuevos ciclos ecológicos. En este sentido, la construcción de una racionalidad ambiental capaz de deconstruir la racionalidad económica implica procesos de reapropiación de la naturaleza y reterritorialización de las culturas" (Leff, 2008: 87).

Es necesario construir otra economía que garantice la preservación de los ciclos naturales, que aborde cíclicamente los procesos. Es necesario volver a discutir los mecanismos y las formas a través de los cuales satisfacemos nuestras necesidades. Pero no hay dos tiempos. Es necesario avanzar en la lucha contra la pobreza, contra la indigencia, al mismo tiempo que se construye otra economía y otro modelo productivo. Lo que está claro es que el neodesarrollismo instaurado en la región no podrá en ese marco resolver el problema energético ni el de los seres humanos.

Referencias bibliográficas

Aguirrezábal, Gerardo y Sergio Arelovich (2011), *Desmercantilización. Aproximaciones al estado del debate*, Manuscrito no publicado.

AIE (2007), *Manual de estadísticas energéticas*, París, Agencia Internacional de Energía.

Altomonte, Hugo (2008), *América Latina y el Caribe frente a la coyuntura energética internacional: oportunidades para una nueva agenda de políticas*, Santiago de Chile, Comisión Económica para América Latina y el Caribe, France Cooperation, GTZ.

Altomonte, Hugo y Salgado, R. (2001), *Indicadores de sustentabilidad 1990-1999*, Santiago de Chile, CEPAL, Serie recursos Naturales e infraestructura.

Arelovioch, Sergio; Bertinat, Pablo; Salerno, Juan y Sánchez, Miguel Alberto (2008), "Escenarios energéticos en América del Sur", en S. Arelovich, y P. Bertinat, *Escenarios energéticos en América del Sur. Integración, modelo productivo, energía: aportes para un debate necesario*, Santa Fe, Inercia Comunicaciones, pp. 5-89.

CEPAL (2004), *Fuentes renovables de energía en América Latina y el Caribe. Situación y propuestas de políticas,*

Santiago de Chile, Comisión Económica para América Latina y el Caribe.

CEPAL (2010), *Indicadores ambientales de América Latina y el Caribe, 2009. Cuaderno estadístico núm. 38,* Santiago de Chile, CEPAL.

CEPAL; Club de Madrid; GTZ; PNUD (2009), *Contribución de los servicios energéticos a los Objetivos de Desarrollo del Milenio y a la mitigación de la pobreza en América Latina y el Caribe,* Santiago de Chile, Comisión Económica para América Latina y el Caribe.

Elizalde, Antonio (2003), *Desarrollo humano y ética para la sustentabilidad,* México, Programa de Naciones Unidas para el Medio Ambiente.

Espejo, Roberto (2008), Humanismo radical, decrecimiento y energía: una lectura de las ideas de Iván Illich, *Polis,* núm. 21,Universidad Bolivariana, Santiago de Chile.

Esping-Andersen, G. (1993), *Los tres mundos del Estado del bienestar,* Valencia, Edicions Alfons El Magnánim.

Foster, John Bellamy; Brett Clark, Richard York (2010), Capitalism and the Curse of Energy Efficiency, *Monthly Review,* vol. 62. Disponible en línea: http://monthlyreview.org/2010/11/01/capitalism-and-the-curse-of-energy-efficiency

Huanacuni Mamani, Fernando (2010), *Vivir bien / buen vivir. Filosofías, políticas, estrategias y experiencias regionales,* La Paz, III-CAB.

Leff, Enrique (2008), Decrecimiento o desconstrucción de la economía hacia un mundo sostenible, *Polis,* núm. 21, Universidad Bolivariana, Santiago de Chile.

El mercado de calentadores solares en la Argentina: situación actual, rentabilidad, potencial, barreras y posibles soluciones[21]

Björn Nienborg

The author offers a detailed overview of the current state of the Argentine market for solar water-heaters, its development, distribution and characteristics. Using the results of a company-oriented survey, literature, market studies and projections, the author explores not only the present, but also the potential this technology could offer for the future taking in account issues such as profitability, the further technological advances, the improvement of the research and development sector, as well as the legal and regulatory framework that would be necessary in order to strengthen this instance of renewable energy usage in the country. Central in this text is the idea of designing an adequate strategy that can generate a strong market for this kind of sustainable technology for the country in the near future.

En la actualidad, los combustibles fósiles han sido puestos en cuestión por diversos motivos. Por un lado, el incremento considerable del precio en los últimos años, y por otro, las discusiones sobre las secuelas de la emisión de los gases que emiten. Como consecuencia, en todo el mundo se están intensificando los esfuerzos para implementar energías renovables. En la Argentina hay un motivo adicional para dicho cambio: la transición de un país exportador de combustible a uno importador. Por ello el gobierno ha establecido objetivos para la producción de electricidad a

---

21 Este trabajo fue realizado en el marco de una tesis de maestría con el apoyo del Servicio Alemán de Intercambio Académico (Deutscher Akademischer Asutatchdienst, DAAD).

partir de fuentes renovables (Ley Nacional 26.190) y para el uso de biocombustibles (Ley Nacional 26.093). Sin embargo, el potencial para la generación de energía térmica a partir de fuentes renovables aún sigue siendo ignorado por las autoridades. Como puede observarse en el gráfico de la figura 1, la mayor parte del consumo de energía final consiste justamente en energía térmica. Así se ignora un gran potencial para sustituir combustibles fósiles.

Figura 1. Consumo final por tipo de energía en el año 2005

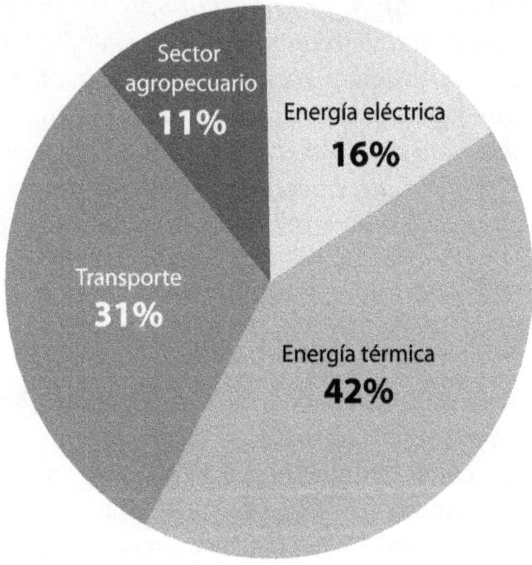

Fuente: elaboración propia en base a datos del *Balance Energético Nacional* del año 2005, de la Secretaría de Energía de la República Argentina (2006).

Los calentadores solares de agua (de ahora en más, CSA) han demostrado ser muy prácticos para proveer energía térmica renovable y están bien establecidos en muchos lugares del mundo:

- En Israel, el país pionero en esta tecnología, más del 85% de las casas residenciales cuenta con CSA (Grossman, 2007: 43).
- En 2009, Alemania fue el principal mercado europeo de colectores solar-térmicos: 1.6 millones de metros cuadrados (1.1 GWth-Gigavatios térmicos) de área de colector fueron instalados (REN21, 2010: 2).
- En el mismo año, el área instalada en China se incrementó en 42 millones de metros cuadrados, aproximadamente 29 GWth (REN21, 2010: 2).
- En el presente, alrededor de 180 GWth han sido instalados en todo el mundo (REN21, 2010: 2).

A pesar del gran potencial de esta tecnología, que resulta de los altos valores de irradiación existentes en el país, el mercado en la Argentina está poco desarrollado. No se sabe acerca de esta tecnología ni se la difunde suficientemente, además, y no existen planes concretos para cambiar esta situación. El presente trabajo busca contribuir en la difusión de esta tecnología con alto potencial de adopción social.

El estudio comienza con una caracterización del mercado actual basándose en una encuesta realizada al sector empresario; esa encuesta informa acerca de las empresas del sector, los productos y servicios ofrecidos, y especifica el volumen de mercado actual. Luego, se analizan la rentabilidad de la tecnología, el volumen actual y potencial de este mercado. El estudio concluye con un análisis de las barreras a superar y provee una propuesta de medidas a tomar con el fin de explotar el potencial.

1. El mercado actual en la Argentina

Los siguientes datos se basan en una encuesta escrita que fue enviada a un total de 72 empresas del sector solar térmico entre los meses de mayo y julio de 2010. Del total de cuestionarios enviados, tres direcciones de correo electrónico resultaron inválidas y 35 cuestionarios fueron devueltos, muchos de ellos solo completados parcialmente.

1.1. Empresas

Del total de las empresas, dos iniciaron sus actividades de energía solar térmica antes de 1980 (la primera en 1977). En las siguientes dos décadas, el número de empresas en el sector aumentó muy lentamente. Solo a partir del año 2000 el aumento del número de actores en el mercado se acelera y resulta casi exponencial en los años recientes. Este desarrollo claramente indica un (esperado) incremento sustancial en la demanda de equipamiento solar térmico.

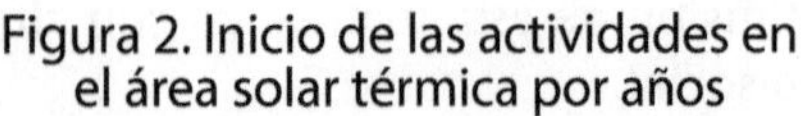
Figura 2. Inicio de las actividades en el área solar térmica por años

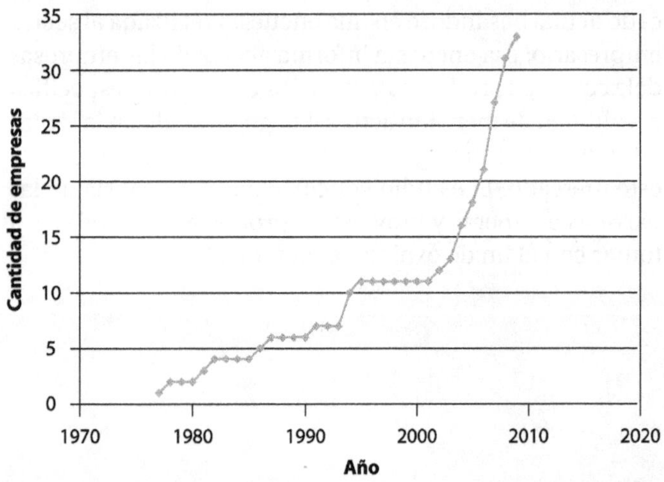

Fuente: elaboración propia.

Figura 3. Número de empleados en las empresas participantes

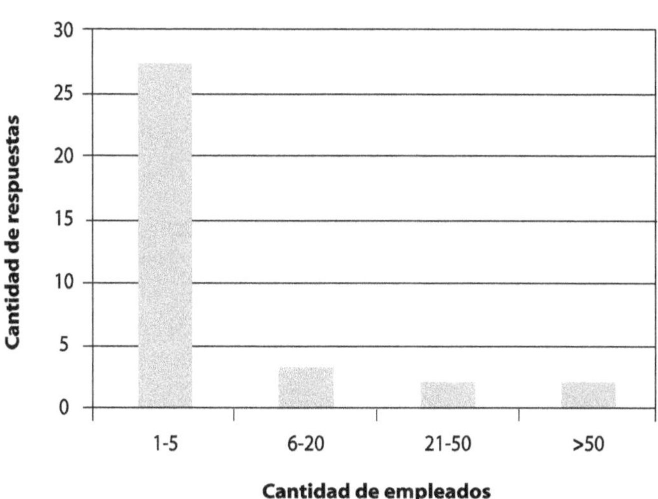

Fuente: elaboración propia.

De las empresas participantes, 27 tienen entre uno y cinco empleados, lo cual las define como microempresas.[22] Cinco de las siete empresas restantes tienen sus principales actividades empresariales fuera del sector de las renovables, lo que implica que la energía solar térmica es para ellas solamente marginal. Es posible afirmar que se ha incrementado sensiblemente la cantidad de empresas en el sector solar térmico, este todavía se encuentra en una etapa inicial. A la vez, dada la flexibilidad y capacidad de innovación de las microempresas, el potencial de desarrollo del sector es enorme.

22 En la Argentina, las microempresas se definen por el volumen anual de ventas. Dado que esa información es desconocida, se ha adoptado la definición europea, según la cual las empresas con hasta 10 empleados se consideran como microempresas.

1.2. Productos y servicios

La mayoría de las empresas ofrecen colectores planos; de ellas, más de la mitad (14) fabrica sus propios productos. Además, 14 de las empresas consideradas tienen al menos un tipo de colector de tubo de vacío (importados de China) en su línea de productos. Solo unos pocos trabajan con colectores de aire y sin cubierta (cuatro y siete de los encuestados, respectivamente).[23]

Dado que la introducción de productos de baja calidad causa un impacto negativo duradero en el mercado, la calidad del producto es esencial durante el despliegue comercial de una nueva tecnología. Tres indicadores de calidad fueron indagados: la certificación del producto, la garantía y los servicios posventa.

Figura 4. Certificación de los productos comercializados

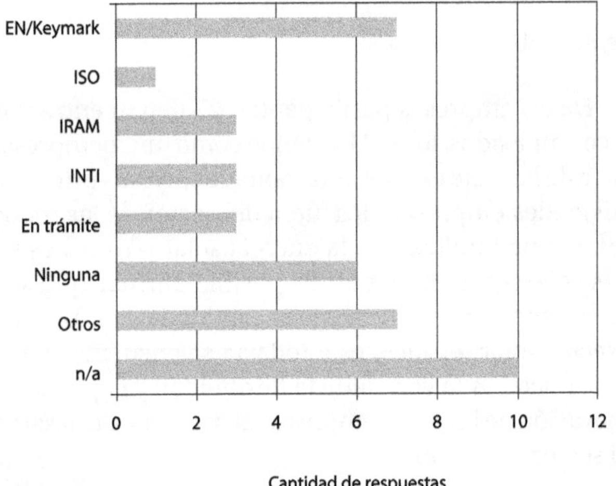

Fuente: elaboración propia.

[23] Detalles de los distintos tipos de colectores se encuentran en http://es.wikipedia.org/wiki/Colector_solar o en la literatura técnica.

La certificación de un colector o calentador solar asegura al usuario durabilidad y rendimiento. El hecho de que diez encuestados no den ninguna respuesta concreta indica que este tema es ampliamente subvalorado. Solo nueve de los encuestados poseen un certificado de por lo menos uno de los siguientes estándares: EN, ISO o IRAM. En tres de los casos, la certificación aún está en trámite y en otras compañías están trabajando con el Instituto Nacional de Tecnología Industrial (INTI) para mejorar la calidad de sus productos. Varios encuestados nombraron certificaciones que no son específicas para equipamiento solar térmico como ISO9001, ISO14000 y CE (estas están incluidas en la categoría "otros").

Otra prueba de la calidad que se da al cliente es la garantía del producto. Este indicador aparece como más relevante para las empresas: solo siete no dan respuesta, las 28 restantes confirman que hay una garantía para sus productos ("por el fabricante"), aunque seis de ellas no especifican el período de tiempo. El tiempo de garantía mínimo ofrecido es de un año, el doble del mínimo establecido por ley (Senado y Cámara de Diputados de la Nación Argentina, 1993). Solo una empresa ofrece una garantía mayor a cinco años. Como el promedio de garantía en mercados desarrollados varía entre seis años en Brasil y China, y unos nueve años en Europa ya que la vida útil mínima de un CSA es de quince años, un incremento en el período de garantía podría aumentar la confianza en la calidad de los productos (Epp, 2009: 5).

La pregunta sobre el servicio posventa cuenta con el 60% de respuestas, todas ellas positivas. Se ofrecen los siguientes servicios:

- control de funcionamiento del sistema instalado;
- mantenimiento y detección de fallas;
- suministro de repuestos o reparación propia del equipo (en estos casos no se especifica cuál de las partes cubre los costos de transporte).

El rango de precios por superficie de colector muestra con claridad cuál es el dilema para los fabricantes argentinos: la gran competencia en el costo de los sistemas de tubos de vacío importados de China, que cuestan en promedio el 40% menos que los nacionales. Los colectores planos generalmente son 50% más caros en el exterior y por lo tanto no son competencia directa.

Figura 5. Precio específico para CSA por origen

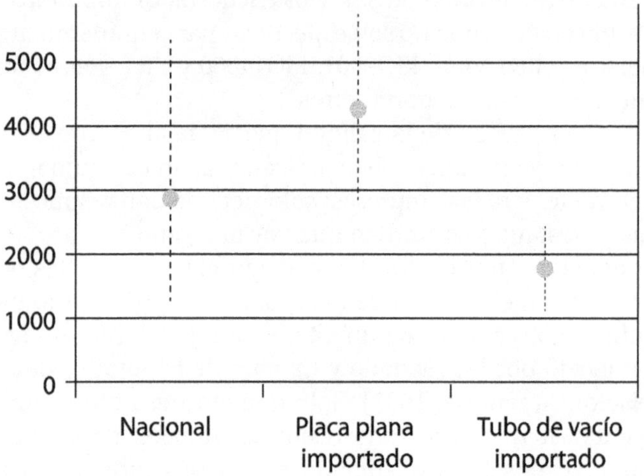

Fuente: elaboración propia.

1.3. Datos del mercado

Se encontró un buen grado de homogeneidad en cuanto a las opiniones acerca del desarrollo del mercado. En el pasado, fue percibido como “decepcionante a moderado”; en el presente se considera entre “moderado” y “neutral”; y en un futuro se espera que haya un “buen desarrollo”.

Figura 6. Evaluación del desarrollo del mercado: 1 = decepcionante; 2 = moderado; 3 = neutral; 4 = bueno; 5 = muy bueno

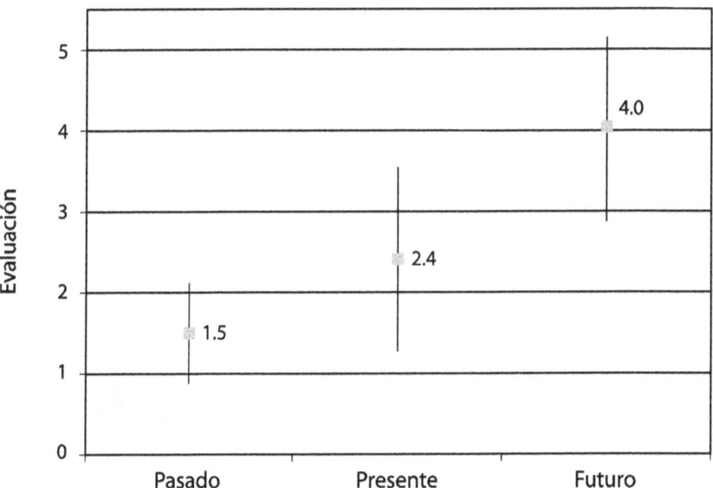

Fuente: elaboración propia

El hecho de que esta evaluación sea prácticamente idéntica a la revelada por una encuesta que realizara la Cámara de Comercio Argentino-Alemana (Außenhandelskammer, AHK) tres años atrás a diez empresas de energía solar, pone en duda la confiabilidad de las expectativas formuladas (Thielemann, 2007).

Cuatro de las once empresas que pretenden importar colectores no especificaron la cantidad. Los datos proporcionados están actualizados a 2009, y en algunos casos se indican pronósticos disponibles a la fecha para 2010. La mayoría de las importaciones se refieren a colectores de tubos de vacío. Entre estos, la tecnología con tubos de calor está claramente avanzando.

Figura 7. Área de colector importada en total 2009-2010 (hasta julio de 2010)

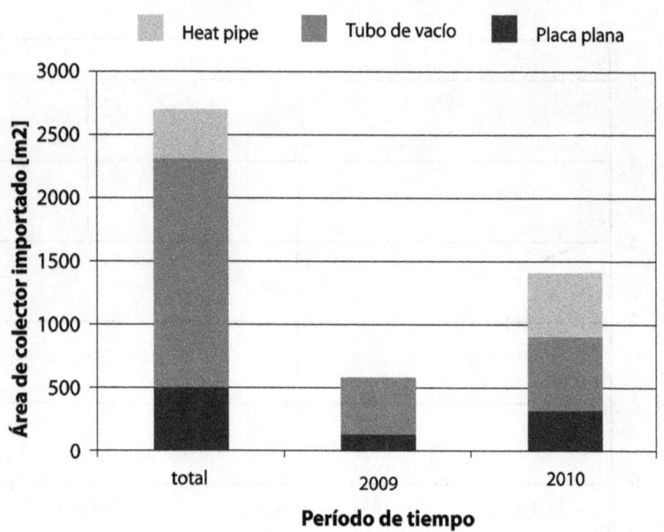

Fuente: elaboración propia.

La mitad de las empresas que producen colectores reportó la superficie de colector correspondiente. En el presente, los colectores planos constituyen cerca del 90% de este volumen. El resto corresponde a colectores sin cubierta, ya que actualmente no se producen colectores de aire. Se pronosticó un incremento del 80% para 2010.

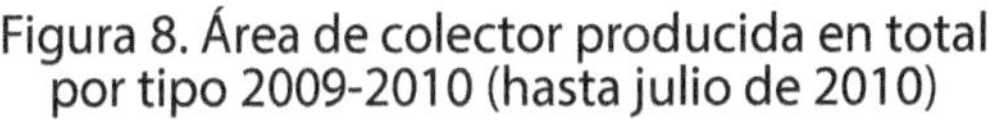

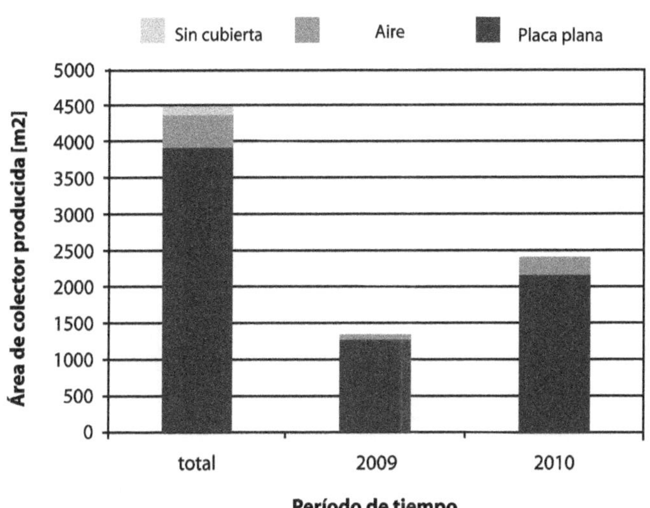

Fuente: elaboración propia.

De acuerdo con la encuesta, se instalaron cerca de 2.000 m^2 en 2009. Más de dos tercios hacen referencia a la tecnología plana, seguido por los colectores de tubos evacuados convencionales de flujo directo. Los colectores sin cubierta constituyen cerca del 4%, mientras que colectores de tubos de vacío con tubo de calor alcanzan solo en el 1%.

Figura 9. Área de colector instalada en total por tipo 2009-2010 (hasta julio de 2010, solo equipos instalados por empresas participantes y sus clientes finales)

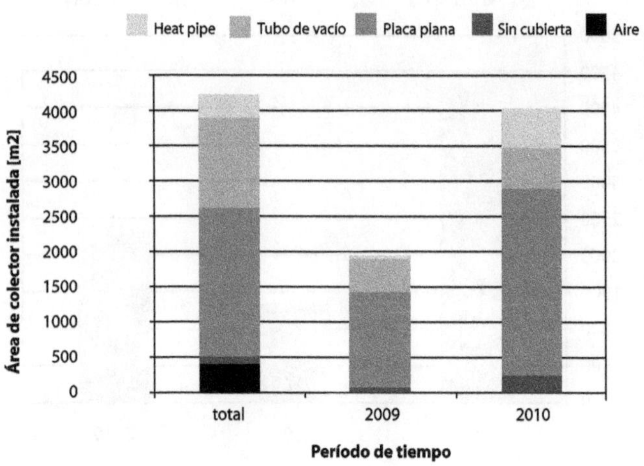

Fuente: elaboración propia.

El hecho de que la suma de área de colector importada y de producción nacional no corresponda al valor de la superficie instalada se puede explicar por dos razones: no todos los importadores, productores e instaladores participaron de la encuesta. Por lo tanto, la cifra contiene solo los equipos instalados por las empresas participantes y sus clientes finales. Además, el *stock* puede variar de un año a otro.

Como la encuesta ignora el volumen de mercado comercializado por empresas que no proporcionaron sus datos, se hizo una aproximación del volumen real a partir de datos de importación de la aduana. Como estos solo incluyen información sobre la cantidad de unidades y su origen, y no sobre la superficie, los siguientes valores deben ser considerados como estimaciones. Para el año 2009 se estima un volumen total del mercado (importación y producción):

- 1.850 m^2. Colectores de tubos de vacío chinos.
- 2.850 m^2. Colectores sin cubierta israelíes.
- m^2. Otros colectores importados.
- 1.240 m^2. Colectores planos de producción nacional.
- 75 m^2. Colectores sin cubierta de producción nacional.
- 7.015 m^2. Área de colectores disponible.

Extendiendo la aproximación por el período con datos de importación disponibles (2006 a 2009) y suponiendo que toda la superficie importada haya sido instalada, se obtienen los siguientes valores para la superficie instalada:

- 3.200 m^2. Colectores de tubos de vacío chinos.
- 9.050 m^2. Colectores sin cubierta israelíes.
- 3.550 m^2. Otros colectores importados.
- 3.900 m^2. Colectores planos de producción nacional.
- 125 m^2. Colectores sin cubierta de producción nacional.
- 19.825 m^2. Área de colectores instalada.

Es probable que el valor real sea aun mayor, dado que no se consideran los números de importación antes de 2006 y las importaciones registradas bajo el número de aduana para los calentadores eléctricos. También se ignora la producción local de empresas que no participaron de esta sección de la encuesta. Las cifras de exportación son insignificantes en los años considerados, por ejemplo, 6 unidades en 2009. Cabe insistir en que los números son estimativos, debido a las suposiciones y contradicciones ya mencionadas (Nienborg, 2011: 32-33).

2. Potencial del mercado

La estimación del potencial de mercado se hace en base a datos de consumo de agua caliente elaborados por la Fundación Bariloche (Nadal, 2009).

2.1. Potencial en el sector residencial

Los datos de consumo de agua caliente sanitaria (ACS) en el sector residencial se distinguen en:

- tres zonas climáticas (fría, templada y cálida);
- uso urbano y rural;
- fuente de energía convencional: gas natural, gas licuado de petróleo (GLP), energía eléctrica, leña.

El potencial resultante se calcula asumiendo que la totalidad de los consumidores en áreas rurales pueden emplear CSA, y el 50% en el caso de los consumidores urbanos, ya que la disponibilidad del recurso solar es reducida.

- El rendimiento solar anual es de 0.55 MWh/m^2, 0.7 MWh/m^2 y 0.8 MWh/m^2 para las zonas fría, templada y cálida, respectivamente.[24]
- La fracción solar es de 35, 50 y 65% de la demanda total para las zonas fría, templada y cálida, respectivamente.

Así se obtiene un potencial de 5.050.000 m^2 para la sustitución de gas natural (GN), 880.000 m^2 para la sustitución de GLP, y 110.000 m^2 para la sustitución de energía eléctrica (EE) y leña, respectivamente. En la suma, el potencial para ACS es de 6.150.000 m^2. De esa forma se podría ahorrar casi el 50% de la energía para la preparación de agua caliente sanitaria (aproximadamente el 4% del consumo final de

---

[24] Estos valores se calcularon con el *software RETScreen* para tres lugares representativos con un sistema con la misma configuración utilizada para los cálculos de rentabilidad en el capítulo anterior.

energía térmica mostrada en la Figura 1). A esto se puede sumar cierto potencial para el apoyo de la calefacción con energía solar. Como resulta razonable primero reducir la demanda de calefacción mediante medidas de eficiencia energética, y como además los sistemas son más complejos, esta opción se deja para el futuro.

2.2. Potencial en el sector de servicios, comercial y público

Para los datos sobre el consumo de agua caliente en el sector de servicios, comercial y público no se dispone de la información sobre la distribución geográfica, pero es atribuible a distintas fuentes de energía. Por lo tanto, los cálculos se basan en las siguientes suposiciones:

- En promedio, la fracción solar es del 45%.
- Se adoptará la hipótesis del 50% de acceso al recurso solar para usuarios de GN y EE (se asumen mayormente urbanos), del 75% para usuarios de GLP (rurales y urbanos), y del 90% leña (rurales).
- El rendimiento solar anual es de 0.7 MWh/m^2.

De esa manera se determinó un potencial total de unos 2.260.000 m^2 de superficie de colectores. La mayor parte constituye la sustitución de gas natural (1.800.000 m^2) y GLP (380.000 m^2). Energía eléctrica y leña contribuyen 40.000 m^2 cada una. Eso corresponde a un ahorro del 2% del consumo final de energía térmica en la Argentina (ver Figura 1).

2.3. Potencial en la industria

Para determinar el potencial en la industria no alcanzan los datos disponibles sobre el consumo. Aplicaciones prometedoras que requieren temperaturas menores a 100°C se encuentran en la industria alimenticia (secado, lavado y tratamiento térmico), la industria textil (lavado, blanqueo) y en el precalentamiento de agua de alimentación para calderas (ESTIF, 2006).

3. Rentabilidad de calentadores solares de agua

La rentabilidad de los CSA se analizó mediante el programa *RETScreen.*[25] Se investigó un sistema de dos metros cuadrados de superficie bruta y 216 litros de tanque de almacenamiento. El consumo diario de ACS es de 200 litros a 50°C, lo cual corresponde al promedio estimado para una familia de cuatro personas (Nadal, 2009: 15). El rendimiento del CSA se determinó con los datos climáticos de Buenos Aires, incluidos en el *software.*

Se comparó la sustitución de tres tipos de fuentes de energía (gas natural, gas licuado de petróleo y energía eléctrica) mediante energía solar. La rentabilidad se calculó con los siguiente precios para el gas natural y la energía eléctrica: precio en la Ciudad Autónoma de Buenos Aires, precio en la provincia de Buenos Aires (Baradero) y precio estimado sin subsidios por parte del Estado. En el caso de energía eléctrica, se supone que se pasa a una tarifa de menor consumo cuando se emplea el CSA.

---

[25] El *software* de análisis de proyectos de energía limpia *RETScreen* es una herramienta de apoyo para la toma de decisiones, única en su género, desarrollada con la contribución de numerosos expertos del gobierno, de la industria y académicos. El *software* proporcionado es gratuito, puede ser usado en todo el mundo para evaluar la producción de energía y ahorros de varios tipos de tecnologías de energía eficiente y renovables. Fuente: www.retscreen.net

Tabla 1. Precios finales de las fuentes de energía. GN = gas natural; GLP = gas licuado de petróleo; EE = energía eléctrica

	Item	Valor	Unidad	Comentario	Fuente
GN	CABA	0.028	$/kWh	-	Montamat
	Baradero	0.032	$/kWh	-	Montamat
	Sin subsidio CABA	0.145	$/kWh	LNG + transporte	Intergas
	Sin subsidio Bar.	0.164	$/kWh	LNG + transporte	Intergas
GLP	Garrafa social	0.126	$/kWh	16$ pro 10kg	Resolución 1071/2008
	Sin subsidio	0.331	$/kWh	190$ por 45kg	Internet
EE	CABA	0.089	$/kWh	450kWh/mes	EDENOR2010
	Baradero	0.369	$/kWh	450kWh/mes	EDENOR2010
	Sin subsidio CABA	0.399	$/kWh	Precio monómico + VAD	Cammesa/Rabinovich
	Sin subsidio Bar.	0.454	$/kWh	Precio monómico + VAD	Cammesa/Rabinovich

Fuente: elaboración propia.

Para el GLP se evaluó la sustitución de la garrafa social de 10 kg y los tubos no subsidiados. El precio no subsidiado del gas natural se estima en base a un precio del gas natural licuado (LNG) importado a ocho dólares por MMBtu, con un tipo de cambio de 3,9 $/US$, 5% de aumento por transporte. Para el precio no subsidiado de la energía eléctrica se adopta una estimación en base al precio monómico más el valor agregado de distribución (VAD). Los impuestos aplicables (IVA, nacionales, provinciales y municipales) para ambos son de 27,98% en la CABA y 45,6% en Baradero.

El precio del CSA es el promedio de los equipos de producción nacional según la encuesta (2.830 $/m^2, ver arriba). Para cada una de las fuentes de energía y los lugares se estudian los siguientes escenarios:

- Precio del equipo sin y con subsidio (el 50% del precio).
- Cálculo de rentabilidad con y sin tasa de aumento de los precios de los combustibles (el 10%).
- Calentador auxiliar externo con el combustible a sustituir o interno eléctrico.

Se asume que el costo de instalación es el 10% del costo del equipo ($560). La rentabilidad del CSA es evaluada por el tiempo de amortización (TdA) y la tasa interna de retorno (TIR). La primera indica el período de tiempo tras el cual se recupera la inversión inicial, teniendo en cuenta los cambios externos, como la inflación y la tasa de aumento del precio del combustible (TAPC). Una TdA mayor a la vida útil del producto constituye un criterio de eliminación, ya que la inversión no se recuperaría antes de que el equipo deba ser sustituido. La TIR expresa la rentabilidad de la inversión, durante su vida útil.

Los resultados para el gas natural muestran con claridad que su sustitución por CSA no es rentable bajo las condiciones actuales, debido a los altos subsidios. Ni en Baradero ni en Buenos Aires la tecnología resulta rentable, incluso si se asume una tasa de aumento del precio del combustible del 10% y una subvención del 50% al precio del sistema. Bajo estas circunstancias, sería necesario un precio del gas de 0.035 $/kWh para llegar a la rentabilidad. Incluso sin subsidios a los combustibles, resulta necesario considerar ya sea la tasa de aumento del precio del gas o bien una subvención al precio del equipo para llegar a la amortización.

Tabla 2. Resultados seleccionados de los cálculos de rentabilidad. LT = tiempo de vida

Combustible	Precio	TAPC	Backup	Subvención	TIR	TdA
-	lugar	%	-	%	%	años
Gas natural	**Capital Federal**	**0**	**externo**	**0**	0	<0
		10	**externo**	**50**	<0	>LT
	Baradero	**0**	**externo**	**0**	<0	>LT
		10	**externo**	**50**	<0	>LT
	sin subsidio	**0**	**externo**	**0**	<0	>LT
		10	**externo**	**50**	18.70%	6.1
GLP	**con subsidio**	**0**	**externo**	**0**	<0	>LT
		10	**externo**	**50**	15.80%	6.9
	con subsidio CF	**0**	**interno**	**0**	3.60%	11.5
	con subsidio Bar.	**0**	**interno**	**0**	<0	>LT
	sin subsidio	**0**	**externo**	**0**	11.30%	7.1
		10	**externo**	**50**	37.40%	3.2
	sin subsidio	**0**	**interno**	**0**	17.50%	5.2
	sin subsidio	**0**	**interno**	**0**	15.80%	5.6
Electricidad	**Capital Federal**	**0**	**externo**	**0**	<0	>LT
		10	**interno**	**50**	4.00%	12.2
	Baradero	**0**	**externo**	**0**	4.90%	10.5
		10	**interno**	**50**	29.20%	4.1
	sin subsidio	**0**	**externo**	**0**	5.40%	10.1
		10	**interno**	**50**	30.10%	3.9
	sin subsidio	**0**	**externo**	**0**	7.40%	8.9
		10	**interno**	**50**	33.50%	3.5

Fuente: elaboración propia.

En los sistemas que utilizan GLP subsidiado -conocidos como “garrafa social”- no es rentable la instalación de un CSA. La única manera de alcanzar un escenario rentable sería con una subvención del 50% o un aumento del 10% en los precios de los combustibles a sustituir. En ambos casos, el tiempo de amortización está alrededor de los diez años. En Buenos Aires se observa un fenómeno especial: debido al alto subsidio al precio de la electricidad, un CSA con calentador auxiliar eléctrico interno es rentable aun cuando se compara con la garrafa social.

Siempre que se utilicen garrafas no subsidiadas, el uso de la energía solar térmica resulta rentable. En las condiciones actuales el sistema se amortiza en un plazo de poco más de siete años y rinde una TIR del 11,3%. En el caso más favorable (10% TABC y 50% de subvención) el tiempo de amortización es inferior a 40 meses, la TIR de 37,4%.

Los números también demuestran que es una opción interesante sustituir la producción de ACS mediante GLP por completo y cambiar a un CSA con calentador auxiliar eléctrico interno. Sin subsidios a los combustibles respectivos la inversión se recupera en menos de seis años en ambos lugares. Si se calcula con subvenciones adicionales y/o un aumento de precio del combustible, se obtiene una TIR máxima del 50% y un tiempo de amortización de alrededor de dos años. Sin embargo, un calentador interno eléctrico auxiliar no es del todo recomendable por dos razones: en primer lugar, porque un eventual fallo no puede ser observado y reduciría el rendimiento solar; en segundo lugar, porque es menos conveniente, en términos de energía primaria, en comparación con un calentador a gas.

En el caso de la producción de agua caliente sanitaria con energía eléctrica, la rentabilidad depende fuertemente del lugar, debido a las diferencias en las tarifas al consumidor final. En Buenos Aires la electricidad es tan barata que solo las condiciones más favorables llegan a la zona de rentabilidad. El hecho de que el kW/h cueste menos para el rango tarifario de mayor consumo penaliza adicionalmente la opción con CSA. En Baradero, un CSA que sustituye a la energía eléctrica es rentable ya bajo circunstancias actuales, aunque el tiempo de repago es de diez años y medio. Si las condiciones para la energía solar térmica mejoran, sea por el aumento de los precios de la energía o por incentivos financieros, la rentabilidad mejora aun más. Si no se consideran subsidios a la electricidad, los CSA resultan rentables en ambos lugares. Como la carga fiscal es mayor en Baradero, el sistema se repaga más temprano allí. La opción de un calentador auxiliar interno aumenta la rentabilidad en todos los casos, ya que reduce los costos de inversión.

4. Barreras y soluciones recomendadas

Las barreras que enfrenta el mercado se pueden dividir en cuatro grupos (Nienborg, 2011: 45).

Barreras legales e institucionales:

1. Deficiencia política para asegurar el abastecimiento energético a toda la población;
2. falta de regulación;
3. subsidios altos para combustibles fósiles y energía eléctrica.

Barreras técnicas y relacionadas con la calidad:

4. falta de normas adecuadas;
5. falta de productos certificados;
6. falta de personal calificado para el diseño y la instalación de CSA;
7. falta de proyectos de demostración;
8. falta de investigación y desarrollo.

Barreras económicas:

9. alto costo inicial de los CSA;
10. exclusión de costos externos generados por la quema de combustibles fósiles;
11. altos costos de créditos (para empresas productoras);
12. altos cargos impositivos (para empresas productoras).

Barreras sociales y otras:

13. desconocimiento por parte de las autoridades;
14. desconocimiento (y desconfianza) por parte del público general;
15. desconocimiento por parte de los profesionales en el sector de la construcción;
16. conflictos de interés en edificios (dueño / inquilino y entre inquilinos);
17. imagen confusa del sector solar térmico;
18. gestión empresaria no profesional.

Para el futuro se recomienda tomar medidas en diferentes áreas para superar los obstáculos mencionados.

4.1. Concientización y *marketing*

Un paso fundamental para promover la tecnología es la formación de una asociación de energía solar térmica que vincule a los actores de la industria, institutos de investigación y el sector académico. Esta convergencia para el desarrollo de tecnología aumentaría la influencia política en la búsqueda de apoyo a la tecnología. Por otro lado, facilitaría la campaña mediática y la confianza entre los clientes. Es probable que también pueda apoyar a los miembros de la industria, que en su mayoría son microempresas, en el desarrollo de un plan de negocios coherente que mejore así la base para las relaciones públicas.

Basado en el potencial de mercado y teniendo en cuenta su viabilidad y rentabilidad, se requiere el desarrollo de un programa de incentivos para CSA. Debido a la dinámica economía argentina, un régimen basado en subvenciones directas es preferible a la deducción fiscal por el retraso en la devolución. Evidentemente, es esencial evitar tanto el abuso del incentivo, como la burocracia excesiva.

Otra medida esencial que debe complementar un futuro plan de incentivos es una adecuada campaña de *marketing*. Sus objetivos deben ser los de informar a los clientes potenciales acerca de la tecnología solar térmica, convencerlos de su fiabilidad y propagar el programa de incentivos. Un amplio conjunto de instructivos para el desarrollo de una campaña se ha desarrollado en el proyecto Soltherm (Ree, 2003). Al mismo tiempo debería desarrollar e implementarse un concepto global para integrar información relativa a energías renovables y eficiencia energética -entre ellas, la energía solar térmica- en la currícula escolar. Un sitio *web* con información gratuita también puede contribuir a difundir y profundizar en el conocimiento sobre la tecnología solar térmica.

Una vez que el plan de incentivos esté promulgado y la campaña de información iniciada será importante supervisar su éxito. Por el lado de la oferta, una encuesta anual de la industria es un medio de evidente utilidad. A la vez, una encuesta de satisfacción entre los clientes revelaría una eventual necesidad de cambios para asegurar el éxito de las medidas.

4.2. Calidad del producto

La calidad del producto es el factor clave para el desarrollo exitoso de CSA ya que asegurará la prestación de un beneficio por un determinado lapso de tiempo. Al contrario, la calidad deficiente socava la confianza de los usuarios en la tecnología, y contrae el mercado. La calidad de un CSA se basa en tres pilares: el propio producto, el diseño del sistema y su instalación.

Lo primero puede asegurarse mediante una norma vinculante para colectores solares y CSA prefabricados. Más eficaz es una etiqueta de calidad que incluya no solo los requisitos técnicos que deben cumplir los productos, sino también el proceso de producción. Un ejemplo de la Comunidad Europea es el "Solar Keymark Label" (Nielsen, 2009: 1-15). Obviamente, la certificación requiere la habilitación de centros de pruebas acreditados que pueden basarse en las instalaciones existentes.

La calidad durante la etapa de diseño e instalación se puede garantizar exigiendo a los planificadores e instaladores una matricula para acceder a la subvención. De tal modo que habrá que crear instancias de formación que acrediten cursos para la correspondiente matriculación. Del mismo modo hay que acreditar instituciones educativas para expedir dichos certificados.

La garantía de calidad también implica un fortalecimiento de la competitividad de los productores argentinos en relación a las importaciones de equipos de bajo costo. Una parte de la competencia puede ser excluida del mercado por determinadas exigencias técnicas (por ejemplo, prueba de granizo). Como la instalación la realizarán instaladores certificados, el riesgo de una mala instalación final también disminuye, a diferencia de lo que ocurre con productos importados que se venden directamente al cliente.

4.3. Investigación y desarrollo

El área de I+D ofrece muchas oportunidades para la cooperación entre instituciones de investigación y el sector privado. Como primer paso, se necesitaría impulsar el desarrollo de productos nacionales que cumplan con las normas. A medida que aumenta el mercado la producción también debe crecer en eficiencia (materiales, energía, tiempo y demanda de personal), aumentando la capacidad de producción y disminuyen los costos específicos.

Proyectos de demostración pueden servir para promover la tecnología y lograr la concientización del público en general. A la vez, estos cuentos promueven una colaboración más estrecha entre la investigación (monitoreo) y la industria (proveedores de materiales). En el largo plazo, deberán incorporarse otros campos de investigación tales como desarrollo de nuevos materiales e innovación tecnológica.

Uno de los modelos exitosos y recomendables es el modelo austríaco de ayuda a la investigación en el ámbito de la energía solar térmica. La investigación básica se encuentra subvencionada en hasta el 100%. Cuando la tecnología se ha desarrollado y se acerca la etapa de aplicación y comercialización, la subvención se reduce hasta alcanzar un mínimo del 25% para prototipos (Bauer, 2010: 15). La financiación se realiza en conjunto con la estimulación de la investigación aplicada en cooperación entre la universidad y la industria.

4.4. Cuestiones institucionales y jurídicas

Por parte del Estado, es indispensable que se les dé una importancia mayor a las energías renovables en general, en vista de los desafíos por venir. Mientras que las energías renovables para producir electricidad y la eficiencia energética juegan solo un papel marginal en el plan energético nacional hasta el año 2025 (el 7% de la energía primaria debe cubrirse por electricidad renovable, excluyendo las grandes centrales hidroeléctricas y biocombustibles), las fuentes térmicas renovables ni siquiera se mencionan en él (Legisa, 2008). Teniendo en cuenta el hecho de que la demanda de energía térmica constituye el 42% del consumo de energía final, esto excluye un enorme potencial para sustituir las fuentes convencionales (Secretaría de Energía de la República Argentina, 2006). Es imprescindible incluir la energía solar térmica en la planificación del futuro.

Siendo necesario además sustentar el cambio hacia las energías renovables mediante la gradual eliminación de los subsidios a los combustibles fósiles y la electricidad. De lo contrario, la competencia con las alternativas renovables se ve distorsionada y su rentabilidad reducida. Para evitar un fuerte impacto negativo sobre la población, se recomienda combinar esta medida con una campaña de ahorro de energía y la implementación de un plan de eficiencia energética (por ejemplo, el incentivo para reemplazar artefactos eléctricos anticuados).

Como medida adicional, una vez que un mercado, impulsado por los incentivos que hemos mencionado anteriormente, esté establecido y la garantía de calidad esté en su sitio, puede aspirarse a establecer la obligación de cubrir un determinado porcentaje de la demanda de energía térmica con energía solar (u otras fuentes renovables). La obligación de utilizar CSA en la construcción residencial ha resultado altamente viable en numerosos países, siendo Israel el pionero (Röpcke, 2008: 40).

5. Consideraciones finales

El presente artículo proporciona una sinopsis extensa del estado actual del mercado para calentadores solares de agua en la Argentina y ofrece una perspectiva del potencial en el futuro, incluyendo cálculos de rentabilidad, barreras y posibles soluciones. Con tal fin se entrelaza información recolectada mediante una encuesta a empresas con cálculos de rentabilidad y potencial en base a datos actuales y referencias de literatura.

Varios factores prueban que el mercado se encuentra en un estado poco desarrollado en la actualidad. El volumen estimado de ventas es ínfimo en comparación con mercados desarrollados (unos 7.000 m^2 versus 41.5 millones de m^2 en el mundo) (REN21, 2010). Además, la falta de garantía de calidad en una gran parte de los productos ofrecidos constituye una deficiencia típica.

Para el futuro cercano se espera un crecimiento significativo del mercado en la Argentina. Así lo demuestran el aumento de empresas en el sector de energía solar térmica en años recientes y las expectativas optimistas de las empresas encuestadas. Los datos de importación confirman esta tendencia.

Sin embargo, queda todavía un largo camino por recorrer para poder aprovechar el potencial estimado para los calentadores solares. Se estima que hay unos 20.000 m^2 de colectores instalados en la actualidad, la mitad de ellos para calentamiento de piscinas. En contraste, solo en el sector residencial se determinó un potencial superior a los 6.000.000 de m2 para la producción de agua caliente sanitaria. A esto se pueden sumar otros 2.2 millones de m2 en los sectores público, comercial y de servicios, más un potencial importante en las industrias que no fue posible determinar a falta de datos.

Para poder explotar ese potencial es necesaria una serie de medidas por parte de varios actores. Las empresas y los principales institutos de investigación en el área deberían unirse y coordinar sus acciones. De esa manera podrían aunar esfuerzos para buscar apoyo político para el sector, que es esencial para su éxito. Hace falta un marco legal e institucional favorable para difundir la tecnología. Un programa de incentivos puede ser una clave para el despegue del mercado.

Es indispensable iniciar una extensa campaña de información al público en general, dado que éste constituye la clientela potencial; pero también se requieren reglas claras de calidad para aumentar la fiabilidad de los productos y garantizar los beneficios esperados.

Un mercado maduro en este sector brindaría varios beneficios a la sociedad: no solo se obtiene una reducción de la demanda de energía convencional y de las emisiones de gases de efecto invernadero, sino también se crea una industria nacional con alto valor agregado e importante fuente de trabajo.

Referencias bibliográficas

Amer, Muhammad y Daim, Tugrul U. (2010), Application of Technology Roadmaps for Renewable Energy Sector, *Technological Forecasting and Social Change*, vol. 77, núm. 8, pp. 1355-1370.

Bauer, Ingrid (2010), "Solarthermieforschung im Ländervergleich: Österreich", *DSTTP Solarthermie-Technologiekonferenz*, enero de 2010.

BSW-Bundesverband Solarwirtschaft e.V (2010), "Statistische Zahlen der deutschen Solarwärmebranche (Solarthermie)". Disponible en línea.

Comisión Nacional para el Uso Eficiente de la Energía de la República de México (CONUEE) (2009), "Programa para la promoción de calentadores solares de agua en México (Procalsol), Avances 2007-2009 y Plan Operativo 2009-2010". Disponible en línea: http://www.gtz.de/en/dokumente/sp-procasol-avances-y-plan-operativo.pdf

EPP, Bärbel (2009), "World Map of Solar Thermal Industry 2009". Disponible en línea: http://www.solrico.

com/fileadmin/medien/pdf/solar_thermal_world-map_2008.pdf.

ESTIF-European Solar Thermal Industry Foundation (2006), "Solar Industrial Process Heat-State of the Art. Disponible en línea: http://www.estif.org/fileadmin/estif/content/policies/downloads/D23-solar-industrial-process-heat.pdf

Girardin, Leónidas O. (2005), "Inventario Nacional de la República Argentina de fuentes de emisiones y absorciones de Gases de Efecto Invernadero, no controlados por el Protocolo de Montreal". Disponible en línea: http://www.fundacionbariloche.org.ar/inventario/Tomo%20I.pdf

Grossman, Gershon (2007), "Renewable Energy Policies in Israel", en Frank Kreith y D. Yogi Goswami (eds.), *Handbook of Energy Efficiency and Renewable Energy*, Londres y Nueva York, CRC Press.

Jones, Dell (2006), "Solar Thermal Energy. New Light on a Mature and Market Ready Technology". Disponible en línea: http://apps3.eere.energy.gov/greenpower/conference/11remc06/jones_d.pdf

Legisa, Juan y Guillermo Genta (2008), *Elementos para el diagnóstico y desarrollo de la Planificación Energética Nacional 2008-2025*, Grupo de Planeamiento Estratégico, Secretaría de Energía de la República Argentina, confidencial.

Nadal, Gustavo *et al.* (2009), *Estudio del estado del arte en el uso de la energía solar para calentamiento de agua*, Fundación Bariloche.

Nielsen, Jan Erik (2009), "Specific CEN Keymark Scheme Rules for Solar Thermal Products". Disponible en línea: http://www.estif.org/solarkeymark/Links/Internal_links/network/sknwebdoclist/SKN_N0106R5.pdf

Nienborg, Björn (2011), Solar Water Heaters in Argentina. Market Characterization and Analysis of Barriers to

Diffusion, *Working Paper 03-2011*. Friburgo (Alemania), Centre for Renewable Energies, University of Freiburg.

Ree, Bart v.d. y Wilma Mert (2003), *SolTherm Europe-Campaign Guidelines*, SolTherm Europe.

REN21-Renewable Energy Policy Network for the 21st Century (2010), "Renewables 2010-Global Status Report". Disponible en línea: http://www.ren21.net/Portals/97/documents/GSR/REN21_GSR_2010_full_revised%20Sept2010.pdf

Röpcke, Ina (2008), Solar Heating by Law, *Sun & Wind Energy*, 03/2008, Bielefeld, Bielefelder Verlag GmbH & Co, KG.

Secretaría de Energía de la República Argentina (2006), *Balance Energético Nacional*, año 2005.

Senado y Cámara de Diputados de la Nación Argentina (22 de septiembre de 1993), "Ley de Defensa del Consumidor n.° 24.240", *Boletín Oficial*, Buenos Aires, 15 de octubre de 1993.

Thielemann, Federico (2007), *Zielgruppenanalyse-Biomasse und Solarenergie in Argentinien*, Buenos Aires, Deutsch-Argentinische Handelskammer.

A Critical Analysis of the Contribution of Municipal Low-Carbon Lifestyle Innovations to Sustainable Development: Durban, South Africa

Dianne Scott, Catherine Sutherland, Eva-Lotta Schiermeyer, Hayley Leck y Adrián Beling

Como país en desarrollo, Sudáfrica no tiene objetivos vinculantes para reducir la emisión de gases de efecto invernadero, aun cuando figura entre los países con niveles de emisión per cápita más elevados. En este contexto, se analiza cómo en la ciudad de Durban se promueve para quienes allí habitan, y como parte de las responsabilidades de gobernanza ambiental, una "ciudadanía de bajo carbono". En este trabajo se analizan críticamente tales políticas climáticas y programas educativos como modo de evaluar qué tan innovadores y efectivos son para inducir el viraje en la conducta y estilo de vida de los habitantes hacia un modelo de baja emisión de carbono. Este tipo de políticas y programas se basan en demostraciones, en presentación de soluciones tecnológicas, suministro de reglas y modelos virtuosos y ejemplares de comportamiento ambiental. Tales conductas apelan a la responsabilidad de los sujetos reflejan el intento del Estado de trasladar la responsabilidad que debe asumir por la reducción de las emisiones de carbono a los ciudadanos individuales. De este modo se busca desviar la demanda de que sea el Estado quien confronte sus estrategias y sus acciones de desarrollo económico carbono-intensivas. El resultado neto de tales políticas ambientales, lejos de proporcionar soluciones innovadoras, es el refuerzo de las actuales tendencias de emisión de CO2.

1. Introduction

As a developing country, South Africa has no binding target to reduce its greenhouse gas emissions. Yet it is a country which has one of the highest levels of emissions per capita in the world. Within this context, the chapter reflects on the efforts of the municipality of Durban to promote "low-carbon citizenship" among its urban residents, through "innovative" persuasion tools such as demonstration projects as part of their environmental governance responsibilities. Durban has a range of climate change mitigation and adaptation programmes that intend to motivate individual residents to become "low-carbon citizens" by changing their lifestyles and behaviour. At the recent launch of the report on *Durban as a Low-carbon City*[26] (ASSAf, 2011), Debra Roberts, the Deputy Head of the Environmental Planning and Climate Protection Department, stated that current investment patterns and development goals are unsustainable, and that the city and its citizens will have to "move to different ways of doing things". This chapter contributes to this debate by providing a critical analysis of the municipality's low-carbon lifestyle innovations. The chapter turns to literature which critiques the state's presentation of demonstration projects that provide citizens with the responsibility for, and knowledge about, how to become low-carbon citizens through reducing carbon emissions while its development focus continues to be based on investment patterns that result in business and state-led urban sprawl, mega-project development and the increasing reliance on private transport and energy inefficient lifestyles (Finger, 1994; Hobson, 2006; Adger, Lonrenzoni and O'Brien, 2009; Huber, 2009; Roberts, 2010).

---

26 Launched on 23/8/2011 in Durban.

In the current context of neoliberalism, there is ample evidence from a wide range of sources that there has been a shift of responsibility from the state to its citizens to reduce greenhouse gas emissions (Swyngedouw, 2005). The Editor of the *Sunday Tribune*, Philani Mgwaba, in his comments on the opening of the COP17 conference in Durban in November 2011, reiterated the dominance of this approach:

> For all their talk about climate action, governments including our own keep telling us growth and jobs come first. Businesses think the same about profits. Despite this, efforts are being made, even by ordinary citizens, to change to green lifestyles. These should be harnessed and built in to a global force. (Mgwaba, 27/11/11).

Paterson and Stripple (2010) argue that the origin of greenhouse gas emissions are the state regulated, large scale extractive and industrial processes driven by large corporations[27] and that the contribution of ordinary citizens to these emissions through the practices of their day to day life is minimal. The 2010 eThekwini Greenhouse Gas Emissions Inventory recently released by the municipality's Energy Office reveals that most of Durban's emissions are produced by large manufacturing industries (37%) and the city's transport systems (34%), while its 3.6 million residents at the household scale are responsible for about 14% of the overall emissions (Carnie, 10/11/2011).

Hence, the municipal low-carbon educational programmes are not directed at the main culprits. Yet, eThekwini authorities maintain that consumption is at the heart of these large scale activities and serves to reproduce them and so collective changes in consumption levels, at all scales, are necessary. We will come back to address this argument later in the chapter.

---

27 Forty five percent of Durban's green house gas emissions are from industry (ASSAf, 2011).

The chapter also draws on the literature on ecological modernisation to enable a critical interrogation of state promoted, innovative demonstration projects that provide technical and expert driven solutions to induce low-carbon behaviour, rather than more participatory, deliberative solutions through engagement with civil society. Critiques of ecological modernisation (Hajer, 1995; 2005; Oelofse *et al.*, 2009) and a critique of exemplary or demonstration projects as apolitical hegemonic projects aimed at preserving the political status quo (Death, 2011; Swyngedouw, 2005) are applied to better understand the role of "good practice" or demonstration projects as models of low-carbon behaviour which citizens and businesses alike should follow so as to become responsible for their own carbon consuming actions (Dean, in Swyngedouw, 2005, 1998).[28] In particular, products of the *Imagine Durban* programme in Durban and the FIFA World cup *Greening Durban 2010 programme*, are used as lenses through which to critically examine these "innovations" and evaluate the way in which they are being communicated in the city.

In order to contextualise the study, a brief overview of the socio-economic context of Durban is provided. South African society is one of the most unequal societies in the world due to the historical legacy of apartheid and colonial segregation. Within a developing country context, Durban is a wealthy city with considerable capacity and infrastructure, yet it is marked by a dramatically uneven distribution of wealth and provision of basic services to citizens (Freund, 2001). The majority of Durban's inhabitants are exposed to multiple burdens of poverty, including a lack of adequate living facilities; a lack of nutrition and education; lack of access to water, sanitation and electricity; unemployment; and

---

28 The paper draws on previous research undertaken by the authors Scott *et al.* (2010) and Schiermeyer (2011).

high levels of violence and crime, often in combination with discrimination based on gender, race or ethnicity. Critical health issues, including the impact of HIV/AIDS on a large proportion of Durban's inhabitants, worsen the situation. As a result, Durban also witnesses social movements which actively engage in the fight for better living situations, access to natural resources and equal service provision. The city's population is not only socio-economically diverse but also highly multi-cultural: according to a 2007 Community Survey, 71% of Durban's population is African, 19% Asian / Indian, 8% white and 2% are "coloured",[29] with Zulu as the most common language (62%) followed by English (31%) (Hattingh, 2009). This multifaceted heterogeneity makes presenting relevant demonstration models of low-carbon behaviour a challenging task.

Section 2 provides a conceptual framework for the chapter while Section 3 presents a brief overview of the history of environmental governance in Durban and the rationalities behind the municipalities' use of a range of techniques to induce low-carbon behaviour. Section 4 then provides a critical analysis of evidence from eThekwini Municipality of a sample of state interventions, namely, low-carbon programmes and demonstration projects.

2. The Promotion of Low-Carbon Conduct

The mainstream approach to environmental education for low-carbon citizenship in both developed and developing countries is based on the *behavioural approach*. According to this approach, a low-carbon citizen is someone who has been persuaded through an intervention of some sort, to voluntarily modify their behaviour to become

---

[29] The term 'coloured' in South Africa denotes people of mixed race.

more carbon friendly. The public are assumed to be passive recipients of programmes of persuasion (Owens and Drifill, 2008). This programme of persuasion is one which shows that the present carbon footprint is not sustainable but can be made sustainable if the correct steps are taken, i.e. individual behaviour is changed. By describing the future climate risks resulting from high carbon, it "conveys a moral imperative to do something -thus the notion of the low-carbon citizen *describes* and *prescribes*" (Brand, 2007: 623-624). Unfortunately, this relationship between environmental knowledge received and positive corrective action is not readily seen in practice. In other environmental fields, however, empirical observation reveals that information can effectively change behaviour. An example of this is the success of recycling programmes in many developed and developing countries (Owens and Driffill, 2008).

This individualist approach to inducing low-carbon behaviour is defined within a broader approach that began to emerge in the 1970's to address the crisis resulting from the impact of industrial capitalism on the environment, at both a global and a national scale: *ecological modernisation* emerged both as a theoretical approach to explain the relationship between society and the environment in the period of late modernity, and also a policy approach adopted by governments in the developed world to internalize the crisis and prevent the polarization of economic development and environmental protection. Developing countries worldwide have taken on this approach, following the policies of the industrialized nations (Barnett and Scott, 2007; Oelofse *et al.*, 2009). This approach to understanding the relationship between society and the environment is based on the assumption that economic efficiency and growth can be maintained if the environment is sustainably "managed". Hence the promotion of "green business" where industries apply technological innovations to reduce resource inputs (energy, water) and "produce more with less" (Hajer, 1995; Hobson, 2006). Also the South African national government has embraced the ecological modernisation discourse. This is evident in their strong promotion of market-based policy measures (e.g. carbon trading) and marketing the "green economy" (Republic of South Africa, 2010).

As Leck (2011) explains, the problem with this "business-as-usual-with-a-green-tinge" climate change approach is that it detracts attention from the more significant structural changes that are required in the economy and current development paths, particularly for rooting out the causes of climate change vulnerabilities. This enables a weak variant of the sustainable development discourse to continue within a market-driven, consumer-orientated mode of social organisation (Hobson, 2006). The ecological modernisation approach proposes that institutional shifts and technological innovation are considered the hallmarks of solving environmental problems, giving rise to a managerialist, technocentric and expert-driven approach to environmental governance (Oelofse *et al.*, 2009). Within this approach, demonstrations of innovative technologies that can be used to reduce greenhouse gas emissions are examples of projects designed to induce low-carbon behaviour at the individual level.

There is a growing literature focusing on the contemporary individualisation of environmental responsibility. Brand (2007: 624) proposes that the ultimate environmental responsibility in a neoliberal society has been shifted onto the shoulders of the individual citizen and "his/her willingness to accept certain restrictions, modify behaviour patterns, assimilate scientific and moral arguments, and so forth", while the state's intervention being limited to actively persuading individuals (in their role of consumers) to "go green" and "eco-modernize" their lives (Hobson, 2006), through changing diets; becoming carbon neutral through the adoption of new technologies and energy-efficient appliances; measuring our carbon footprints; and managing our lives to consume less carbon (Paterson and Stripple, 2010) Environmental regulation is thus circumscribed to an attempt at influencing individual behaviour and consumption patterns in the household and spatial consumption around the city and beyond.

However, this process of individualization in neoliberal society is considered problematic because it diverts attention from the "fundamentally social and political character of environmental problems", particularly the problem of the production and growth of carbon emissions (Paterson and Stripple, 2010: 342). These authors maintain that the real origins of greenhouse gas emissions are driven by state policies, e.g. building of new airports, and large-scale industrial processes pursued by large business corporations. Paterson and Stripple (2010: 344) propose that the power of the large corporations "operates through" the practices undertaken by individuals in their everyday lives, i.e. "driving, flying, heating, cooling and now offsetting". Individual behaviour is thus not separate from the activities of the state and capital, but is part of the reproduction of those very societal structures. Walker and Cass (2007: 267) state that "far more than a shift in the attitudes and intentions of individuals is required in order to achieve significant carbon reduction" through renewable energy technologies.

The creation of a low-carbon society has significant implications for developing countries such as South Africa. Here, the creation of a low-carbon society should not be divorced from the goal of broader sustainable development in order that "environment" and "development" do not become polarized (Skea and Nishioka, 2008; Huq and Reid, 2009). This is a crucial point since, as widely noted, (e.g. Roberts, 2008; Scott and Oelofse, 2009; Bulkeley *et al.*, 2009; Leck *et al.*, 2011) environment concerns are often viewed as a "luxury" and in conflict with critical development priorities in contexts such as the SADC region, where development is still focused on addressing poverty and meeting basic needs. While this is a widespread belief, it is particularly pronounced in the South African context because of the legacy of apartheid-era policies and practices (Leck *et al.*, 2011). The implications of this are that mitigation measures should be linked to programmes of adaptation to climate change, and mainstreamed into broader development agendas.[30] Indeed, mitigation and adaptation are complementary approaches and there are significant synergies and co-benefits between the two strategies that need to be better recognised. Some authors emphasise that governments should play a critical role in providing policies, instruments and information to incentivise the public to shift their attitudes and behaviour in this regard. (Skea and Nishioka, 2008).

Government policy discourses regarding raising awareness for the public and providing information about the need to reduce carbon emissions in the context of climate change are mostly based on the rationalist "information deficit model" or "public deficit" model (Eden, 1998). The information deficit model portrays the relationship between the public and government as one wherein "the need to 'inform' the public [is] implicitly premised on public ignorance", in this case, about environmental and energy issues (Irwin, 2001: 15). The model assumes that people will understand the relationship between policy issues and the science that underpins it and then act accordingly. The belief in this information deficit model is why,

---

30 Mainstreaming' climate change is widely debated, with increasing calls (e.g. Parnell *et al.*, 2007; Roberts, 2008; Carmin *et al.*, 2011) to mainstream climate change action to ensure immersion into development agendas, as opposed to being seen as an 'add on', thus risking a sidelining effect.

in many developed countries, the problem of a lack of citizen engagement around environmental issues, such as reducing carbon emissions, is assumed to be caused by a lack of information or awareness, since the public cannot easily access the science behind the policy -hence the term "information deficit" (Smith and Pangasapa, 2008).

There has been a great deal of criticism of this rational, linear model of learning and human behaviour pointing out that rather than using this knowledge to shift behaviour, people take it in and reproduce this received knowledge in their own everyday discourses (Smith and Pangasapa, 2008; Dierwachter, 2008). This behavioural approach is also criticized for being too individualistic, suggesting that the perception of a more collective approach by groups of people, would be a more successful model for shifting civil society towards reducing carbon emissions. Owens and Driffill (2008: 4413) maintain that "attitudes themselves are influenced by a variety of social, political and cultural factors aside from information provision". More recently, critiques of this individualistic approach, have also pointed out that the governing of individuals "does little to address the neoliberal order" which continues to produce the problems of high carbon consumption (Rutherford, 2007: 299). Paterson and Stripple (2010: 342) echo this critique that the displacement of the state's responsibilities onto the individual is a diversion of attention from the "broader political questions of power and collective responsibility".

3. The Development of Low-Carbon Policies in Durban

This section provides a brief overview of the history of environmental and climate change policies and programmes in the city of Durban. Included here is a short outline of the programmes and demonstration models that have been promoted as part of Durban's alleged drive towards becoming a low-carbon city. Lövbrand *et al.* (2009) propose that it is necessary to go back and "trace the history of the present" and to understand the "taken-for-granted systems of thought" that lie behind the presentation of the said programmes and demonstration models.

Historically, under the apartheid government, there was little protection of biodiversity and natural resources in South African cities which were highly impacted by modern industrial development (Freund, 2001). Coal-powered energy was made available to large businesses and strategic industries at a low cost, a practice which is continuing in the post apartheid period with subsequent negative impacts on the environment.[31] The dominance of this form of energy as part of the current energy policy of the country results in South Africa having one of the highest levels of emissions per capita in the world.

At a local level, there was no systematic environmental policy prior to 1994. In the 1990's, Durban commenced its "greening process" after South Africa adopted the United Nation's Local Agenda 21 (LA21) Programme[32] as a signatory to the Rio 2002 Declaration (Urquart and Atkinson, 2000). It became the first local government in Africa to adopt LA21 (Hindson *et al.*, 1996; Freund, 2001; Roberts and Diederichs, 2002). This resulted in the acceptance of a range of principles, definitions of the environment, action plans and environmental education goals by Durban

---

31 South Africa has opted to continue with the development of coal-fired power stations as its policy of delivering energy in the future. This has been hotly debated within South Africa.

32 Agenda 21 is an UN action plan with a commitment to sustainable development and was a product of the United Nations Conference on Environment and Development (UNCED) held in Rio de Janeiro, Brazil, in 1992.

and the inclusion of these rationalities into environmental discourse and policy making at the local level.

With the establishment of new government structures after 1994 and subsequent reform of policy and legislation, municipalities were tasked with a developmental[33] as well as an explicit environmental mandate (Hart, 2003). It was at this time that an environmental management department was established in Durban (Roberts, 2008). The Municipality commenced its LA 21 programme with a range of environmental programmes aimed at producing environmental knowledge about the city and transmitting this knowledge to its residents. From 2000, cities in South Africa began to integrate both development (the "brown agenda") and environmental (the "green agenda") concerns into their planning through the Integrated Development Plans (IDPs) and it was at this stage that the rationality of sustainable development discourse first appeared in development planning documents. Roberts (2008) notes that there was considerable tension between these two mandates; and in the earlier period of transition the environmental mandate "took a back seat".[34] These tensions have continued and it is only recently, with international funding to include climate change in Durban's development agenda, that climate change has started being taken seriously. The eThekwini Municipality has been "hailed as a leading actor around environmental challenges" with regard to climate change adaptation in the country (ASSAf, 2011: 145).

---

33 By the end of apartheid in 1994, an estimated 35-40% of Durban's inhabitants lacked access to clean water and sanitation systems in their homes (Freund, 2001: 721, Schiermeyer, 2011).

34 The establishment of a macro-economic policy (GEAR) municipalities were tasked with instituting developmental local government' (Parnell *et al.*, 2002), whereby municipal authorities attempt to combine pro-growth and pro-poor economic strategies. The contradiction between the costs of service delivery and nationally imposed constrictions on revenue has generated an array of localised political mobilisations (Hart, 2003).

Climate change mitigation and adaptation has been led by the Environmental Management Department in the municipality, which has recently changed its name to the Environmental Planning and Climate Protection Department (EPCPD) with its additional climate change mandate. Typical of cities elsewhere, the earliest efforts focussed on mitigation while currently this has shifted to a stronger focus on adaptation programmes for which there is greater political support as these programmes address "brown issues" of environmental and social justice (Schiermeyer, 2011). Many other municipal departments also have an environmental function related to their own function and mandate, however there is little formal coordination or integration across these different departments and the city does not have an integrated environmental policy (Schiermeyer, 2011). Thus the environmental and climate protection function has been focused almost exclusively on the EPCPD. The stated mission of the EPCPD is to: "conserve biodiversity and the ecosystems goods and services it provides for the benefit of present and future generations; and plan for mitigation of and adaptation to the impacts of climate change" (EPCPD, 2010: 3).

While the EPCPD aims to achieve climate change adaptation with projects that focus on the likely impacts of climate change on both low and high income people living in the municipality (Roberts, 2008), the municipal Energy Office focuses on climate change mitigation. These divisions in responsibility and the lack of an overall environmental policy in the city point to a lack of political will to address environmental, and specifically climate change issues. It is often left to environmental "champions acting alone" against firm internal resistance to drive the sustainability agenda (Clement, 19/11/2010, cited in Schiermeyer, 2011). The educational efforts of the municipality is complemented by that of state-owned enterprises, the private sector and

NGOs involved in low-carbon education at the city level, amounting to a mosaic of actors who organize awareness campaigns and other environmental interventions independently (Clement, 2010, cited in Schiermeyer, 2011).

The lack of coordination between municipal and non-municipal environmental education officers and agents described above, results not only in isolated and sometimes contradictory messaging, but also in the recurrent development of irrelevant awareness and education materials, with recommendations for citizens which are not practically implementable and not sufficiently differentiated (Schiermeyer, 2011). In apparent disregard of the citizens' great diversity, several public awareness and behaviour-change campaigns developed in Durban were inaccessible to the majority of the city's inhabitants. Some campaigns were criticised for exclusively addressing English-speaking, middle- and upper-class inhabitants (Zondo, 2010, cited in Schiermeyer, 2011).

At the launch of the report *Towards a Low-carbon City* in Durban, Diab (23/8/2011) pointed out that in South Africa the cities of Durban, Cape Town and Johannesburg produce 21% of South Africa's Green House Gas (GHG) emissions, so city level governance is critical to climate change mitigation. The report recommends a "multi-level governance approach" in the building of a wider consciousness about climate change, where citizens and citizen groups form one level in this governance structure. One such example of this form of governance was the establishment of the Durban Climate Change Partnership which was endorsed by a broad range of stakeholders at Durban's Climate Change Summit in 2009.[35] It was agreed that the partnership should involve

---

35 See http://www.durban.gov.za/durban/services/development-planning-and-management/epcpd/copy_of_mcpp/durban-climate-change-partnership.

public and private representatives to support climate advocacy and communication, ensuring that Durban has a unified climate protection message, and co-ordinating stakeholder climate action. Despite this probably being a much more innovative and effective approach than the dominant individualist one, recent research has revealed the huge challenges of achieving an integrated and co-ordinated approach to climate change communication programmes (Leck, 2011; Schiermeyer, 2011). Unfortunately, this probably lowers the chances of such a participative governance approach to be mainstreamed anytime soon.

The chapter now turns to review a selection of environmental education programmes in the city that have attempted to "produce" low-carbon citizens.

4. A Critique of Durban's "Innovative" Low-Carbon Education Programmes

Conversely to the critique uttered in this chapter, Durban's climate governance approach has won many international awards, gaining the city a reputation as a "pioneer in the field of climate protection" (Deputy Mayor Logie Naidoo, 23/8/2011). Thus, the city enjoys international recognition as a model for innovation in urban lifestyle trends towards a more sustainable future. It is our claim that this view is misleading; as such alleged innovation is rather contributing to perpetuate a business-as-usual scenario by means of diverting attention from the root causes of climate change and reinforcing unsustainable production and consumption patterns.

This section presents a selection of programmes and projects that claim to be either "models" of good low-carbon practice or "information sharing programmes" which "communicate particular standards of responsible conduct" required to produce low-carbon society (Death, 2011: 7). The section critically analyses aspects of the following programmes/projects in Durban:

- *Imagine Durban*: The Long Term Plan 2010 and Innovations in Local Sustainability;
- *Greening Durban 2010 Programme*: Green Guidelines associate with the FIFA World Cup 2010.

Imagine Durban

Imagine Durban is a council-led project focusing on integrated, long-term planning. It has produced the *eThekwini Long Term Plan: 2010*[36] (eThekwini Municipality, 2010a; eThekwini Municipality, 2010b).[37] As a signatory to global environment conventions, the eThekwini Municipality is committed to reducing its carbon footprint and, through the partnership networks of this programme, to induce its citizens to accept the new "ways of thinking" about a low-carbon future. These ways of thinking are largely based on natural science evidence and technical innovations and more often than not produced by natural scientists converting science into policy and technology. At the urban scale, *Imagine Durban* has been a major site where these new ways of creating low-carbon citizenship have emerged. It is a process about mobilizing government and civil society organisations and business to "*imagine where we want to be in the future.*"[38]

---

[36] This project has been implemented in conjunction with Sustainable Cities, an NGO from Vancouver, Canada and the PLUS Network and has been funded through the Canadian International Development Agency (CIDA).

[37] The Melbourne Principles developed at the 2002 Earth Summit in Johannesburg were used to guide the development of the Imagine Durban Plan (eThekwini, 2010b: 3).

[38] See http://www.imaginedurban.org/index.php/About-Imagine-Durban.html.

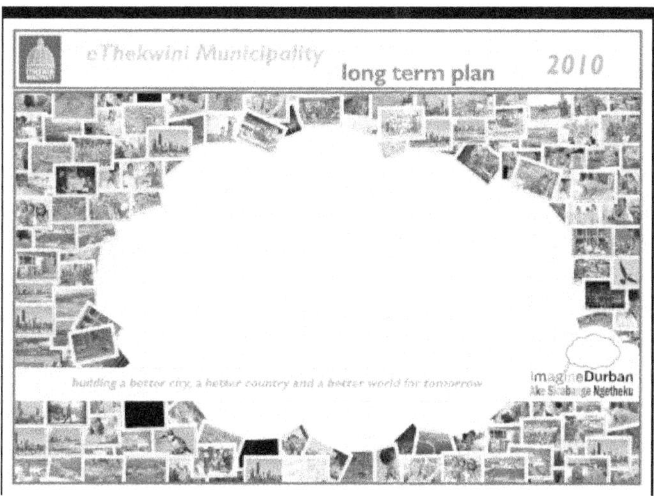

Plate 1: *eThekwini Municipality: Long Term Plan 2010.*

The Long Term Plan 2010 was a process of metaphorically "imagining" a better future, with the city's stakeholders in civil society, business and government being the actors or "dreamers". The development of the Plan claimed to provide an innovative framework for the construction of a long term future for the city of Durban. This more visionary approach to planning, which reaches out to ordinary citizens claims to present a more inclusive approach, derived from the views of all sectors of society, differing substantially from the conventional bureaucratic and technical processes involved in devising long term planning goals. In this consultative and deliberative process, which lasted over two years, a set of six themes was defined for the long term future of the city: creating a safe city; promoting an accessible city; creating a prosperous city for all; celebrating our cultural heritage, arts and heritage; ensuring a more environmentally sustainable city; and fostering a caring and empowering city (eThekwini,

2010b). Schiermeyer (2011) provides evidence from city officials who suggest that the initiative "went well beyond the usual culture of consultation at local government" and hence it represents an innovative and democratic approach to dealing with environmental issues in the city. However, although developed in a participatory manner, the Long Term Plan 2010 remains a draft to be interrogated and modified through the political process of the Council, after which it will become a regulatory tool to guide development and environmental planning in the city in the long term. The Imagine Durban Long Term Plan 2010 claims to be innovative as it has permitted the inclusion of a range of "publics" in the process of producing the main strategies to act on now "so that we can achieve our dreams for Durban" (eThekweni Municipality, 2010c). However, it remains to be seen what influence the "views from below" will have on the final Long Term Plan accepted by the Council and how much the Plan will include "good practice" being undertaken by ordinary people -those who imaged a new future- in the city.

The Long Term Plan encourages its readers to "find out how *you* can make a difference by actually implementing the strategies" (eThekwini, 2010b: 35) (Plate 1). The Plan has nine strategies, each of which has 10, 20 and 50 year targets (eThekwini, 2010b). Under each strategy is an action list for individuals, civil society, business, local government and provincial and local government to guide them as to what they can do to achieve the sustainable future that they "imagined" in the process of constructing the plan. Swyngedouw (2005, 1993) notes that in forms of networked planning, such as the Long Term Plan 2010 studied here, there is usually a "tension between the stated objective of increasing democracy and citizen's empowerment on the one hand, and their undemocratic and authoritarian character on the other".

The strategy of "ensuring a more environmentally sustainable city" is analysed in detail here as it contains a Climate Change Preparedness Strategy. The very language used in the strategy reflects the individualistic focus of the approach. For example, the lack of a subject in all the sentences, with the sentences commencing with a verb, effectively circumscribes the message to the individual person, thereby marginalizing any possible courses of action relying on a sense of community or shared responsibility, and thus putting the onus on the individual to undertake particular actions as a question of personal, moral responsibility. The potentially positive environmental effects of recommendations such as "*Choose* products with less packaging"[39] or "*Choose* forms of transport that result in no or less pollution"[40] notwithstanding, the critical issue at stake here remains that citizens are normatively being asked to behave in a certain way in relation to products and systems that they have very little control over influencing. These products and systems are designed and provided by business corporations and the state, in the face of which citizen choice is limited. The lack of adequate public transport in the city is a prime example, as this is the responsibility of the national and local state, which is doing very little to ensure that public transport becomes a viable alternative in the city. The "innovative" action plan for individuals in the city thus emerges, despite it nascent participatory beginnings, as a technocratic set of rules through which residents must temper and shift their behaviour, without the state providing appropriate systems and resources to support this change.

---

39 Strategy 5C: Integrated Waste Management Strategy.

40 Strategy 5D: Pollution Prevention.

The recently developed *Shisa Solar* programme (Plate 2),[41] where the local state provides subsidies to individual citizens who change to solar water geysers, constitutes a notable exception to the aforesaid. Through this programme, the state has provided structural support through a techno-fix solution to reducing green house gas emissions.[42] However, this type of actions are marginal to effectively shifting away from the carbon-intensive growth and investment agenda the state shows little evidence to intend stop pursuing; an agenda in the face of which any possible individual efforts to adopt greener lifestyle patterns seem laughable.

The chapter turns now to the example of a series of demonstration projects published as a collection: *Innovations in Local Sustainability* (eThekwini Municipality, 2010c) (see Plate 3). This collection presents a range of innovative sustainability demonstration projects developed by civil society and municipal departments. Contributions were solicited around the six themes of the Long

41 The word 'Shisa' means 'hot' in Zulu -the dominant language in Durban.

42 The Shisa Solar Neighbourhood Programme is part of the city's goal to increase renewable energy, has been established by the eThekwini Energy Office which was launched in Durban in early 2009 to promote green energy use in the city (http://www.shisasolar.org.za/).

Plate 2: Advert for *Shisa Solar* on bridge over N1 highway entering the city of Durban.

Plate 3: *Innovations in Local Sustainability: Good Practice from eThekwini.*

Term Development Plan, produced through Imagine Durban. The contributors are called the "champions" –who will lead the way to a low-carbon future (ASSAf, 2011).

Selected here for analysis is the chapter on the *Orange Bag Recycling Programme*, "dreamed up" by one of the contributors to the book *Durban Solid Waste.*[43] It is a large scale municipal domestic recycling project which works in partnership with the private sector and uses the "eye-catching orange bag" (eThekwini Municipality, 2010c)[44] (see Plate 4). The project states that "there has to be a change of mindsets and this has to be reinforced continuously" (eThekwini Municipality, 2010c: 90). The Orange Bag Recycling project states that "there is a need to share good practice" to increase domestic recycling (eThekwini Municipality, 2010c: 90).

Drawing on the work of Death (2011), demonstration projects can be interpreted as "ideal models". Demonstration projects are a specific kind of "strategy of advanced liberal government" in which the state plays an enabling and facilitative role as it shifts away from regulatory and hierarchical forms of rule. Death (2011) terms this as *exemplary governance* to inspire and persuade citizens and businesses to conform to "particular standards of responsible conduct". Recycling of paper and plastic by individual householders reduces resource and energy consumption significantly and thus constitutes a form of low-carbon behaviour.

---

43 In partnership with Mondi, a large paper manufacturing industry in Durban.

44 By 2010, this project was reaching 100.000 homes and saving more than 750 tons of waste per month from being land filled (eThekwini Municipality, 2010c).

Plate 4: The "eye-catching orange bags" used in the *Orange Bag Recycling Programme.*

The communication of the examples of sustainable development and low-carbon behaviour are thus achieved through this set of demonstration projects to a wider audience of individuals, business and municipal departments. Written in an accessible style, the publication *Innovations in Local Sustainability* functions as an advertisement for innovation and good practice.

The model of agency (Death, 2011: 14) in the demonstration projects is, once again, that of the "highly individualised, consumer based, choice-oriented subject". Hence the emphasis is on individual "champions" and the direction of technical solutions to individuals. This form of environmental education does not allow for the possibility of collective action and deliberative models of decision-making (Death, 2011). Also, it does not call for more fundamental change in citizens behaviour and consumption patterns, beyond the "technological quick fixes". There is no scope for institutional experimentation and deliberative solution-seeking in the public sphere. The individual is drawn into the realm of recycling as a form of positive environmental behaviour without questioning the processes that lead to such high consumption and the production of waste. The urgent need to "reduce and reuse" is lost against the sense of achievement of placing a full orange bag on the pavement each week.

By leaving the individualistic and behavioural approach unquestioned, the municipality's campaign reproduces a pre-established governance paradigm, namely the neoliberal convergence discourse. This takes for granted that the aggregation of individual consumer choices is the most legitimate and effective way to achieve low-carbon societies, thereby concealing a fundamental contradiction: while State-supported markets fuel an ever-increasing consumption desire among citizens –notably, *positional* consumption– through aggressive advertising and through artificially shortened product lifespans (real or perceived); at the same time, governments request citizens to assume the responsibility of "going green" by making small incremental adjustments to their lifestyles, which leave the root cause of high-carbon pathways untouched. This paradox, which marks a weak ecological modernization mode of governance, undermines the innovative character of Durban's low-carbon campaigns. While the system continues to rely on the ever-expanding consumption of trivial and disposable articles, superficial "green prescriptions" directed at citizens will contribute little towards achieving a truly low-carbon society.

Furthermore, the demonstration projects act to construct "sustainable subjects" privileging those actors who conform to the normative behaviour exhibited as model (Death, 2011). As a form of consensus building, this form of information sharing does not allow for debate and deliberation, as it "depoliticises environmental politics" and creates little space for deliberation around future visions (Death, 2011), thereby further undermining the alleged innovative character of these initiatives. The political implications are that demonstration projects reinforce the "dominant, hierarchical, state centric, elitist and rationalist models of politics" (Death, 2011: 2). The individualistic-behavioural bias of Imagine Durban's "deliberative" process of policy formulation is indicative of a lack of true innovation in sustainability.

Green Guidelines

The *Green Guidelines* were produced by the EPCPD as part of the *Greening Durban campaign* associated with the 2010 FIFA World Cup. The aim of the campaign is to promote a more resource, energy and cost-efficient way of designing, building and operating buildings and infrastructure throughout Durban (eThekwini Municipality, 2010d; 2010e; 2010f). The Green Guidelines series was developed to promote greater sustainability in the hospitality, business and domestic sectors for the 2010 FIFA World Cup, but it is proposed that it will also provide an important legacy for developments post-2010.[45] The Green Guideline Series consists of the following guidelines: Energy Efficiency; Water Conservation; Sustainable Waste management; and Green Landscaping. These contain "information and tools" which can be used by individuals in households, communities, businesses and schools.

Like the "good practice" demonstration projects, the *Green Guideline* series is typical of the "public deficit approach" in the creation of environmental citizens. In the definition of "scientific citizens" (Irwin, 2001), the conventional model is the "public deficit model" described earlier in this chapter. Programmes are thus designed to provide information for the public to "fill them in" with information about environmental problems and remedies so that they can act appropriately. The Water Conservation Guideline, for example, is a useful document filled with information about how to save water through the use of water saving behaviour and technologies. Simple and accessible information is provided on which showerheads, taps and flow regulators can be used to save water, how swimming pools should be managed, and how toilets, dishwashers and baths should be used.

The Green Guidelines for individuals and households furthermore encourage "responsible agency" where individuals are acting in the private sphere in their homes and gardens "to pursue a public good" (Patterson and Stripple, 2010: 347). Interestingly, however, in the case of Durban, access to technologies and innovations developed in the guidelines as drivers of "environmental citizenship"

---

45 See http://fifaworldcup.durban.gov.za/Pages/GreeningDurban2010.aspx.

(Rutherford, 2008) is very unevenly distributed among the population, revealing that the campaign is aimed exclusively at middle and upper-income households, thereby disregarding the living conditions of the poor who make up the majority of the urban population.

Through the lens of the Green Guidelines, hence, one last relevant type of bias in the Durban low-carbon policy is unveiled: The relative homogeneity of the campaign's target group is an indicator of a low level of inclusiveness in the attempt to enhance low-carbon citizenship. This bias towards the upper socio-economic layer of the population in low-carbon campaigns illustrates yet another aspect of the lack of innovative character of this policy approach, which helps to explain why the underlying "business-as-usual-with-a-green-tinge" mindset remains unchallenged. A higher degree of innovation could be expected through reaching out to all sectors of Durban's culturally, racially and socio-economically diverse population. After all, the conditions of provision of a "public good" are, by definition, of public concern. This would require developing multiple sets of specifically tailored low-carbon interventions, in consultation with representatives of different sectors and groups of society, to ensure that the most relevant issues and root causes underlying environmentally unfriendly behaviours are meaningfully addressed.

5. Conclusion

Local governments worldwide produce a range of environmental education programmes and demonstration models to induce their citizens to adopt low-carbon behaviour in the face of the challenge posed by climate change. These programmes are created by a range of departments within municipalities, particularly those departments tasked with the mandate of climate and environmental protection. These activities are part of initiatives undertaken by local and global networks of environmental organisations and thus similar approaches to environmental education become shared globally. The eThekwini Municipality in Durban, South Africa, is no exception, and is notable for its very early attempts to engage in these processes through its LA 21 programme. The municipality continues to invest in and produce environmental programmes that aim to shift the behaviour of its citizens towards a low-carbon future. These approaches to environmental and low-carbon education are aimed at the individual urban resident, mostly middle to upper income, who is provided with sets of guidelines and rules and demonstration models and in this way persuaded to take on the responsibility of reducing their carbon consumption. This model of education is based on a behavioural theory which assumes that individuals will change their behaviour when provided with relevant knowledge about what is best for the environment.

The chapter has provided examples from *Imagine Durban,* a project funded and executed in collaboration with international NGOs. This programme, particularly the development of the *Long Term Plan 2010* and the *Innovations for Sustainability,* claims to be novel and innovative as it has drawn in a wide range of stakeholders through an extensive participatory process to develop a new vision for the city. It has provided long term guidelines and models for the individuals, business and local government of the city to move towards a more sustainable future. However, the chapter, through a critical examination of a selection of these programmes, shows that the programmes are in fact not truly innovative, as they mask and depoliticise the real conflicts and debates around environment and development in the city and the country. While the Municipality implements programmes aimed at putting in place rules and guidelines for citizens to move towards low-carbon lifestyles and presents "good practice" models in the city, these processes ignore state support of large scale corporate and parastatal activity in the production of energy and resource exploitation (Bond, 2002; Carnie, 18/3/2010, Carnie, 10/11/11). Decisions made by the state about urban form, transport, economic development nodes and corridors, and pro-growth investment in large scale mega-projects do not reveal a commitment at state level to a low-carbon society or city. Pressure is placed on the individual to take responsibility for climate change mitigation, which deflects attention away from the lack of political will on the part of the state to make the critical and difficult changes required for climate change mitigation and adaptation at the city scale.

Prospects for a truly deliberative process to move towards a low-carbon future for the city lie perhaps in the Durban Climate Change Partnership. If invigorated, this institutional arrangement may prove useful in providing an experimental mechanism which could unlock the creative / emancipatory potential of civil society. Whatmore's (2009) concept of *competency groups* is one experimental methodology that could also be instituted as a mechanism to bring lay people, scientists, business and state representatives together to debate the complex economic, social and political issues around low-carbon futures. This strategy has been endorsed by the ASSAf (2011) report on a low-carbon future for Durban. However, strong leadership will be required to ensure that the partnership can overcome the weak ecological modernisation paradigm of governance and the dominance of the neoliberal economic growth model in the country and in the city.

References

Adger, N.; I. Lonrenzoni and K. O'Brien (2009), *Adapting to Climate Change*, Cambridge, Cambridge University Press.

ASSAf (2011), *Towards a Low-carbon City: Focus on Durban*, Pretoria, Academy of Science of South Africa.

Barnett, C. and D. Scott (2007), Spaces of Opposition: Activism and Deliberation in Post-Apartheid Environmental Politics, *Environment and Planning* A, 39, pp. 2612-2631.

Bond, P., (2002), *Unsustainable South Africa: Environment, Development and Social Protest*, Pietermaritzburg, University of KwaZulu-Natal Press.

Brand, P. (2007), Green Subjection: The Politics of Neoliberal Urban Environmental Management, *International Journal of Urban and Regional Research*, 31, 3, pp. 616-632.

Bulkeley, H.; H. Schroeder; K. Janda; J. Zhao; A. Armstrong; S. Yi Chu and S. Ghosh (2009), Cities and Climate Change: The Role of Institutions, Governance and Urban Planning, report prepared for the World Bank Urban Symposium on Climate Change, Marseille.

Carmin, J.; I. Anguelovski and D. Roberts (2011), "Urban Climate Adaptation in the Global South: Planning in an Emerging Policy Domain", forthcoming in *Journal of Planning Education and Research.*

Carnie, T. (10/11/2011), "Where Our Greenhouse Gases Come from", *The Mercury*, Durban.

Carnie, T. (18/3/2010), "Sour Taste over Eskom's Sweetheart Deals", *The Mercury*, Durban. See: http://www.iol.co.za/index.phpfsetid=1&click_id=3053&art_id=vn20100318073521496C224596#more.

Death, C. (2011), Summit Theatre: Exemplary Governmentality and Environmental Diplomacy in Johannesburg and Copenhagen, *Environmental Politics*, 20, 1, pp. 1-19.

Dierwechter, Y. (2006), Geographical Limitations of Neoliberalism: Urban Planning and the Occluded Terriorialist of Informal Survival in African Cape Town, *Space and Polity*, 10, 3, pp. 243-262.

Eden, S. (1998), Environmental Issues: Knowledge, Uncertainty and the Environment, en *Progress in Human Geography*, 22, pp. 425-432.

EPCPD, e. M. (2010), *Informative Brochure Describing the Mission and Mandate of the Environmental Planning and Climate Protection Department*, eThekwini Municipality, Durban, South Africa.

Ethekwini Municipality (2010a), *Phase ll: Imagine Durban Project*, Year End Report, July 2009-June 2010, eThekwini Municipality, Durban.

Ethekwini Municipality (2010b), *Imagine Durban's Long Term Plan*, eThekwini Municipality, Durban.

Ethekwini Municipality (2010c), *Innovations in Local Sustainability: Good Practice from eThekwini*, eThekwini Municipality, Durban.

Ethekwini Municipality (2010d), *Energy Efficiency Guideline*, eThekwini Municipality, Durban.

Ethekwini Municipality (2010e), *Water Conservation Guideline*, eThekwini Municipality, Durban.

Ethekwini Municipality (2010f), *Green Landscaping Guideline*, eThekwini Municipality, Durban.

Finger, M. (1994), From Knowledge to Action? Exploring the Relationships between Environmental Experiences, Learning, and Behaviour, *Journal of Social Issues*, 50, 3, pp. 141-160.

Freund, B. (2001), Brown and green in Durban: the evolution of environmental policy in a post-apartheid city, *International Journal of Urban and Regional Studies*, 25, pp. 717-739.

Hajer, M. (1995), *The Politics of Environmental Discourse*, Oxford, Clarendon Press.

Hajer, M. (2005), Rebuilding Ground Zero: The Politics of Performance, *Planning Theory and Practice*, 6 (4), pp. 445-464.

Hart, G. (2003), *Disabling Globalization: Places of Power in Post-Apartheid South Africa*, Pietermaritzburg, University of Natal Press.

Hattingh, A. C. (2009), *Quality of Life Survey 2008-2009, Easy Reader Version*, Durban, eThekwini Municpality, Corporate Policy Unit.

Hindson, D.; N. King and R. Peart (1996), *Durban's Tomorrow Today: Sustainable Development in the Durban Metropolitan Area*, North Central Council, Durban Metropolitan Area, Physical Environment Service Unit, Indicator Press.

Hobson, K. (2006), Bins, Bulbs and Shower Timers: On the "Techno-Ethics" of Sustainable Living, *Ethics, Place and Environment*, 9, 3, pp. 317-336.

Huber, M. (2009), The Use of Gasoline: Value, Oil and the "American way of life" *Antipode*, 41, pp. 465-486.

Huq, S. and H. Reid (2009), Mainstreaming adaptation in development, en Schipper, E. L. F. and I. Burton (eds.), *Adaptation to Climate Change*, Earthscan, London, pp. 313-322.

Irwin, A. (2001), Constructing the Scientific Citizen: Science and Democracy in the Biosciences, *Public Understanding of Science*, 10, 1, pp. 1-18.

Jaffee, D.; J. Kloppenburg and M. Monroy (2004), "Bringing Home the 'Moral Charge': Fair Trade within the North and within the South", paper presented at the Meeting of the Latin American Studies Association, Las Vegas, Nevada, October 7-9, 2004.

Leck, H. J. (2011), *Rising to the Adaptation Challenge? Responding to Global Environmental Change in the*

Durban Metropolitan Region, South Africa (Working title), PhD thesis, work in preparation.

Leck, H. J.; C. Sutherland; D. Scott and G. Oelofse (2011), "Social and Cultural Barriers to Climate Change Adaptation Implementation in SADC", *Barriers to Climate Change Adaptation Implementation in SADC*, Africa Institute of South Africa.

Lövbrand, E.; J. Stripple and B. Wiman (2009), Earth System Governmentality: Reflections on Science in the Anthropocene, *Global Environmental Change*, 19, pp. 7-13.

Oelofse, C.; D. Scott; J. Houghton y G. Oelofse (2009), "Ecological Modernization or Alternate Approaches: New Tools for Sustainability in South Africa", en Mol, A.; D. Sonnenfeld and G. Spaargaren (eds.), *The Ecological Modernization Reader: Environmental Reform in Theory and Practice*, London, Routledge.

Owens, S. and L. Driffill (2008), How to Change Attitudes and Behaviours in the Context of Energy, en *Energy Policy*, 36, pp. 4412-4418.

Paterson, M. and J. Stripple Whatmore, S. (2009), Mapping Knowledge Controversies: Science, Democracy and the Redistribution of Expertise, en *Progress in Human Geography*, 33, 5, pp. 587-598.

Paterson, M. and J. Stripple Whatmore, S. (2010), My Space: Governing Individual's Carbon Emissions. Environment and Planning D, *Society and Space*, 28, pp. 341-362.

Republic of South Africa (2010), "New Growth Path: The Framework". See http://www.info.gov.za/view/DownloadFileAction?id=135748.

Roberts, D. (2008), Thinking Globally, Acting Locally: Institutionalising Climate Change at the Local Government level in Durban, South Africa, en *Environment and Urbanisation*, 20, pp. 521-537.

Roberts, D. (2010), Thinking Globally, Acting Locally: Insitutionalising Climate Change within Durban's Local Government, en *Civis*, num. 3, June 2010.

Roberts, D. and N. Diederichs (2002), *Durban's Local Agenda 21 Programme 1994-2001: Tackling Sustainable Development*, Durban, Natal Printers.

Rutherford, S. (2007), Green Governmentality: Insights and Opportunities in the Study of Nature's Rule, *Progress in Human Geography*, 31, 3, pp. 291-307.

Schiermeyer, E. (2011), *Addressing Barriers to Environmental Citizenship: a comparative socio-ecological study on urban environmental education*, M. Soc. Sc. thesis, School of Development Studies, Durban, University of KwaZulu-Natal.

Scott, D. and C. Barnett (2008), Something in the Air: Science, Environment, and Contentious Urban Politics in Post-Apartheid South Africa, Geoforum, Special Issue on the *Politics of Science*, 40, 3, pp. 373-382.

Scott, D. and C. Oelofse (2009), "The Politics of Waiting: Environmental Governance in South Africa", paper presented at the Association of American Geographers, Las Vegas, 22-27 March, 2009.

Scott, D.; C. Sutherland and C. Forrest (2010), *The challenges of reducing public carbon consumption in a developing country: the case of South Africa*, unpublished paper, School of Development Studies, Durban University of KwaZulu-Natal.

Skea, J. and S. Nishioka (2008), Policies and Practices for a Low-Carbon Society, *Climate Policy*, 1, pp. S5-S16.

Smith, M. J. and P. Pangsapa (2008), *Environment and Citizenship: Integrating Justice, Responsibility and Civic Engagement*, London, Zed Books.

Swyngedouw, E. (2005), Governance Innovation and the Citizen: the Janus Face of Governance-beyond-the-State, *Urban Forum*, 42, 11, 1991-2006.

Urquhart, P. and D. Atkinson (2000), *A Pathway to Sustainability: Local Agenda 21 in South Africa*, University of Cape Town, UCT Environmental Evaluation Unit.

Walker, G. and N. Cass (2007), Carbon Reduction, 'the Public' and Renewable Energy: Engaging with Socio-Technical Configurations, *Area*, 39, 4, pp. 458-469.

Whatmore, S. (2009), Mapping Knowledge Controversies: Science, Democracy and the Redistribution of Expertise, *Progress in Human Geography*, 33, 5, pp. 587-598.

SECCIÓN III
COOPERACIÓN INTERNACIONAL EN EL ÁMBITO DE LAS ENERGÍAS RENOVABLES

Gobernanza global para la producción sustentable de biocombustibles: entre la definición de criterios y reglas de juego

Gastón Fulquet

The generalized use of biofuels as a possible solution to the problems derived from climate change or as an engine for rural economic development of laggard regions seems to be showing its limits. Some of the social and environmental risks associated to its production have awakened among participative actors of the global biofuels market the need for sustainability standards. Despite the efforts promoted by intergovernmental and private multilateral organisms to establish a governance frame at a global level, a single structured multilateral international regime able to regulate over sustainability criteria for the production of biofuels has yet not emerged. This article examines the reach and limits of the most significant initiatives that currently address this collective problem, highlighting two aspects of North-South relations: on the one hand the search by the European Union to position itself as the rule maker in the biofuel global market; on the other the prominence attained by the so-called emerging powers who push for incorporating their vision to a sector that has not yet completely define the rules of the game.

1. Introducción

El aumento de la demanda global de energía ha requerido la búsqueda de nuevas fuentes que garanticen niveles de crecimiento económico sostenidos. Entre estos nuevos tipos de energía, los biocombustibles se han convertido en los últimos años en un tema prioritario para varios gobiernos alrededor del mundo, traduciéndose en el desarrollo de políticas de promoción para la producción de biocombustibles en más de una veintena de países. En la actualidad, muchos de estos países han avanzado hacia el establecimiento de mandatos para su incorporación como mezcla en los combustibles utilizados por el sector de transportes.[46]

Detrás de dicha decisión, los países encuentran una variedad de motivaciones para producir y/o implementar el uso obligatorio de biocombustibles a nivel nacional. Lo cierto es que los biocombustibles han configurado un mundo dividido entre países principalmente productores y países principalmente consumidores, lo que a simple vista anuncia una relación de interdependencia con potencial para convertirse en beneficiosa de manera mutua.

El desarrollo inicial de la industria de biocombustibles tuvo como prioridad capturar beneficios económicos inmediatos, llevando a los primeros grandes jugadores dentro del sector a implementar acciones no acompañadas por criterios mínimos de sustentabilidad. Desde entonces, la producción de biocombustibles comenzó a asociarse no solo ya a ciertas oportunidades, sino también a una serie de riesgos colaterales a nivel socioambiental. Estos efectos nos muestran que la manera en que los biocombustibles

---

46 Tomando algunos casos a modo de ejemplo, EE.UU. cuenta con un mandato federal de 9 billones de galones desde 2008 y con vistas a alcanzar los 36 billones de galones para el año 2022, mientras que la UE establece un objetivo del 5,75% de biocombustibles en los combustibles usados para el transporte para 2010 y del 10% para 2020. Brasil, por su parte, cuenta con una obligación de mezcla del 25% de etanol en sus combustibles y se ha propuesto como meta incorporar el 5% de biodiesel en combustibles diésel para 2013. Finalmente, Argentina cuenta desde julio de 2010 con un corte del 7% de biodiesel en la mezcla de diésel (Resolución 554/2010, Secretaría Energía) y etanol del 5% en naftas (Resolución 733/2009).

son producidos es un importante determinante del éxito o el fracaso de este modelo de desarrollo alternativo.

El establecimiento de criterios de sustentabilidad globalmente armonizados en la producción de este bien ocupa un lugar central en los más recientes debates en torno a las estrategias de gobernanza global a ser adoptadas para el sector de los biocombustibles. Sin embargo, hasta la fecha, lejos de contar con un marco de gobernanza multilateral efectivo capaz de establecer estándares universales de sustentabilidad en la producción, observamos la proliferación de iniciativas y sistemas de certificación por parte de gobiernos nacionales y organizaciones internacionales que se multiplican a gran velocidad.

Este artículo se propone presentar algunas de las tensiones más relevantes en torno a la cadena productiva global de biocombustibles en la actualidad, así como examinar los aportes de las principales iniciativas vigentes para el establecimiento de criterios de sustentabilidad. Por último, se evaluarán las oportunidades y los límites de estas iniciativas para orientar la gobernanza global del sector en una dirección capaz de reportar beneficios mutuos y resolver el problema en cuestión, sin perder de vista cómo la dimensión de poder se hace presente en las interacciones de los actores que forjan el rumbo del sector.

2. Principales tensiones en relación con la cadena productiva global de biocombustibles

La inclinación de varios países hacia la producción y el consumo de biocombustibles responde al hecho de que los biocombustibles constituyen una fuente de energía eficiente en términos de reducción de emisiones de gases de efecto invernadero (GEI) a la atmósfera (Farrell *et al.*, 2006; Petersen, 2008; EEA, 2008; PNUMA, 2009). Asimismo, se afirma que los biocombustibles brindan mayores márgenes de maniobra en términos de seguridad energética, pues al incorporar su uso se reducen los niveles de dependencia externa de petróleo.

Numerosos países de la Unión Europea (UE), así como varios Estados federales líderes en Estados Unidos, se destacan como parte de ese grupo. Si bien inicialmente se promovió el sector de biocombustibles como medio para fomentar el desarrollo rural, en los últimos años se han reorientado bajo el discurso de la necesidad de reducir los niveles de emisiones de GEI. La Convención de Naciones Unidas contra el Cambio Climático ha tenido un rol clave en el cambio de rumbo asumido por los países europeos.

No obstante, entre los países miembro de la UE la oferta regional de este tipo de combustibles no es suficiente para satisfacer la demanda actual (Rozemberg *et al.*, 2009; Altieri, 2009; Arístegui Sierra, 2009; Franco *et al.*, 2010). Debido a ello, la importación de biocombustibles desde otras regiones se ha convertido en una condición para el cumplimiento de los mandatos nacionales y regionales de incorporación de energías renovables.

Del lado de la oferta, la presencia de esa demanda insatisfecha incentivó a muchos países con ventajas comparativas naturales -generalmente ubicados en el hemisferio sur- a pensar en políticas nacionales para la especialización en el sector de los biocombustibles como estrategia de crecimiento económico. Este conjunto de países busca valerse de sus favorables condiciones climáticas y geográficas para aumentar sus exportaciones y así ampliar su competitividad internacional. Asimismo, la experiencia ostentada por varios de ellos en el sector agrícola ha dado lugar al surgimiento de ciertas ventajas competitivas que refieren a una serie de innovaciones tecnológicas tales como el uso de plantas genéticamente mejoradas o la implementación de modernas prácticas agrícolas, como el sistema de siembra directa potenciando las ventajas comparativas naturales.

América del Sur, el Sudeste Asiático y algunos países africanos constituyen en la actualidad las principales regiones desde las cuales emergen numerosos países que con gran competitividad han sabido incorporarse al mercado global de los biocombustibles[47] por vías del desarrollo de una pujante industria que los posiciona entre los principales productores globales. No obstante, es posible observar una serie de tendencias que afectan a este conjunto de países de producción más eficiente y a su participación en la cadena global de biocombustibles.

En primer lugar, en base a sus ventajas comparativas y competitivas, se evidencia una tendencia creciente en el flujo de inversiones en el sector de biocombustibles por parte de empresas transnacionales con destino hacia estos países. Es dable destacar que la producción de biocombustibles llevada a cabo por estas empresas en los países de producción más eficiente tiende mayoritariamente a ponderar al mercado de exportación por sobre el mercado interno. Esta tendencia no es exclusiva de América del Sur (Argentina, Colombia, y en menor medida, Brasil, Paraguay y Uruguay), sino que se reproduce en otras regiones del mundo siendo exponencial el cambio de uso de la tierra hacia la producción de cultivos funcionales a la industria de los biocombustibles con destino hacia los mercados de exportación (Bastos Lima, 2009; Charles *et al.*, 2009). Por lo tanto, se evidencia en el sector la existencia de una división Norte-Sur en la que las economías más desarrolladas

---

47 Exceptuando a EE.UU., la Unión Europea y Canadá, los principales productores globales de biocombustibles están representados por economías emergentes o en desarrollo. En el caso del bioetanol encontramos a países como Brasil, China, India, Tailandia y Colombia. En la produccion de biodiesel se destacan Brasil, Argentina, Tailandia, Malasia, Colombia, China e Indonesia.

participan como los principales consumidores, mientras que las economías emergentes son más que nada los proveedores globales

En segundo lugar, nos encontramos ante el problema de la brecha tecnológica entre Norte y Sur. En gran parte de los casos, la tecnología utilizada por las empresas radicadas en los países de producción más eficiente responde al modelo de importación de plantas "llave en mano", cuyo desarrollo tecnológico ha tenido lugar exclusivamente en los países del Norte. A pesar de que se trata de una tecnología de baja complejidad, el mercado está dominado principalmente por tecnología europea con una amplia presencia tanto en Asia -Malasia e Indonesia, sobre todo- como en América Latina -Brasil, Colombia, México, Perú y Argentina- (NNFCC, 2007; Mathews *at al.*, 2009).[48] Se observa entonces que la distribución de tareas en torno a la producción global de biocombustibles reproduce elementos de una relación asimétrica, ya que los países del Sur tienden a especializarse en innovaciones técnicas para la producción de los insumos utilizados (materias primas), mientras que los países del Norte concentran las principales innovaciones en términos de los desarrollos tecnológicos que agregan valor a esos insumos en la elaboración del producto final (los biocombustibles en sí).

Por último, es fundamental resaltar las implicancias que el aumento de la demanda global de biocombustibles está provocando sobre el entramado social y el mismo

---

[48] Recurriendo al caso Argentino como ejemplo, podemos afirmar que una abrumadora mayoría de las grandes empresas productoras de biodiesel del país utilizan plantas de tecnologías europeas (Lurgi, Westfalia, Desmet Ballestra, Crown Iron Work), siendo minoritario el desarrollo y uso de tecnologías locales. De las nueve grandes empresas, siete utilizan plantas importadas de Europa. Estas empresas fueron responsables del 66% de la capacidad instalada de producción de biodiesel en el país y de más del 90% de las exportaciones de ese bien durante el año 2010.

entorno ambiental en determinadas regiones de los países principalmente productores. Esa orientación dio origen a un fuerte debate global sobre los reales beneficios del reemplazo de combustibles fósiles por un uso generalizado de los biocombustibles, poniendo en relieve la importancia de la sustentabilidad como variable a tener en cuenta para su producción y su uso.

Entre los principales argumentos en contra de la expansión de la producción y el uso de biocombustibles, encontramos el problema del desplazamiento de la frontera agrícola sobre áreas con bosques nativos. Este hecho no solo es causal de la pérdida de biodiversidad, sino también de aumentos en los niveles de emisiones como resultado de convertir "sumideros" en fuentes emisoras de gases de efecto invernadero (Greenpeace, 2008; Neuburger, 2008; Flacke *et al.*, 2009; Altieri, 2009). La situación se agrava cuando las zonas deforestadas son utilizadas con fines agrícolas debido a que la labranza de la tierra libera un enorme caudal de emisiones (Candell *et al.*, 2007; Tomei *et al.*, 2010).

Adicionalmente, la deforestación también es causal de importantes desequilibrios en el entramado socioeconómico a nivel regional. La evidencia empírica muestra una fuerte correlación entre el avance de la monocultura y el desplazamiento de poblaciones rurales. La demanda global de biocombustibles ha estimulado la compra corporativa de tierras por parte de grandes empresas, desplazando a pequeños productores o destruyendo empleos tanto en América Latina y África (Fritz, 2008; Franco *et al.*, 2010; Lin, 2010, Domínguez *et al.*, 2010) como en el Sudeste Asiático (Ariza-Montobbio *et al.*, 2010; Borras *et al.*, 2010).

A esos impactos sobre las sociedades se suman los llamados de atención de parte de la Organizaciones de Naciones Unidas para la Agricultura y la Alimentación (FAO) vinculados con la competencia existente entre la producción agrícola que se destina a la alimentación y la elaboración de biocombustibles y sus impactos sobre los precios de los alimentos con efectos altamente nocivos para las poblaciones de menores ingresos del planeta (FAO, 2008, 2009). Con esto salta a la vista que la inclinación hacia la producción de biocombustibles como oportunidad para el desarrollo económico puede ser un arma de doble filo cuando dicha producción no es acompañada por una estrategia de desarrollo sustentable y protección socioambiental.

La inexistencia de un acuerdo global efectivo capaz de establecer estándares universales que regulen el desarrollo sustentable de la producción de biocombustibles agrava estas tensiones. Como veremos a continuación, la industria de biocombustibles se presenta en la actualidad como un sector con reglas y líneas de acción que no gozan de una legitimidad multilateral, lo que refuerza hacia adentro del sector la persistencia del quiebre Norte-Sur.

3. Gobernanza internacional en las iniciativas para biocombustibles sustentables

En la última década, el concepto de gobernanza ha ganado creciente atención en la literatura sobre estudios de política internacional. Este concepto se refiere en términos amplios al establecimiento y la operacionalización de una serie de reglas de conducta que definen prácticas, designan roles y guían la interacción para lidiar con problemas colectivos (Young, 1994). En materia de política ambiental global, Najam *et al.* (2006) consideran que la gobernanza resulta de un proceso de confluencia e interacción entre una suma de actores, quienes por medio del diseño y la implementación de instrumentos, mecanismos financieros, procedimientos y normas procuran de manera coordinada regular ciertos aspectos relativos a la protección ambiental global.

En el sector de los biocombustibles el desarrollo de un régimen internacional estructurado permitiría establecer las reglas de juego básicas para orientar modelos de desarrollo sustentables que reporten oportunidades y ganancias para los participantes involucrados. Contrariamente la realidad presenta una tendencia marcada por la proliferación de iniciativas en múltiples niveles, que bastante se aleja del ideal de un régimen internacional único.

A nivel global conviven instancias cooperativas de carácter intergubernamental con otras multisectoriales que canalizan las demandas y representan los intereses de una multiplicidad de actores con proyección internacional (gobiernos, empresas, organismos no gubernamentales). En segundo lugar, a nivel regional se ven representadas las iniciativas promovidas por la UE, que agrupa a un número significativo de Estados con experiencia en la implementación de acciones conjuntas. Por último, un tercer nivel agrupa iniciativas domésticas promovidas tanto por gobiernos nacionales como por actores no estatales.

3.1. Principales iniciativas para el establecimiento de estándares de sustentabilidad

3.1.1. Iniciativas vigentes a nivel multilateral

Una serie de organizaciones internacionales específicas han sido promovidas desde la cooperación intergubernamental. A partir de los últimos años de la década de 2000, estas tomaron un activo rol en el establecimiento de criterios globales para una estrategia sustentable de producción de biocombustibles. Aunque la efectividad de estos foros para cumplir con los objetivos propuestos es discutible, presentan una de las pocas alternativas que ponen a disposición un espacio para la cooperación multilateral en pos de abordar este desafiante problema colectivo.

El Partenariado Global de Bioenergía (GBEP) lanzado en 2005 como iniciativa del G8+5 (Brasil, China, India, México y Sudáfrica) es una de las iniciativas intergubernamentales más relevantes en vigencia. Reúne a más de cuarenta gobiernos nacionales y una docena de agencias del sistema de Naciones Unidas y organizaciones intergubernamentales[49] involucradas en el desarrollo de principios y criterios de sustentabilidad para la producción y el comercio de biocombustibles con aspiraciones de adopción global (PNUMA, 2009).

El GBEP promueve entre sus principales objetivos la cooperación entre los miembros para el desarrollo de tecnologías sustentables orientadas a la producción de biocombustibles, siendo una instancia de difusión e intercambio de información intergubernamental en temas vinculados con el desarrollo de la bioenergía. En este marco, desde 2008 el grupo de trabajo sobre sustentabilidad (*Task Force on Sustainability*) se encuentra desarrollando una serie de principios y criterios voluntarios que permitan guiar el accionar y la toma de decisiones en relación con el sector de bioenergía por parte de los gobiernos nacionales.

---

49 Los miembros del Partenariado Global de Energia (*Global Bioenergy Partnership*, según su denominación en inglés) son los veintiún gobiernos nacionales de Alemania, Argentina, Brasil, Canadá, China, Colombia, España, Estados Unidos, Francia, Ghana, Holanda, Islas Fiji, Italia, Japón, México, Reino Unido, Paraguay, Rusia, Sudán, Suecia, Suiza, Tanzania. Entre los organismos intergubernamentales encontramos a la FAO, UNCTAD, PNUD, PNUMA, UNIDO, Fundación NU, UN DAES, Banco Interamericano de Desarrollo. Las organizaciones internacionales miembro son el Consejo Mundial para las Energías Renovables, la Asociación Europea para la Industria de Biomasa, la Agencia Internacional de Energía. A estos se suman veintiún gobiernos nacionales y ocho organizaciones internacionales más con estatus de observadores.

Otras acciones a nivel intergubernamental de más larga data han sido impulsadas desde ciertas organizaciones intergubernamentales con pertinencia en el tema, como la Organización de las Naciones Unidas para la Agricultura y la Alimentación (FAO), el Programa de Naciones Unidas para el Medio Ambiente (PNUMA), el Programa de Naciones Unidas para el Desarrollo (PNUD) o la Agencia Internacional de Energía dependiente de la organización para la Cooperación y el Desarrollo Económico (OCDE). Sus acciones se han centrado principalmente en el desarrollo de investigaciones, análisis técnicos y recomendaciones, más que en el establecimiento de marcos de acción para la implementación de criterios de sustentabilidad de alcance global. No obstante, estas organizaciones aportan con su conocimiento experto participando como miembros permanentes tanto del GBEP como de otros foros multisectoriales globales relevantes que se presentan a continuación.

Las iniciativas globales impulsadas desde el sector privado están dominadas por una serie de mesas redondas que agrupan a los principales actores que están vinculados a la cadena productiva de biocombustibles de diferentes orígenes (soja, aceite de palma, etc.). Impulsadas por una motivación comercial, estas mesas han emergido en los últimos años con el objetivo de evaluar los impactos y establecer criterios comunes de sustentabilidad en la producción global de los biocombustibles con vistas a crear esquemas de certificación voluntarios.

La Mesa Redonda de Aceite de Palma Sustentable tuvo su origen en el año 2004 por iniciativa del Fondo Mundial para la Naturaleza (WWF) con sede en Suiza.[50] Constituye

---

50 Su sede oficial se encuentra emplazada en Zurich, aunque con el fin de equilibrar su alcance geográfico cuenta también con una secretaría ubicada en Kuala Lumpur e incluso una oficina satélite de representación en Jakarta.

una iniciativa compuesta por actores de múltiples sectores cuyo principal objetivo es "promover el crecimiento y el uso sustentable del aceite de palma a través de la cooperación dentro de la cadena de producción y de un diálogo abierto entre las partes" (RSPO, 2004: 1) orientado hacia el establecimiento de estándares de alcance globales.

La Mesa Redonda de Biocombustibles Sustentables (RSB, por su sigla en inglés) es otra de las iniciativas internacionales privadas que reúne a múltiples sectores. Está coordinada por el Centro de Energía de la *Ecole Polytechnique* de Lausanne (Suiza), y cuenta entre sus miembros con una variedad de actores que representan al sector académico (universidades y centros de investigación), ONG ambientales y sociales, sindicatos vinculados al sector agrícola, organizaciones intergubernamentales, agencias de certificación y estandarización. Debido a esta variedad de actores involucrados se presenta como una iniciativa de gobernanza privada de alcance global.

Vinculada no directamente a la producción de biocombustibles -aunque sí con la producción sustentable de uno de los principales insumos para su elaboración-, se destaca la Asociación Internacional de Soja Sustentable (RTRS, por su sigla en inglés). Lanzada como iniciativa multisectorial en 2006, está constituida por los principales actores parte de la cadena de valor de la soja a nivel global.[51] Desde el año 2010, la asociación cuenta con una serie de criterios de sustentabilidad propios con los que busca conformar a lo largo de 2011 un esquema de certificación que permitirá a los productores de soja certificar su producción bajo estándares RTRS.

---

51 Tiene por objetivo "promover la producción de soja responsable a través de la colaboración y el diálogo abierto con los sectores involucrados para lograr que sea económicamente viable, socialmente beneficiosa y ambientalmente apropiada" (RTRS, 2010).

Más recientemente, el *Global Bio Pact* se suma a este conjunto de iniciativas globales. A diferencia de los casos anteriores, no constituye una mesa redonda, sino un proyecto de plazos preestablecidos (2010-2013) que agrupa a actores público-privados (empresas y centros de investigación, entre sus socios más representativos). Conformado a inicios de 2010, tiene por objetivo central desarrollar y armonizar los sistemas de certificación de sustentabilidad en la producción de biocombustibles. El proyecto no se propone crear un sistema de certificación como resultado del trabajo, sino brindar un análisis de los impactos reales de tal producción por medio del estudio de casos en diferentes locaciones alrededor del mundo.[52] A partir de ello se elaborarán indicadores y criterios de sustentabilidad cuya incorporación será recomendada a los sistemas de certificación vigentes. Es menester destacar que a pesar de su alcance global en cuanto a los miembros que la componen, esta iniciativa fue cofundada por la Comisión Europea como parte de su VII Programa Marco, y consecuentemente recibe apoyo financiero de este órgano regional para la implementación de su agenda de actividades.

3.1.2. Desarrollos recientes en la Unión Europea

Los crecientes niveles en la producción de biocombustibles continúan dejando su huella sobre el ambiente y las poblaciones en los principales sitios productivos. Las denuncias por parte de organizaciones ambientalistas y sociales en relación con los efectos nocivos de la producción de biocombustibles despertaron en la UE la necesidad de abordar este problema global desde la escala regional regulando las condiciones bajo las cuales

---

52 Evaluará los impactos de la producción y conversión de soja en Argentina, aceite de palma en Indonesia, jatrofa en Mali y Tanzania, caña de azúcar en Brasil y Costa Rica, biocombustibles de segunda generación en Unión Europea, EE.UU. y Canadá.

los biocombustibles continuarían siendo promovidos y consumidos hacia adentro del bloque.

A inicios de 2008, la Comisión Europea (CE) lanzó una iniciativa que proponía contar con el 20% de energías renovables en el consumo total de la comunidad para 2020, y un objetivo de sustitución del 10% de los combustibles convencionales por combustibles de fuentes alternativas también para ese año (CE/2008/0016). En 2009, la CE convierte aquella propuesta en legislación comunitaria a través de la *Directiva sobre Energías Renovables* (RED, por su siga en inglés), estableciendo que la incorporación de esos porcentajes de energías provenientes de fuentes renovables incluyen entre otros a la biomasa, los biocombustibles y al biogas.

Con el fin de limitar los daños de la producción de biocombustibles, la directiva estipula que los utilizados por países de la UE deben ser producidos en base a materias primas que cumplan con algunos requisitos de sustentabilidad para lograr ser contabilizados dentro de las obligaciones de uso de energías renovables. A su vez, se indica que el cumplimiento de estos criterios será evaluado en base a información provista por las empresas, por medio de sistemas de certificación o en base a acuerdos bilaterales y multilaterales.

Entre los requisitos mínimos establecidos por la normativa comunitaria en cuestión se destacan:

- La reducción de gases de efecto invernadero derivados del uso de biocombustibles debe ser del 35% como mínimo (artículo 17, apartado 2).
- Los biocombustibles producidos a partir de materias primas procedentes de tierras que hasta el 1º de enero de 2008 constituían bosques primarios, zonas protegidas, prados y pastizales con rica diversidad, no podrán ser utilizados para cumplir con el requisito del 10% de sustitución (artículo 17, apartado 3).

- La prohibición a la utilización de biocombustibles provenientes de zonas con elevadas reservas de carbono como humedales, zonas arboladas continuas (artículo 17, apartado 4).

Debido a que varios países de la UE son grandes importadores de biocombustibles,[53] luego de lanzar la Directiva RED la CE convocó a los sectores industriales, gobiernos y ONG a desarrollar esquemas de certificación aplicables a todos los tipos de biocombustibles. Dichos sistemas necesitan contar con el reconocimiento oficial de la Comisión para alcanzar una validez comunitaria. La promulgación de esta legislación comunitaria con vigencia desde enero de 2011 ha contribuido a una veloz multiplicación de iniciativas nacionales orientadas hacia el establecimiento de estándares de sustentabilidad y certificación de biocombustibles, tanto por parte de actores públicos como privados.

A la luz de las demandas que la membresía a la UE supone, algunos países europeos se orientaron en una primera instancia al establecimiento de regulaciones nacionales que introdujeron una cuota obligatoria de biocombustibles como mezcla en los combustibles utilizados por el transporte para alcanzar el objetivo de reducción de emisiones. Entre estas podemos destacar la Ordenanza de Cuota de Biocombustibles[54] lanzada por el gobierno alemán en el

---

53 La demanda externa de biocombustibles a fin de cumplir con los mandatos vigentes varía de país en país. No obstante, según datos de la Comisión Europea, la importación regional de biocombustibles de orígenes extrarregionales alcanzaba ya en el año 2007 el 26% del total de biodiesel consumido por los países europeos, siendo este porcentaje del 31% para el caso del bioetanol (CE Memo 10/247. Bruselas junio de 2010).

54 Dicha ordenanza establece la cuota de biocombustibles a ser incorporada como mezcla en combustibles fósiles, siendo de esta manera el primer Estado miembro de la UE en incorporar la Directiva RED en su ordenamiento jurídico interno.

año 2007, o el Programa de Obligación de Combustibles Renovables para el Transporte del Reino Unido[55] de 2008.

Posteriormente, en una segunda instancia, varios países miembros comenzaron a regular sobre los criterios mínimos de sustentabilidad con los que los biocombustibles utilizados por el sector de transporte deben cumplir. En Holanda, la formación del grupo de trabajo sobre "Producción Sustentable de Biomasa" de la Comisión Cramer[56] fue una pieza fundamental para dar origen al conjunto de criterios de sustentabilidad desarrollados. Desde marzo de 2009, el país cuenta con el Acuerdo Técnico Nacional 8080 (NTA 8080), promovido por el Instituto de Normalización Holandés, que ha establecido los requisitos de sustentabilidad para biomasa utilizada con fines energéticos en concordancia con la regulación comunitaria. El objetivo final es contar en 2011 con un sistema de certificación de biomasa (líquidos, sólidos y gaseosos) de alcance nacional.

Por su parte, el gobierno inglés, desde la Agencia de Combustibles Renovables y en el marco del Programa Nacional de Obligación de Combustibles Renovables para el Transporte, ha avanzado ya en el desarrollo de un sistema gubernamental de certificación de sustentabilidad de alcance nacional. Los Certificados de Combustibles Renovables para el Transporte (RTFC, por su sigla en inglés) son otorgados a las empresas expendedoras de biocombustibles

---

55 Este programa nacional, además de establecer el requisito de que los proveedores de combustibles deben incluir en la mezcla el 3,5% de biocombustibles para 2010 y 2011, también obliga a la compañías productoras a presentar reportes en torno a las reducciones de emisiones de gases efecto invernadero (GEI) y a la sustentabilidad de la producción de los biocombustibles.

56 Dicho proyecto fue lanzado en enero de 2006 y estuvo constituido por expertos gubernamentales nacionales, encabezados por Jacqueline Cramer, la ministra de Ambiente holandesa, y representantes del sector privado y tercer sector.

luego de que estas presentan un reporte de emisiones de GEI y sustentabilidad de los biocombustibles que proveen.[57]

Este sistema que se basa en reportes de sustentabilidad cuenta con estándares de responsabilidad ambientales y sociales establecidos por la regulación europea. En uno de los reportes bimestrales presentados en 2010 se indica que durante tal periodo en el Reino Unido se distribuyeron 292 millones de litros de los cuales el 65% es biodiesel y el 35% es etanol. Un dato interesante está en el origen de estos biocombustibles, ya que la fuente de biodiesel más reportada en el Reino Unido es la soja de origen argentino, mientras que en el caso del etanol, la fuente más reportada esta constituida por la caña de azúcar de origen brasileño.[58]

Alemania también cuenta con algunas iniciativas que merecen ser destacadas. En 2009 el gobierno lanzó la Ordenanza de Biocombustibles Sustentables (*BioKraft-NachV*, por su nombre en alemán) en vigencia desde julio de 2010. Según esta regulación, los biocombustibles que califican para la cuota obligatoria de energías renovables en el sector de transporte son aquellos producidos bajo los mismos requisitos de sustentabilidad estipulados por el artículo 17 de la Directiva Europea RED. Para cumplir con la regulación nacional, los biocombustibles que se comercializan en el país deben estar acompañados de un certificado de sustentabilidad llamado "prueba de sustentabilidad",

[57] Los reportes, presentados mensualmente, deben informar sobre el tipo de combustible que se despacha, insumo utilizado para su producción, proceso por el cual fue producido, país de origen, estándares, reporte de la cláusula europea respecto al uso de la tierra a partir del 1º de enero de 2008, reporte respecto de plantas en operación con anterioridad al 23 de enero de 2008 (RFA, 2010).

[58] Aproximadamente 74 millones de litros de biodiesel argentino y 30 millones de etanol brasileño, lo que suponen respectivamente el 39 y el 30% del total de cada biocombustibles despachado en el país. (RFA Monthly Report 26: 15 April-14 June 2010. Renewable Fuels Agency).

que es otorgado por cualquier agencia de certificación aprobada por la regulación europea 1221/2009.

En Alemania los sistemas de certificación son de origen privado y por ello deben estar aprobados por la Agencia Federal Alemana de Agricultura y Nutrición (BLE). Hasta la actualidad, el BLE ha aprobado a dos sistemas de certificación que surgen impulsados como iniciativas desde ciertas asociaciones y organizaciones no gubernamentales alemanas del sector de los biocombustibles. El primero en ser aprobado por el BLE en enero de 2010 fue el Sistema Sustentabilidad Internacional y Certificación de Carbono (ISCC, por su sigla en inglés), el cual, teniendo en cuenta los orígenes de los biocombustibles que se estaban importando en Europa, llevó adelante una serie de pruebas pilotos en América Latina, Asia y Europa con miras a crear un sistema de alcance global de certificación de la sustentabilidad de los biocombustibles. El segundo de ellos es el REDCert, que fue aprobado por el BLE en junio de 2010. Impulsado por las asociaciones y cámaras de biocombustibles europeas, este certificado fue desarrollado con el objetivo de crear un sistema de certificación de sustentabilidad no solo válido para Alemania, sino también con alcance comunitario (mercado europeo de biocombustibles).

3.1.3. Desarrollos recientes fuera de la Unión Europea

Por fuera de la UE también es posible encontrar a otros grandes productores con peso suficiente en el mercado global de biocombustibles como para poder incidir en el rumbo de la gobernanza global del sector. Entre estos países se destacan, desde el Norte, EE.UU., y como actores relevantes del Sur, Brasil y Argentina.

En primer lugar, Brasil no solo figura en el mapa global como uno de los principales proveedores globales de biocombustibles, sino también como el primer país sudamericano en desarrollar un esquema gubernamental de certificación para los biocombustibles que produce: el Programa Brasileño de Certificación de Biocombustibles.

En 2007, el Instituto Nacional de Metrología, Normalización y Calidad Industrial (INMETRO), dependiente del Ministerio de Desarrollo, Industria y Comercio Exterior, comenzó a establecer las bases de este programa de carácter voluntario, cuyo principal objetivo es reducir el impacto socioambiental de la producción de biocombustibles, y de esa manera "contribuir a la superación de posibles barreras técnicas al biocombustibles brasileño, facilitar el comercio exterior y el acceso a nuevos mercados".[59] El programa brasileño se presenta como un instrumento para resolver los problemas socioambientales con los que generalmente se asocia a la producción de biocombustibles en países del Sur Global. Por lo tanto, cuenta con un número de criterios de sustentabilidad con fuerte énfasis sobre el cumplimiento con la regulación ambiental y laboral, la protección, recuperación y conservación de la biodiversidad, y el desarrollo socioeconómico de áreas en torno a la producción.

A su vez, en el plazo en que INMETRO desarrolla el Programa Brasileño de Certificación de Biocombustibles, otras iniciativas han comenzado a emerger en el país. Un ejemplo en este sentido es el "Sello Combustible Social", que forma parte del Programa Nacional de Producción y Uso de Biocombustibles y del Ministerio de Desarrollo Agrícola.

La iniciativa lanzada por el gobierno nacional en el año 2005 incluye medidas tendientes a estimular la inclusión social a través de la agricultura. Como principal iniciativa se promueve la compra de materias primas por parte de empresas productoras a familias de agricultores bajo un precio preestablecido. El porcentaje mínimo de compras

---

[59] INMETRO. Disponible en línea: http://www.inmetro.gov.br/painelsetorial/biocombustiveis/index.asp.

con las que las empresas deberán cumplir a fin de garantizar el seguimiento de los requisitos del programa y gozar de sus beneficios depende de la región geográfica donde la producción toma lugar.[60] Los beneficios incluyen acceso a alícuotas, mejores condiciones de financiamiento, entre otros.

Tabla 1. Iniciativas de certificación de biocombustibles y criterios de sustentabilidad

INICIATIVA	NIVEL	ORIGEN	CRITERIOS DE SUSUTENTABILIDAD
Partenariado Global de Bioenergía (GBEP)	Global	Intergubernamental	Criterios e indicadores en etapa de desarrollo.
Mesa Redonda de Aceite de Palma (RSPO)	Global	Multisectorial	1) Compromiso con la transparencia en la información; 2) cumplimiento con las leyes y regulaciones aplicables; 3) uso de las mejores prácticas disponibles; 4) conservación de la biodiversidad; 6) derechos laborales; 7) desarrollo responsable de nuevas plantaciones; 8) compromiso en mejorar áreas claves.
Mesa Redonda de Biocombustibles Sustentables (RSB)	Global	Multisectorial	1) Respetar por leyes y regulaciones; 2) transparencia; 3) reducir emisiones de GEI; 4) garantizar derechos humanos y laborales; 5) contribuir al desarrollo social y económico local; 6) garantizar la seguridad alimentaria; 7) evitar impactos negativos sobre biodiversidad; 8) evitar degradación de suelos; 9) mantener y mejorar calidad de aguas superficiales y respetar derechos sobre agua; 10) calidad del aire; 11) tecnologías que deben maximizar eficiencia productiva y performance socioambiental; 12) respetar derechos de la tierra.

[60] Hasta mayo de 2010, participan del programa treinta grandes empresas productoras de biodiesel distribuidas más o menos uniformemente entre las regiones sur, sudeste, nordeste y norte, aunque con mayor concentración en la región centro-oeste (doce de las treinta empresas se ubican entre los Estado de Matto Grosso y Goiás).

Asociación Internacional de Soja Sustentables (RTRS)	Global	Multisectorial	1) Respeto de leyes y regulaciones locales y nacionales; 2) garantizar derechos laborales y beneficiar la participación de comunidades locales; 3) producción sustentable y reducción de emisiones GEI; 4) la expansión de soja sobre hábitat nativo no debe ocurrir luego de mayo de 2009; 5) mantenimiento y/o mejoramiento de calidad de tierras y provisión de aguas; 6) buenas prácticas de uso de agroquímicos; 7) control de pestes, especies y origen de nuevas semillas
Global Bio Pact	Global	Multisectorial	Criterios e indicadores en etapa de desarrollo.
Certificados de Combustibles Renovables para Transporte (RFA)	Nac.	Gubernamental (Reino Unido)	1) Evitar que la producción de biocombustibles destruya o dañe suelos con grandes cantidades de carbono almacenadas; 2) conservar biodiversidad y zonas de alta biodiversidad; 3) conservar suelos por buenas prácticas agrícolas; 4) uso sustentable de agua y evitar su contaminación; 5) resguardar la calidad del aire evitando quema como estrategia de despeje de terreno; 6) garantizar derechos laborales de trabajadores; 7) resguardar derechos de la tierra y relaciones entre comunidad.
Sustentabilidad Internacional y Certificación de Carbono (ISCC)	Global	Multisectorial (Alemania)	1) No podrán producirse en bosques nativos, áreas naturales protegidas; 2) ni en praderas con alta biodiversidad; 3) ni áreas de alta concentración de carbono; 4) la producción proveniente de áreas deforestadas luego del 1° de enero de 2008 no será certificada; 5) utilización de técnicas agrícolas que reduzcan la erosión en suelos; 6) uso de fertilizantes orgánicos; 7) prohibición de quema en cosecha; 8) evitar la contaminación de aguas superficiales y subterráneas; 8) política de salud, seguridad e higiene; 9) equipos y ropas de seguridad de trabajadores; 10) respeto de derechos laborales.
REDCert	Regional	Multisectorial (Alemania)	1) No podrán producirse en áreas con alta biodiversidad; 2) ni con bosques nativos, áreas naturales protegidas; 3) ni áreas de alta concentración de carbono; 4) la producción proveniente de áreas deforestadas luego del 1° de enero de 2008 no será certificada; 5) reducción de emisiones al menos en el 35%.

NEN	Nac.	Guberna-mental (Holanda)	1) Garantizar el balance positivo de emisiones de GEI en la cadena productiva; 2) respetar sumideros de carbono; 3) no poner en peligro provisión de alimentos; 4) no afectar biodiversidad protegida o vulnerable; 5) la calidad de suelos debe ser mantenida o incluso mejorada; 6) el agua superficial no debe ser agotada, manteniendo o mejorando la calidad; 7) la calidad del aire debe ser mantenida o mejorada; 8) contribuir a la prosperidad y el bienestar de trabajadores y poblaciones locales.
Programa Brasileño de Certificación de Biocombustibles	Nac.	Guberna-mental (Brasil)	1) Cumplimiento con regulación ambiental y laboral; 2) condiciones de trabajo adecuadas; 3) uso sustentable de recursos naturales; 4) protección, recuperación y conservación de biodiversidad; 5) protección del agua, suelo y aire; 6) desarrollo socioeconómico de áreas en torno a la producción.
Alianza para Biodiesel Sustentable (SBA)	Nac.	Multisec-torial (EEUU)	1) Reducción de emisiones GEI; 2) conservación energética; 3) calidad de suelos; 4) uso eficiente del agua; 5) calidad del aire; 6) conservación de biodiversidad; 7) utilización de insumos no genéticamente modificados; 8) eliminación de agroquímicos; 9) desarrollo de biocombustibles de segunda generación; 10) seguridad alimentaria; 11) desarrollo de las comunidades locales; 12) derechos para comunidades locales y trabajadores; 13) consumo local de producción.
CARBIO Sustainability Certification Scheme	Nac.	Privado (Argentina)	Criterios e indicadores en etapa de desarrollo.

Fuente: elaboración propia en base a datos de RSB (2009); RTRS (2010); SBA (2010); ISCC (2010); RFA (2010); NEN (2009); RSPO (2010), REDCert (2010).

Como podemos apreciar en la Tabla 1, además de existir iniciativas de certificación de sustentabilidad de los biocombustibles de origen gubernamental, también encontramos fuera de la esfera del mercado europeo algunos desarrollos cuyo origen se encuentra en el sector privado. En tal sentido, Argentina busca garantizar el acceso de su producción de biodiesel a la UE –su principal mercado de exportación- a través del desarrollo de un sistema de certificación de origen privado y alcance nacional. El mismo recibió el nombre de *CARBIO Sustainability Certification Scheme*, siendo desarrollado por la Cámara Argentina de Biocombustibles (CARBIO) con el apoyo del Ministerio de Agricultura, Ganadería y Pesca de la Argentina, así como del Instituto Nacional de Tecnología Agropecuaria (INTA).

Por lo tanto, el caso argentino denota una estrategia diferente a la brasileña. El sistema brasileño de certificación de sustentabilidad de biocombustibles ha sido promovido principalmente desde el sector gubernamental, con un fuerte foco sobre el mercado doméstico de biocombustibles. En cambio, en Argentina, debido al relevante lugar que el mercado externo ha jugado en el despegue del sector de los biocombustibles, las empresas agrupadas bajo la cámara son las que han dado impulso al desarrollo de un sistema de certificación de sustentabilidad.

En EE.UU., la Alianza para Biodiesel Sustentable (SBA, por su sigla en inglés) constituye una organización sin fines de lucro creada en el año 2006 como resultado de una iniciativa entre actores privados tales como productores agrícolas, organizaciones no gubernamentales campesinas y ambientales, organismos ambientales como la Agencia de Protección Ambiental de EE.UU. y el Laboratorio Nacional de Energías Renovables, académicos y expertos en el sector de energías renovables. Su accionar está dirigido a garantizar la sustentabilidad de la producción de la industria de biodiesel en EE.UU. a partir del establecimiento de un sistema de certificación independiente para la industria del biodiesel en ese país. Esta tarea busca ser acompañada de una estrategia de educación sobre cómo la producción local de biodiesel puede contribuir con la seguridad energética, económica y ambiental del país, promoviendo asimismo herramientas de sustentabilidad tanto para los consumidores como para los productores (SBA, 2010).

4. ¿Hacia dónde se orienta la gobernanza global de biocombustibles sustentables?

Luego de una breve caracterización del contenido de las iniciativas más relevantes bajo curso, se vuelve menester en este punto trascender la descripción para analizar las contribuciones de estas a la gobernanza global de biocombustibles sustentables. Al considerar la variedad de países involucrados en el mercado de los biocombustibles, hemos podido observar una diversidad de actores, perspectivas y estrategias de fondo asociados con su producción y consumo. Surgen entonces una serie de preguntas que nos llevan a pensar: ¿hacia dónde se orienta la gobernanza global de biocombustibles sustentables?; y en tal sentido, ¿cuál o cuáles actores tienen mayores capacidades para forjar ese rumbo?

En primer lugar, las iniciativas promovidas en el nivel global encuentran dos orígenes diferentes: el intergubernamental -con acuerdos promovidos desde partenariados entre gobiernos nacionales y organizaciones internacionales intergubernamentales- y el privado o multisectorial, que reúne las estrategias diseñadas por el conjunto de mesas redondas representantes de los diferentes actores privados que participen en la cadena productiva de biocombustibles.

Las iniciativas globales de carácter multisectorial merecen ser destacadas tanto por su rápida expansión en los últimos años, como por su capacidad de convocatoria visible en la cantidad de entes y empresas afiliadas a ellas. Sin embargo, no es tanto el número de miembros sino el grado de representatividad de los diferentes sectores el factor clave que permitirá que estas iniciativas definan unas reglas de juego que garanticen avanzar hacia la sustentabilidad del sector.

La Mesa Redonda de Biocombustibles Sustentables (RSB) se distingue por contar un amplísimo alcance geográfico y diversidad de actores con una mayoritaria presencia de actores representantes de la sociedad civil (ONG, sindicatos, centros de investigación) por sobre aquellos del sector privado. De los veinte miembros que a la fecha conforman la Junta Directiva de RSB, solo seis provienen de empresas productoras o comercializadoras de biocombustibles, lo que garantiza una diversidad de voces.[61] No obstante, este no es el caso en el resto de las mesas redondas, la cuales, a grandes rasgos, exhiben una abrumadora mayoría de representantes del sector empresarial, como grandes corporaciones del sector de agronegocios productores de materias primas -aceite de soja, de palma- en los principales países de producción eficiente (Argentina, Brasil, Paraguay, China, Malasia, Indonesia); representantes del sector agroindustrial como Cargill, Bunge, Monsanto, Louis Dreyfus, entre otras grandes empresas nacionales y transnacionales. Otro tipo de organizaciones como ONG ambientalistas y sociales están evidentemente subrepresentadas. Solo unas pocas organizaciones impulsan los intereses y las preocupaciones ambientales y sociales locales de aquellos afectados directamente por la producción de biocombustibles. De hecho, en el caso particular de RSPO, son las grandes organizaciones internacionales ambientales como la WWF, *Oxfam International* las que predominan.[62]

Una observación que se desprende de la información sintetizada en la Tabla 1 es que, si bien la mayoría de las

---

[61] Los miembros de la Junta Directiva de la Mesa Redonda de Biocombustibles Sustentable (RSB) puede consultarse accediendo a: http://rsb.epfl.ch/page-42453-en.html (febrero de 2011).

[62] De las once ONG miembros de RSPO, solo tres constituyen grupos locales (de Indonesia o Malasia), mientras que las otras representan grandes organizaciones ambientales internacionales con sede en países europeos (Reino Unido, Holanda, Suiza) o EE.UU. Para ver la distribución de los miembros, acceder a: http://www.rspo.org/?q=categorystat (febrero de 2011).

iniciativas cuentan con sus propios criterios de sustentabilidad, estos en gran medida se asemejan entre sí casi independientemente del nivel de aparición de la iniciativa (global, regional o nacional). Tal fenómeno se debe a que los criterios establecidos refieren a un conjunto de *metaestándares*, es decir, a un marco que reúne las mejores características de los estándares existentes y que cruza requisitos vinculados a prácticas agrícolas o forestales sustentables con ciertas consideraciones y garantías a nivel social. La aproximación hacia metaestándares es una de las maneras de lograr una armonización de los criterios a ser certificados por los diferentes sistemas, evitando que los productores deban certificarse bajo más de un sistema.

Este enfoque de metaestándares ha sido recogido por la UE, uno de los principales actores que influyen sobre el rumbo futuro de la gobernanza ambiental de los biocombustibles. En su posición de gran importadora,[63] la UE busca garantizar que los biocombustibles producidos regionalmente y los importados desde otras regiones cumplan con los parámetros europeos de sustentabilidad.

El diseño de esquemas de certificación en base a estos criterios por parte de otros actores extrarregionales, tal como hemos visto en los casos de Argentina y Brasil, da cuenta del alcance de la capacidad regulatoria de la UE, la cual trasciende los límites del bloque europeo. Desde el momento en que esos criterios son cumplimentados también por los jugadores extrarregionales que buscan

---

63 En el Reino Unido, el cumplimiento con el mandato nacional de bioenergía para el transporte se ha alcanzado vía la importación de biodiesel de Argentina y bioetanol de Brasil (RFA, 2010); en Holanda, el cumplimiento de su cuota se ha alcanzado a través de la importación de biodiesel producido en Malasia o bioetanol de Brasil (NEN, 2010); y en Alemania, el grupo de biocombustibles más importados es el de los provenientes de la soja y del aceite de palma con origen en regiones subtropicales como Argentina, Brasil, China y Malasia (BMU, 2009).

colocar sus exportaciones en la UE, se confirma la idea de una UE como poder normativo (Manners, 2002), es decir, como un actor con capacidad para difundir sus reglas y criterios internacionalmente. En tal sentido, los acuerdos de cooperación energética[64] y comercial en el campo de los biocombustibles entre la UE y otros países con gran capacidad de producción de este bien constituyen los canales por los cuales la CE logra tal objetivo.

No obstante, vale destacar que para la implementación de sus regulaciones, la UE ha optado progresivamente por apoyarse en las capacidades del sector privado, orientándose hacia una suerte de terciarización regulatoria (Lin, 2010). En el caso de los biocombustibles, esa estrategia se ve reflejada en el mencionado llamado realizado por la CE para el desarrollo de sistemas de certificación de sustentabilidad. Todos los sistemas desarrollados tanto dentro como fuera del espacio comunitario deben ser previamente aprobados por ese órgano jerárquico. Debido a la diversidad de tipos y orígenes de biocombustibles que son importados por la UE, los sistemas de certificación de sustentabilidad de biocombustibles europeos ya vigentes han debido desarrollar en su etapa de prueba una serie de pruebas sobre la gama de biocombustibles que ingresan desde afuera del espacio comunitario.

Si bien este esfuerzo significó una manera de silenciar las críticas que inicialmente acusaban a la UE de utilizar mediciones locales para biocombustibles producidos en otra regiones a partir de otros procesos y fuentes, es también evidencia de una búsqueda por parte de la UE por continuar liderando el rumbo de la agenda global en temas de política ambiental y desarrollo sustentable: la aplicabilidad de los

---

64 Entre algunos de estos acuerdos, destacamos por ejemplo el Partenariado de Energía UE-África (2008) y el Diálogo Energético UE-Brasil (2007). En ambos casos los biocombustibles ocupan un lugar estratégico.

criterios de la Directiva RED a otras latitudes es una manera de posicionar los criterios de sustentabilidad europeos como aquellos factibles de ser aplicados a nivel global.

4.1. Entre norte y sur: los emergentes en la gobernanza de biocombustibles sustentables

En referencia al creciente peso de los emergentes en el escenario global, Cooper, Antkiewicz y Shaw (2007) introducen, por medio de la denominación BRICSAM, a un grupo de poderes intermedios -Sudáfrica y México- que se acoplan al grupo de países emergentes clásicos, es decir, Brasil, Rusia, India y China. No obstante, al centrarnos en el cruce entre las dimensiones *país emergente* y *producción de biocombustibles*, esa lista de países se ve reducida, quedando Rusia excluida del grupo y siendo más pertinente la inclusión de otras potencias intermedias productoras de biocombustibles que en la actualidad representan importantes jugadores globales (como el caso de Argentina en América del Sur).

A diferencia de la UE, donde la concertación regional contrarresta la ausencia de un foro multilateral de debate de las cuestiones vinculadas con la sustentabilidad, América del Sur no constituye una región que actúe coordinadamente en el campo de los biocombustibles.[65] La existencia de una ruptura hacia adentro del subcontinente entre países promotores de los biocombustibles (Argentina, Brasil y Colombia) y países opositores (Bolivia y Venezuela, con reservas de hidrocarburos) debilita esa posibilidad. Asimismo, dentro del grupo de promotores sudamerica-

---

65 A pesar de que el MERCOSUR como bloque subregional cuenta desde 2007 con un Grupo Ad Hoc sobre Biocombustibles, este espacio no ha sido maximizado para una profunda discusión en torno a las externalidades que la producción de tal bien es capaz de arrojar en relación con la sustentabilidad.

nos de biocombustibles, la persistencia de una lógica de competencia por la captura de mercados extrarregionales ha obstaculizado la posibilidad de consensuar criterios de sustentabilidad regionales.

A pesar de ello, es innegable el peso que países como Brasil y Argentina ostentan en su rol de proveedores globales, quienes incluso luego de haber satisfecho la demanda interna de biocombustibles son capaces de destinar cuantiosos excedentes de producción a los mercado de exportación. Su calidad de grandes productores se ha traducido en una relativa capacidad para influir sobre el destino del sector. Al brindar sus aportes, defender sus intereses y ampliar sus capacidad propositiva, este conjunto de países está logrando transitar el pasaje de ser pasivos receptor de criterios y reglas (*rule takers*) a participar activamente de su configuración (*rule makers*). Varios hechos dan cuenta del nuevo rol que los emergentes juegan en el sector, y entre ellos, destacamos: (1) la apuesta por desarrollar esquemas propios de certificación de sustentabilidad; (2) la creciente participación de esos países en algunos de los foros intergubernamentales previamente mencionados; (3) la capacidad de iniciativa en la promoción de esfuerzos para la conformación de grupos de trabajo Norte-Sur específicos, como el Foro Internacional de Biocombustibles[66] o el Grupo de Trabajo Tripartido EU-Brasil-EE.UU.; por último, (4) la puja por la conquista de puestos de jerarquía

---

[66] Creado en marzo de 2007, este foro incluyó la participación de los productores y consumidores más importantes en aquel momento, tales como la UE, EE.UU., Brasil, India, China y Sudáfrica. A pesar de incorporar a actores del norte y del sur para el desarrollo de un acuerdo internacional sobre energía, este tuvo más bien una preocupación centrada en el establecimiento de un mecanismo de mercado de alcance global para estimular la producción y el comercio de los biocombustibles. Por lo que el problema central en torno a la sustentabilidad se mantuvo en un segundo plano.

en organismos internacionales con alta competencia en la materia bajo discusión.

Tal vez uno de los mayores potenciadores de tal posición esté dado por la existencia de una fuerte capacidad técnica en estos grandes emergentes de los biocombustibles. En América del Sur, la experiencia acumulada en el sector agrícola ha permitido en países como Argentina y Brasil el desarrollo de un *expertise* técnico de alto nivel, el cual ha favorecido la introducción de innovaciones posibilitando el desarrollo de pujantes industrias de biocombustibles.

En la Argentina, el Instituto Nacional de Tecnología Agropecuaria (INTA), dependiente del Ministerio de Agricultura, Ganadería y Pesca, ha desarrollado sus propios cálculos para medir el nivel de emisiones de GEI y el balance energético del biodiesel de soja producido en la Argentina. Tal desarrollo surgió a partir de la necesidad de demostrar ante la CE que los cálculos por defecto elaborados por el órgano técnico competente -el *Joint Research Center*- en los valores de reducción de emisiones de GEI para el biodiesel de soja[67] no reflejan los elevados valores de ahorro en emisiones obtenidos de la medición de todo el proceso productivo del biodiesel argentino (etapas agrícola, industrial y del transporte). Como consecuencia de ello, en la actualidad la UE se encuentra reconsiderando y revisando esos valores por defecto. Este hecho da cuenta de la importante ventaja para un país productor de contar con una capacidad técnica propia permitiendo una revisión de una disposición normativa de derecho comunitario con efectos que exceden al espacio europeo.

---

67 Según los requisitos de sustentabilidad de la Directiva RED, todo biocombustible usado por los países de la Unión Europea deben cumplir con un requisito de reducción mínima de GEI del 35% en comparación con las emisiones de los combustibles fósiles. De acuerdo a los cálculos por defecto presentados por el órgano técnico europeo, el biodiesel de soja no alcanzaría ese porcentaje de reducción.

En el caso de Brasil, luego de que las plantaciones de caña de azúcar en gran escala estuvieran asociadas con el desmonte en el Amazonas y en el Cerrado Brasileño (zonas de alta diversidad), con conflictos sobre la propiedad de la tierra y con la violación de garantías y derechos laborales básicos (Sawyer, 2008; Bastos Lima *et al.*, 2009), el gobierno brasileño se puso en acción para contar, a través de un sistema de certificación propio, con una mejor carta de presentación para sus mercados de exportación y poder brindar garantías sobre la sustentabilidad de su producción de biocombustibles. Estas tareas en torno a la sustentabilidad del etanol de caña de azúcar han sido desarrolladas por INMETRO con contribuciones por parte de Empresa Brasileña de Investigación Agropecuaria (EMBRAPA), dependiente del Ministerio de Agricultura, y con un fuerte empuje por parte de la Unión de la Industria de la Caña de Azúcar (UNICA).

A diferencia de la Argentina, el programa de etanol desarrollado por Brasil cuenta con el visto bueno de la comunidad internacional (UE y organismos internacionales tales como la OECD, FAO, etc.), por considerarlo muy eficiente en términos de reducción de emisiones de gases de efecto invernadero e impactos sobre los precios de alimentos (Wilkinson y Herrera, 2010). Aun así, la producción de etanol también requiere ser certificada, y en esa dirección, el desarrollo bajo curso de un sistema brasileño de certificaciones es un indicador de la capacidad técnica de este país.

En segundo lugar, Brasil fue el primer país sudamericano en desarrollar un sistema propio de certificación de sustentabilidad para biocombustibles. Ello da cuenta de una clara intención de posicionarse como líder en la estructura de gobernanza regional del sector, al proporcionar principios y criterios factibles de ser replicados por otros países productores y exportadores de la región. En este sentido, la búsqueda por el liderazgo regional es una de las características básicas que define a un país emergente.

El aprovechamiento de dichas ventajas técnicas y tecnológicas no se restringe al nivel nacional / regional, sino que también comienza a propiciar acciones de cooperación Sur-Sur. Una destacada iniciativa en tal sentido ha tenido lugar en el foro que componen India, Brasil y Sudáfrica (IBSA), donde los biocombustibles han sido considerados la punta de flecha para impulsar la transferencia tecnológica en este sector, principalmente desde Brasil e India hacia Sudáfrica y otros países en el continente africano (Mozambique, Angola, entre otros). De esta manera, el rol de los poderes intermedios en la cooperación Sur-Sur para producción de biocombustibles pareciera constituir una alternativa facilitadora del relegado proceso de transferencia de innovaciones tecnológicas. No obstante, esta estrategia tampoco se encuentra libre de críticas, sobre todo en relación con sus impactos sobre la sustentabilidad socioambiental.

5. Conclusiones

Entre las iniciativas vigentes que operan en diferentes niveles procurando el establecimiento de criterios de sustentabilidad, podemos afirmar que las de corte intergubernamental y alcance multilateral ocupan aún un lugar modesto. Esto en parte se debe a que en un sistema internacional caracterizado por el cumplimiento descentralizado de acuerdos multilaterales, los esquemas de carácter voluntario suelen no gozar de los más altos niveles de acatamiento.

Como hemos mencionado, el concepto de gobernanza está directamente enlazado con la posibilidad de una participación representativa de los diversos sectores o grupos de interés en los espacios de construcción de consenso. En el caso de las mesas redondas puede observarse una participación desequilibrada de los diferentes sectores en dos sentidos. En primer lugar, se identifica un desequilibrio en el tipo de actores que participan, ya que se encuentran en su mayoría dominadas por actores del sector privado, principalmente empresas vinculadas con la producción de cereales, maquinaria, y biocombustibles a gran escala. En segundo lugar, se evidencia un desequilibrio en la distribución geográfica de quienes participan, siendo mayoritaria la presencia de empresas, organizaciones e instituciones del Norte Global.

Como consecuencia, los criterios de sustentabilidad planteados en la mayoría de esas iniciativas no vinculantes son reflejo de los resultados de la interacción entre diferentes grupos de presión, tendiendo a primar los intereses de aquellos actores con mayor peso relativo. Así, el tamaño del mercado europeo y la existencia de una demanda insatisfecha en ese bloque se presentan como los principales atractivos que motivan a los grandes grupos empresarios exportadores de biocombustibles en los países de productores del sur a certificar su producción bajo estándares de la Directiva RED. Por lo tanto, todo pareciera indicar que los estándares de sustentabilidad establecidos por los países hacia donde se exporta la producción de biocombustibles son los que configuran los principios guía en materia socioambiental que las empresas en los principales países productores aplican en la gestión de su producción.

La instalada tendencia a trasladar las responsabilidades regulatorias de los Estados hacia esquemas de certificación de sustentabilidad que se presentan con carácter voluntario para empresas y productores es causa de dos efectos regresivos. En primer lugar, socavan las oportunidades para la emergencia de un régimen internacional vinculante. En segundo lugar, y como consecuencia del primer efecto, liberan parcialmente a los Estados del compromiso -tanto con las comunidades locales como con la comunidad internacional- de desarrollar e implementar políticas públicas a nivel nacional que protejan el bienestar del ambiente y de las poblaciones.

En esta coyuntura, la UE eleva su apuesta por fortalecer su propia política ambiental y energética regional por vía de la dimensión del relacionamiento externo de ese bloque. Favoreciendo el uso de aquellos biocombustibles y materias primas certificadas como sustentables de acuerdo al sistema europeo, la normativa europea proyecta efectos regulatorios indirectos también sobre las formas de producir este bien en otras regiones del mundo. Debido a que la sustentabilidad de la producción de estos combustibles se ha convertido en la condición de acceso a ese mercado, los criterios establecidos en la Directiva de Energía Renovable (RED) no solo obligan a los Estados miembro, sino también a cualquier otro jugador del sector que quiera comerciar con el mercado europeo.

Por lo tanto, la UE se posiciona hoy como el principal *rule maker*, estableciendo las reglas de juego para este sector. En esta dirección, el reciente despliegue de iniciativas de alcance global apoyadas por la CE, representada en el caso del *Global Bio Pact*, confirman la búsqueda por garantizar una participación activa del bloque en el establecimiento de reglas de juego. Dicha búsqueda parece orientarse no solo a la definición de parámetros de sustentabilidad, sino también a la promoción de los intereses de ciertos países y empresas líderes pertenecientes a este sector productivo-tecnológico en el bloque europeo, que continúan promoviendo iniciativas de cooperación internacional tal como la flamante Plataforma Europea de Tecnología para Biocombustibles.

No obstante, el creciente peso obtenido por los países emergentes en el sector de los biocombustibles hace de estos actores jugadores claves en la industria global, que aportan ciertos elementos novedosos en el desarrollo sustentable de los biocombustibles debido a su trayectoria y *know-how* técnico. Si bien es evidente que estos países, en la búsqueda de acceso a mercados, optan por incorporar los requisitos europeos a sus propios sistemas de certificación de la sustentabilidad, también es cierto que distan de constituir un grupo de pasivos receptores de las reglas definidas por la UE (*rule takers*). Por el contrario, las tendencias recientes muestran cómo los emergentes contestan desde el conocimiento experto las reglas que obstaculizan sus intereses, y desde el marco de la cooperación Sur-Sur despliegan incitativas propias que se orientan a incorporar la impronta emergente a la resolución del problema de la gobernanza global de los biocombustibles.

Referencias bibliográficas

Altieri, Miguel (2009), The Ecological Impacts of Large-Scale Agrofuel Monoculture Production Systems in the Americas, en *Bulletin of Science Technology & Society*, vol. 29, núm. 3, junio de 2009.

Arístegui Sierra, Juan Pablo (2009), Los biocombustibles desde la perspectiva del comercio internacional y del derecho de la organización Mundial del Comercio, n *Revista de Derecho (Austral)*, vol. 2, núm. 1, julio de 2009, Universidad Austral de Chile.

Ariza-Montobbio, Pere; Lele, Scharachchandra y Martinez-Alier, Joan (2010), The Political Ecology of Jatropha Plantation for Biodiesel in Tamil Nadu, India, en *The Journal of Peasant Studies*, vol. 37, núm. 4, octubre de 2010.

Bastos Lima, Mairon (2009), Biofuel Governance and Internacional Legal Principles: Is it Equitable and Sustainable?, en *Melbourne Journal of International Law*, vol. 10, núm. 2, octubre de 2009.

BMU (2009), Renewable Energies. Innovations for a Sustainable Energy Future, s/r, junio de 2009

Borras, Saturnino; McMichael, Philipp y Scoones, Ian (2010), The Politics of Biofuels, Land and Agrarian Change, an Editorial Introduction, en S. Borras Jr.; P. McMichael y I. Schoones, *The Politics of Biofuels, Land and Agrarian Change*, Londres, Routledge.

CE (2000), Green Paper: towards a European Strategy for the Security of Energy Supply, COM (2000), 769 Final, Comisión Europea, noviembre de 2000.

Charles, Michael; Ryan, Rachel; Oloruntoba, Richard; Von der Heidt, Tania y Ryan, Neal (2009), The EU-Africa Energy Partnership: towards a Mutually Beneficial Renewable Trasnport Energy Alliance?, *Energy policy*, vol. 37, núm. 12.

Cooper, Andrew; Agata Ankiewicz y Timothy M. Shaw (2006), Economic Size Trumps all Else? Lessons from BRICSAM, *Working Paper*, núm. 12, diciembre de 2006.

Crammer Commission (2007), Testing Framework for Sustainable Biomass, *Final Report from the Project Group Sustainable Production of Biomass*, Holanda.

Domínguez, Diego y Sabatino, Pablo (2010), La muerte que viene en el viento. La problemática de la contaminación por efecto de la agricultura transgénica en Argentina y Paraguay, en *Los señores de la soja. La agricultura transgénica en América Latina*, Buenos Aires, CLACSO.

EEA-European Environmental Agency (2008), Energy and Environment Report, *Reporte núm. 6*, noviembre de 2008.

FAO (2008), "Biofuels: Prospects, Risks and Opportunities", en *The State of Food and Agriculture*, Roma, Food and Agriculture Organization.

FAO (2009), Climate Change and Bioenergy Challenges for Food and Agriculture, *High Level Expert Forum*, Roma, 12-13 de octubre de 2009.

Farrell, Alexandre; Plevin, Richard; Turner, Brian; Jones, Andrew; O'Hare, Michael y Kammen, Daniel (2006), Ethanol Can Contribute to Energy and Environmental Goals, *Science*, núm. 311, American Association for the Advancement of Science, Washington.

Flacke, Johannes y Köckler, Heike (2009), Sustainability of Sugarcane Plantation and Biofuel Production in Brazil, en *Geographische Rundschau-International Edition*, vol. 5, núm. 2.

Franco, Jennifer; Levidow, Les; Fig, David; Hönicke, Mireille y Mendonça, María (2010), Assumptions in the European Union Biofuels Policy: Frictions with Experiences in Germany, Brazil and Mozambique, en *The Journal of Peasant Studies*, vol. 37, núm. 4, octubre de 2010.

Fritz, T. (2008), Agroenergía en América Latina: un estudio de casos de cuatro países: Brasil, Argentina, Paraguay y Colombia, en *Brot fur Welt Forschungs-und Dokumentationszentrum Chie-Lateinamerika.*

GBEP (2010), 8th Meeting of the GBEP Task Force on Sustainability, *Global Bioenergy Partership*, La Marsa-Gammarth, Túnez, mayo de 2010.

Greenpeace (2008), La demanda alemana de biodiesel de soja destruirá diez millones de hectáreas de bosques argentinos, Greenpeace Argentina, mayo de 2008. Disponible en línea: http://www.fao.org/fileadmin/templates/wsfs/docs/Issues_papers/HLEF2050_Climate.pdf

ISCC (2010), ISCC 202 Sustainability Requirements for the Production of Biomass, 19 de abril de 2010. Disponible en línea: www.iscc-system.org

Lin, Jolene (2010), The Sustainability of Biofuels: Limits of the Meta-Standrd Approach, en *The governance of Clean development. Working Paper Series* 011, diciembre de 2010.

Manners, I. (2002), Normative Power Europe: A Contradiction in Terms?, en *JCMS: Journal of Common Market Studies*, Vol. 40, 2, pp. 235-258, Blackwell Publishers Ltd.

Mathews, John y Goldsztein, Hugo (2009), Capturing Latecomer Advantages in the Adoption of Biofuels: the Case of Argentina, en *Journal of Energy Policy*, núm. 37.

Najam, Adil; Papa, Mihaela y Taiyab, Nadaa (2006), *Global Environmental Governance. A Reform Agenda*, International Institute for Sustainable Development.

Neuburger, Martina (2008), Globalisierung der ländlichen Räume in Lateinamerika - Chance oder Risiko für die Ernährungssicherung?, en *Mitteilungen der Geographischen Gesellschaft in München*, s/r.

NNFCC (2007), *Literature Review: State of the Art in Biorefinery Development*, Reino Unido, Tamutech Consultancy for National Non Food Crop Center, abril de 2007.

Petersen, Jan (2008), Energy Production with Agricultural Biomass: Environmental Implications and Analytical Challenges, en *European Review of Agricultural Economics*, octubre de 2008.

PNUMA (2009), United Nations Environment Programme Anual Report: Seizing the Green Opportunity, s/r.

REDCert (2010), System Principles, versión 1, mayo de 2010. Disponible en línea: http://www.redcert.org/

RFA (2010), Carbon and Sustainability Reporting within the Renewable Trasnport Fuel Obligation, abril de 2010, s/r.

RFA (2010), Climate of Opportunity, en *Ethanol Industry Outlook*, Renewable Fuels Association, febrero de 2010.

Rozemberg, Ricardo; Saslavsky, Daniel y Svarsman, Gabriela (2009), La industria de biocombustibles en Argentina, en *La industria de biocombustibles en el MERCOSUR*, Andrés López (coord.), Cap. 2, Red MercoSur.

RSB (2009), Principles and Criteria for Sustainable Biofuels Production, en *Roundtable on Sustainable Biofuels*, noviembre de 2009, s/r.

RSPO (2004), Statutes. Disponible en línea: http://www.rspo.org/files/pdf/RSPO%20Statutes.pdf. [Acceso: 2 de noviembre de 2010].

RSPO (2007), Principles and Criteria for Sustainable Palm Oil Production, s/r.

RTRS-Round Table on Responsible Soy Association (2010), Estándar RTRS para la producción de soja responsable, 10 de junio de 2010, s/r.

Sawyer, Donald (2008), Climate Change, Biofuels and Eco-Social Impacts un the Brazilian Amazon and Cerrado, en *Biological Sciences*, 363, 1498.

SBA (2010), Principles and Baseline Practices for Sustainability, Sustainable Biodiesel Alliance. Disponible en línea: http://sustainablebiodieselalliance.com/dev/BPS%20V.1.pdf.

Tomei, Julia; Semino, Stella; Paul, Helena; Joensen, Lilian; Monti, Mario y Jelsoe, Erling (2010), Soy Production and Certification: The Case of Argentinean Soy-Based Biodiesel, en *Adaptation and Mitigation Strategies for Global Change*, vol. 15, núm. 4, abril de 2010.

Vermeulen, Sonja y Cotula, Lorenzo (2010), Over the Heads of Local People: Consultation, Consent, and Recomepense in Large-Sacle Land Deals for Biofuls Projects in Africa, en *The Journal of Peasant Studies*, vol. 37, núm. 4, octubre de 2010.

Wilkinson, John y Herrera, Selena (2010), Biofuels in Brazil: Debates and Impacts, en *Journal of Peasant Studies*, 37, 4, pp. 749-768.

Young, Oran (1994), *International Governance: Protecting the Environment in a Stateless Society*, Ithaca, Cornell University Press.

Energías renovables en el MERCOSUR. ¿Un aporte al crecimiento sustentable?

Amalia Stuhldreher

What is the importance and the prospect of renewable energies in the context of sustainable development in Mercosur? The author traces regional, national and local developments in renewable energy policies and programs. Her focus is on the legal changes and state efforts to accommodate and promote the renewable energy industry and cooperation. Furthermore, it is also a comprehensive study on the implications of projects in neglected regions of the Mercosur such as in the Rivera and Tacuarembó departments of Northern Uruguay. The case study illustrates the complexity and interdependence of various local, national and regional factors and conditions at play. The analysis and contribution of this paper invites and paves the way for more research into the renewable energies role and potential in changing not only the status quo and the dynamics of sustainable development but also in regional synergies and collaboration.

1. Introducción

El presente artículo tematiza la importancia de las energías renovables en los países del MERCOSUR (Mercado Común del Sur) en términos de su potencial de promoción del desarrollo sustentable, focalizando en especial en las energías renovables no tradicionales, a fin de arriesgar una mirada a futuro.

De acuerdo con este objetivo, en primer lugar se hace referencia al tratamiento legal y al anclaje institucional del tema en el organigrama del MERCOSUR, mientras que en segundo lugar se considera la situación en los respectivos niveles nacionales. Dadas las implicancias concretas del tema en términos de desarrollo, en tercera instancia se tomará un caso testigo específico que no necesariamente es paradigmático, pero cuya elección apunta a reflejar eventuales repercusiones de las energías renovables para regiones postergadas del bloque sudamericano: concretamente se presenta el caso de la región norte del Uruguay (departamentos de Rivera y Tacuarembó), caracterizándola en términos de desarrollo humano y económico-productivo, y discutiendo la forma en la que el fomento de las energías renovables puede convertirse en factor catalizador de una nueva dinámica de desarrollo. Se apunta aquí a una lectura crítica acerca del modo en que temas que vienen ganando una fuerte impronta desde la agenda internacional son "traducidos" en clave regional-local. Finalmente, a manera de conclusiones se esbozan algunas perspectivas del tema en el marco del MERCOSUR, teniendo en cuenta las tendencias a nivel global y regional.

2. Energías renovables en el marco del MERCOSUR

Como ya se ha señalado en otros estudios (CEFIR, 2010), el objetivo de la integración energética regional reconoce antecedentes previos a la instancia del MERCOSUR: pueden mencionarse aquí la CIER (Comisión de Integración Eléctrica Regional), la OLADE (Organización Latinoamericana de Desarrollo Energético), así como el Tratado de la Cuenca del Plata, que permitió llegar con posterioridad a acuerdos bilaterales entre los países de la región.

Con el surgimiento del MERCOSUR en 1991 a través de la firma del Tratado de Asunción, el bloque establece el

SGT (Subgrupo de Trabajo) n.o 9 de energía, que focaliza su trabajo, en primera instancia, en la generación de energía eléctrica. En 1993, la Resolución n.o 57/93 del GMC (Grupo del Mercado Común) define criterios para coordinación de políticas nacionales y promueve en forma explícita la producción y el uso de energías renovables. Con la decisión del CMC (Consejo del Mercado Común) n.o 36/06 se crea en 2006 el grupo de trabajo especial sobre biocombustibles, con lo que los lineamientos al respecto toman un carril diferente que conduce en 2007 a la definición de un plan de acción en biocombustibles en forma específica.

En términos generales, puede afirmarse que el carácter intergubernamental de la cooperación en materia de energías renovables otorga una impronta característica al tratamiento del tema en el marco del MERCOSUR, donde, sin embargo, es posible distinguir situaciones diferenciadas.[68] Así, en el SGT n.o 9 es percibido por los actores involucrados como una necesaria y valorable instancia de *briefing*, de intercambio de información que permite una puesta a punto entre los representantes de los respectivos gobiernos sobre los avances nacionales. Sin embargo, la rotación de las presidencias pro témpore con sus diferentes énfasis temáticos, la alta rotación del personal, la irregularidad de la frecuencia de las reuniones, el trabajo discontinuo con una metodología poco operativa, así como las dificultades presupuestales, establecen limitaciones claras al accionar del subgrupo. A esto se suma el hecho de que es dificultoso el trasvase con los otros subgrupos de trabajo del bloque que de alguna manera tematizan las energías renovables a raíz de las características de los organigramas de los ministerios nacionales. Como consecuencia, la coordinación

---

68 Entrevista a los ingenieros Olga Otegui y Wilson Sierra de la DNETN (Dirección Nacional de Energía y Tecnología Nuclear) del Uruguay (6 de septiembre de 2010).

de políticas nacionales a la que aspira el SGT constituye al momento aún un objetivo distante.

Por otra parte, es posible percibir un mayor grado de avance en materia de biocombustibles: la creación de un grupo especial, con un plan de acción específico, establece una agenda que se procura mantener. En particular Brasil juega en esta instancia un rol de liderazgo clave. Consecuentemente, desde la creación del grupo se registran avances importantes tales como la obtención de una "fotografía" detallada sobre el grado de armonización de las normativas técnicas. Asimismo, los testimonios de los funcionarios permiten postular que la interacción alcanzada constituye un valor agregado específico que genera las precondiciones necesarias para la profundización de la cooperación, aunque se reconocen dificultades reales, tales como la ardua conciliación de los intereses nacionales diversos, así como el peligro de duplicación de esfuerzos dentro de la institucionalidad del mismo bloque.

Concretamente existe un gran potencial para la promoción efectiva de las energías renovables, que reside en la interconexión de redes ya existente, con corredores que posibilitarían a futuro proyectos de gran escala, teniendo en cuenta la Decisión del CMC n.o 10/98 de 1998 que apunta a complementar los recursos energéticos del bloque.

3. Energías renovables en los niveles nacionales

La situación energética de los miembros del MERCOSUR posee algunos rasgos comunes como así también características que los diferencian profundamente. Así, en términos generales se observa que la base de la matriz energética del bloque son los combustibles fósiles, aunque en relación con las energías renovables en Uruguay y en Paraguay la energía hidroeléctrica jugó históricamente un papel destacable. Durante la década de 1990, la impronta de las políticas de liberalización de los mercados y el impulso de las privatizaciones implicaron con matices diversos para algunos países del cono sur el ingreso de empresas privadas en las actividades de generación, transmisión y distribución de energía eléctrica, constituyendo la Argentina y Chile los casos paradigmáticos. En cuanto a la actualidad, los países del bloque se encuentran en general abocados a la búsqueda de fuentes alternativas de energía, con el Estado jugando un rol de peso pero sin registrarse cambios realmente significativos en la matriz de consumo (CEFIR, 2010).

Por otra parte, la situación de los miembros del MERCOSUR en lo tocante a las energías renovables difiere con claridad en función de los perfiles productivos de los respectivos países, de los marcos jurídicos vigentes, de los recursos disponibles, así como de las políticas sectoriales definidas.[69]

En el caso de Brasil, la energía eólica, los biocombustibles (en especial el etanol) y la energía generada a partir de biomasa (ocupando el segundo lugar mundial) han ganado particular importancia. Debe hacerse mención de su rol pionero en la definición de programas de fomento y de un marco regulatorio que encuadran la producción y el uso de las energías renovables, donde se destacan los siguientes hitos:

- 1975: Pró-Álcool (Programa Nacional do Álcool).
- 2002: Proinfa (Programa de Incentivo às Fontes Alternativas de Energia Elétrica), creado por la Ley 10.438/02, con sus modificaciones 10.762/03 y 11.075/04. Crea incentivos directos para sistemas basados en energía eólica, biomasa y minihidráulica, y

---

69 Para la consideración siguiente de las diversas situaciones nacionales véase: CEFIR (2010), Bellocq (2010), Vargas y Almada (2009), Baldoira (2009) y Dosil (2009).

cuya primera fase promueve la generación de 3.300 MW de dichas energías.

- Prodeem: (Programa de Desarrollo Energético de Estados y Municipios), que abarca 9.000 proyectos de potencia media de 0,5 MW.
- LER 2009: Licitación de energía eólica para iniciar en 2012.
- Ciudades solares: en Carginha, Juiz de Fora, Sao Paulo, Avaré y Birigui, así como los edificios públicos de San Pablo y Río de Janeiro.
- 2004: Programa nacional de Producción y uso de Biodiesel (agrocombustibles a partir de aceites y grasas), que incluye subsidios diferenciados según región, producto y tipo de productor primario).
- Planes de desarrollo PCH (pequeñas centrales hidráulicas de menos de 30 MW, pero también megaproyectos, tales como los de Belo Monte, Rio Madeira y complejo binacional Garabí-Roncador con Argentina.

En cuanto a la situación de la Argentina, las energías renovables no convencionales tienen una participación comparativamente menor, siendo tradicional la generación de energía a partir de biomasa (leña); en especial en las zonas rurales se aprovechan la energía solar y la eólica. Mientras que el biogás y los biocombustibles adquieren una creciente importancia, es incipiente el uso de la geotermia. En materia regulatoria cabe mencionar:

- 2001: Resolución 129/2001 de la Secretaría de Energía y Minería, que establece normas para biodiesel.
- 2001: Resolución 1076/01 de la Secretaría de Desarrollo Sustentable y Política Ambiental, que establece el programa nacional de biocombustibles.
- 2006: Ley 26.093: Régimen para biocombustibles.
- 2007: Reglamentación de la Ley por Decreto 109.

- 2006: Ley 26.190, que establece un régimen de fomento apuntando a que en diez años el 8% de generación eléctrica sea a partir de energías renovables.
- Reglamentación de la Ley por Decreto 562/09.
- Desde 2006 se habilita la compra y venta de energía eléctrica a través de resoluciones 220 (2007), 269 (2008).
- 2007: Decreto 140/2007, implementa Pronuree (Programa Nacional de Uso Racional y Eficiente de Energía)
- Ley 26.123, establece el régimen para el desarrollo de la tecnología, producción, uso y aplicaciones del hidrógeno como combustible y vector de energía.

Al momento, los principales programas vigentes y en planificación son:

- 2001: Programa Nacional de Biocombustibles.
- Plan Estratégico Nacional Eólico, que prevé la generación de 300 MW para 2012.
- GENREN (Generación con Renovables: Programa de Licitación de Energía Eléctrica de Fuentes Renovables): Licitación de Enarsa (Energía Argentina SA) EE001/2009 de generación eléctrica a partir de energías renovables (1000 MW).
- Permer (Proyecto de Energías Renovables en Mercados Rurales).
- Pronuree: (Programa Nacional de Uso Racional y Eficiente de Energía).
- Sistema de Información sobre Recursos Biomásicos.
- Estudio de prefactibilidad para utilización de residuos de industria arrocera y forestal en Entre Ríos.
- Estudio de pequeños aprovechamiento hidroeléctricos.
- Construcción de *Corpus Christi* con Paraguay (río Paraná), complejo Garabí con Brasil (río Uruguay), completar nivel de cota original de Yacyretá.

En cuanto a Uruguay, cabe señalar que ya desde el gobierno anterior liderado por Tabaré Vázquez se ha dado una amplia discusión sobre política energética con la participación de todos los actores involucrados, que apuntó a la formulación de lineamientos estratégicos también en el área de energías renovables. En 2008 el Poder Ejecutivo aprobó la política energética[70] que deberá regir hasta 2030, y en 2010 se dio el Acuerdo de la Comisión Interpartidaria para el diseño de una política de Estado en el área de energía. En particular, se busca reducir al mínimo la dependencia respecto al petróleo, llegando a la generación de 500 MW de origen renovable. Dentro del marco jurídico ya vigente, debe mencionarse:

- Decreto sobre promoción de las energías renovable: D.354/09.
- Ley de Eficiencia Energética: Ley 18.579.
- Ley de Agrocombustibles: Ley 18.195 y Decreto Reglamentario: D.532/2008.
- Ley de Energía Solar Térmica: Ley 18.585.
- Decreto de Relevamiento del Recurso Eólico: D.258/09.
- Decretos que promueven la compra de energía eléctrica a partir de energías renovables: D.77/06; D.397/07; D.296/2008; D.403/09.
- Beneficios fiscales: exoneración al IRAE, al Impuesto al Patrimonio; exoneraciones al amparo de Ley de Inversiones (n.o 16.906).

Respecto a los programas existentes, se destacan:

- Desde 2007: Programa de Energía Eólica (principales parques Sierra de los Caracoles y Nuevo Manantial, en Rocha).

---

[70] Los objetivos postulados son la independencia energética en el marco de integración regional, con políticas económica y ambientalmente sustentables para un país productivo con justicia social (Otegui, 2010).

- Licitación de UTE de parques entre 20 y 30 MW, por un total de 150 MW, contrato a veinte años.
- Cerca de la represa Salto Grande: planta de energía solar fotovoltaica, con apoyo de JICA (*Japan International Cooperation Agency*).
- Proyecto Piriápolis Ciudad Solar.
- Desde 2006: ALUR (Alcoholes del Uruguay), cuyos principales emprendimientos producen etanol en Bella Unión y biodiesel en Montevideo, en cooperación con las firmas COUSA (Compañía Oleaginosa SA) y CONAPROLE (Cooperativa Nacional de Productores Lecheros).
- Proyectos de generación a partir de biomasa: a nivel estatal: Las Rosas (residuos urbanos), Alur (Alcoholes del Uruguay) en Bella Unión (bagazo de caña de azúcar) y Montevideo (glicerol), así como proyectos privados.

En cuanto a Paraguay, la generación de energía a partir de biomasa (leña y carbón de leña) es tradicional, lo que determina una fuerte presión sobre el bosque nativo y una de las tasas de deforestación más altas de América Latina. Por su parte, la energía solar posee un potencial destacable y mayor que el de la energía eólica. Asimismo, los biocombustibles adquieren una importancia creciente:[71] la promoción del etanol a partir de caña de azúcar se orienta con fuerza al modelo brasileño, mientras que la producción de biodiesel a partir de grasas animales y aceites vegetales ha experimentado un enérgico crecimiento en los últimos años, pese a la falta de marco jurídico y políticas públicas específicas (CEFIR, 2010).

Los principales programas vigentes al momento son:

---

[71] Así, en 2007 se definió la obligatoriedad de mezcla de biodiesel del 1% en el diesel, 3% en 2008 y 5% en 2009.

- Tres grandes centrales hidroeléctricas: Acaray (nacional), Itaipú (Brasil), Yacyretá (Argentina). Para el megaproyecto *Corpus Christi* con Argentina se realizan estudios de factibilidad.
- 2004: PESE (Plan Estratégico para el Sector Energético), que plantea a la hidroelectricidad como base energética para el país.
- Plan Nacional de Eficiencia Energética, a ser elaborado por el Viceministerio de Minas y Energías.

4. Implicancias de las energías renovables para regiones postergadas del MERCOSUR: la región norte del Uruguay como caso testigo

4.1. Breve caracterización de la región norte del Uruguay

La región considerada abarca los departamentos de Tacuarembó y Rivera, ubicados el primero al norte del Río Negro y el segundo directamente limítrofe con Brasil. Ambos distritos se caracterizan por una escasa diversificación económico-productiva, siendo significativa la actividad primaria (ganadería extensiva, forestaciones, arroz), así como algunas industrias ligadas precisamente a la fase primaria (frigorífico, arroceras, fábricas de contrachapados y tableros instaladas en los últimos años), y el sector de comercio (donde la cercanía de la frontera con Brasil juega un rol importante).[72]

Desde el punto de vista poblacional, el censo de 2004 registró 90.489 habitantes para el departamento de Tacuarembó (lo que representa el 2,8% de la población total del país), así como 104.921 habitantes en el departamento

[72] Para un análisis detallado del perfil productivo de la región véase: Barrenechea y Troncoso (2005) y Barrenechea, Rodríguez y Troncoso (2008a, 2008b).

de Rivera (3,2% del país). Considerando los índices de desarrollo humano, ambos departamentos presentan una situación desfavorable dentro del *ranking* nacional de los diecinueve departamentos:

Tabla 1. *Ranking* de desarrollo humano por departamentos (Uruguay)

Departamento	*Ranking*
Artigas	19
Cerro Largo	18
Rivera	17
Tacuarembó	16

Fuente: IDH (2008) (PNUD).

4.2. Energías renovables: potencial de "ruptura" en la senda de crecimiento regional

Como señalan diversos estudios sobre desarrollo local, los desequilibrios, la polarización y la desigualdad territorial son elementos consustanciales al desarrollo histórico de la base económico-productiva y social del Uruguay (PNUD, 2010: 13), rasgos que hipotecan fuertemente el desarrollo del país. En una reacción algo tardía, el Área de Desarrollo y Planificación de la OPP (Oficina de Planeamiento y Presupuesto)[73] de la Presidencia de la Nación finalizó en agosto de 2009 una primera etapa de análisis prospectivo para apuntar a la planificación del

[73] La especial atención de este análisis a las acciones y los documentos de la OPP se ve justificada por su rol como un órgano de planificación central, que en la reforma de 1996 es consagrada como el ámbito privilegiado de relación con las intendencias departamentales para liderar la política de descentralización y para la promoción del desarrollo a través de la Comisión Sectorial (PNUD, 2010: 25).

desarrollo del Uruguay en el mediano y largo plazo, con horizonte en el año 2030 y más allá.

En ese marco se elaboró el documento "Estrategia Uruguay III Siglo. Aspectos Productivos" (OPP, 2009a), que presenta grandes desafíos desde la dimensión del desarrollo territorial. En este contexto, se plantea la necesidad de coordinación entre el nivel nacional y el nivel departamental (subnacional), tratando de valorizar el último pero incorporándole la dimensión regional. Así, se inició un proceso piloto de discusión de agendas regionales de desarrollo, que fue apoyado por el MTSS-DINAE (Ministerio de Trabajo y Seguridad Social de la Dirección Nacional de empelo), el MGAP-DGDR (Ministerio de Ganadería, Agricultura y Pesca de la Dirección General de Desarrollo Rural) y el MVOTMA-DINOT (Ministerio de Vivienda, Ordenamiento Territorial y Medio Ambiente de la Dirección Nacional de Ordenamiento Territorial), así como por los programas de Cooperación Uruguay Integra, Programa ART Uruguay (articulación de redes temáticas y territoriales para el desarrollo humano, de Naciones Unidas) y Unidos en Acción.

El estudio prospectivo mencionado identificó *trayectorias de los sectores de actividad económica*, tanto a nivel país como territoriales. Como cabía esperar, el cruce de las evoluciones sectoriales con las estructuras productivas de los distintos territorios determina evoluciones diferentes, con crecimientos regionales ampliamente divergentes. En particular, la región norte crece menos (el 3,4% anual) que el promedio del país (el 5,3%), haciendo evidente un atraso relativo que disminuye su participación en la generación de riqueza a nivel país (pasando del 7 al 5% del PIB uruguayo para 2030) (Troncoso, 2009: 14).

Concretamente, para la región norte el crecimiento esperado vendría por la consolidación de procesos ya en curso, de las fases primarias y secundarias de las agroindustrias de la madera y la carne y el cultivo de granos (soja y similares, ya que el cultivo y fase de arroz probablemente no registre un crecimiento significativo). Sin embargo, dicha evolución determina un techo para la región más allá del año 2030, dado que los incrementos de productividad del sector primario y la expansión de nuevas producciones, así como las inversiones planeadas en fases industriales, probablemente ya hayan agotado sus posibilidades de crecimiento en veinte años. Además, aun creciendo, esta evolución no llega a evitar la pérdida de posiciones frente a las regiones del sur. Dada la esperada reducción de la participación de la región en la generación del PIB nacional, el estudio postula el desafío de generar la diversificación productiva y de introducir actividades más intensivas en conocimiento, que permitan generar mayor valor agregado (OPP, 2009ª y 2009b).

En ese marco de pérdida de posiciones para la región norte, el estudio focaliza a las energías renovables -junto a las cadenas de valor en torno a lo forestal-maderero y la asociatividad de los pequeños productores rurales- como uno de los posibles ejes productivos que podría generar rupturas en la senda de crecimiento prevista para la región y quebrar los así llamados "techos" de crecimiento (para 2030 se proyecta un crecimiento para la región del 3,4%, menor al 5,3% promedio en el país) (OPP, 2009c: 6-10).

4.3. Emprendimiento en la región norte: proyecciones a futuro

Concretamente, los proyectos relativos a las energías renovables no convencionales aprobados por UTE (Usinas y Terminales Eléctricas) para los departamentos de Tacuarembó y Rivera hasta la actualidad son:

- Los Piques, de Weyerhaeuser, instalada en Tacuarembó, con una potencia de 10 MW (de los que vende 5 MW a UTE, Administración Nacional de Usinas y

Transmisiones Eléctricas): generación de energía a partir de residuos de madera propios provenientes de la planta de tableros y contrachapados.

- PONLAR SA, instalada en Rivera, con 5 MW de potencia (de los que vende 2,5 MW a UTE): generación de energía a partir de residuos de madera de FYMNSA (Forestal y Maderera del Norte SA).
- BioEner SA, instalada en Rivera, con 10 MW de potencia con subproductos de madera de URUFOR SA.
- Energía Renovable Tacuarembó (ERT)-FENIROL, instalada en Tacuarembó, con 10 MW de potencia, generados a partir de cáscara de arroz provenientes de la arrocera SAMAN, y de residuos de madera provenientes de fábricas de tableros y contrachapados tales como Weyerhaueser, URUPANEL SA y otras empresas madereras. ERT-FENIROL se destaca por ser una empresa creada expresamente para generación de energía eléctrica sobre la base de residuos comprados a terceros.

Como señala el estudio, para el período 2009/2010 se estima una inversión que superaría los US$ 50.000.000, con una proyección de creación de empleo del orden de los cien puestos de trabajo adicionales.[74] A largo plazo, las proyecciones de la OPP para la región Tacuarembó-Rivera (triple de la potencia de los proyectos ya instalados) permiten esperar un incremento importante de este sector de actividad económica, triplicando el VAB (valor agregado bruto) generado y pasando del 5,1 al 8,4% del VAB de la región (OPP, 2009b: 3; 2009a: 12):

Como resulta evidente del estudio, el potencial que se le asigna al sector está fuertemente relacionado con el

---

[74] Se calcula que el precio de la energía contratada por UTE sería de alrededor de US$/MW, con un factor de generación de aproximadamente el 80%.

desarrollo de la cadena forestal-maderera en la región norte: resulta aquí estratégica la cantidad de residuos forestales que permiten generar energía eléctrica y calor con los residuos de la biomasa. Sin embargo, es posible plantear el interrogante acerca de la suficiente disponibilidad de materia prima, dado que ya existen escenarios que vislumbran conflictos en torno a este tema.[75]

Por otra parte, cabe mencionar que la consideración tan focalizada en la energía producida a partir de biomasa oscurece el papel que podrían jugar también otros tipos de energía: el estudio de la OPP y los documentos conexos tratan muy esquemáticamente la energía eólica,[76] la que sin embargo ha ganado creciente importancia en la región. Cabe mencionar aquí:

- Serranías del Laureles: proyecto solar-térmico instalado en dicha comunidad del departamento de Tacuarembó, que agrupa a pequeños productores agropecuarios que se dedican al agroturismo.
- Cuchilla de Peralta, de Ladener SA: el parque planeado y en vías de obtener autorización como proyecto MDL (mecanismo de desarrollo limpio) contará con veinticinco molinos de certificación internacional de una potencia nominal de dos MW.[77]

---

75 El estudio señala asimismo otro tipo de posibles restricciones al crecimiento, tales como la disponibilidad de la infraestructura necesaria, así como de recursos humanos calificados en condiciones de asumir las previsiones. A esto se suman la cuestión del acceso a mercados (en particular, los términos de la relación contractual con UTE) y el tema de la regulación existente que determina el relacionamiento público-privado.

76 Los proyectos de la empresa alemana Sowi Tec de cuatro parques eólicos, uno de los cuales se ubicaría en Tacuarembó (336 MW). Asimismo existe del proyecto del corredor Cerro Largo-Tacuarembó en la Cuchilla de Haedo (entre 260 y 500 MW) que no ha registrado avances significativos (OPP, 2009b: 4; 2009c: 12).

77 Por tratarse de un proyecto de más de 10 MW se requiere la autorización ambiental previa, y a esos efectos se está desarrollando un Estudio de

5. Perspectivas a futuro

Como señala Gallicchio (2004), el desarrollo local como factor de democracia y desarrollo sustentable no surge por casualidad, sino como resultado del estado de cosas anterior, como una ruta diferente y alternativa de desarrollo nacional y regional. El tema de las energías renovables, dentro del conglomerado temático del desarrollo sustentable y la observación de los procesos que se dan en el territorio mismo, arroja algunas claves que pueden ser recogidas a manera de conclusiones.

En primer término, la vinculación que se da en los hechos entre el nivel local-regional con lo global: es evidente que los procesos de globalización de la economía, la política y la cultura tienen una incidencia cada vez mayor sobre los territorios y las sociedades "reales", sobre lo local. En particular, es interesante observar que en la segunda mitad de la última década los condicionantes sistémicos relacionados con el cambio climático, el desarrollo sustentable y la energía cobraron especial relevancia en la agenda global: así, factores tales como los informes de las cumbres de cambio climático, las presiones en particular de la comunidad científica y las organizaciones de la sociedad civil, así como el cambio de presidencia en Estados Unidos posicionaron estratégicamente dichos temas en la agenda internacional (Bizzozero, 2010: 7). En forma concordante, también la agenda interregional de la Unión Europea y América Latina tematiza en este período cuestiones tales como la promoción de las energías renovables (COM, 2009), mientras que en 2010 el Plan Estratégico del Gobierno

---

Impacto Ambiental que será presentado oportunamente. En términos de GEI (gases de efecto invernadero), se estima que la implementación del proyecto provocará una reducción de alrededor de 73.000 tCO2/año (CARBOSUR, 2010: 13-14).

Federal alemán, titulado *Alemania, América Latina y el Caribe: lineamientos del Gobierno Federal*, otorga una atención especial al mismo tema (Ministerio Federal de Relaciones Exteriores de la República de Alemania, 2010).

Como ya se mencionó, también el MERCOSUR como bloque regional, así como los países a nivel nacional, recogen en sus respectivas agendas y organigramas el tópico de las energías renovables. A nivel específico del bloque, el balance que efectúan los involucrados registra avances pese a los desafíos propios de la cooperación intergubernamental: la debilidad institucional, la falta de voluntad política en algunos casos y las dificultades presupuestarias son algunos de los déficits que se mencionan con mayor frecuencia. Por otra parte, existe coincidencia en cuanto al potencial que representa el accionar conjunto, que lleva a postular al MERCOSUR como eventual plataforma para la generación de reglas regionales de carácter propositivo a ser proyectada en ámbitos internacionales. Asimismo, a nivel operativo se señala el potencial existente para el desarrollo y la articulación de políticas regionales en la materia, destacándose la existencia de redes de interconexión.

Sin embargo, y pese a los avances señalados tanto a nivel de bloque como en los respectivos niveles nacionales, la observación de los procesos desde el territorio mismo pone de manifiesto algunos reduccionismos del proceso de "traducción en clave local-regional" de la agenda de las energías renovables. El análisis del caso específico de los departamentos de Tacuarembó y Rivera a partir de los estudios prospectivos de la OPP puede ser considerado relevante toda vez que dicho organismo es una instancia clave en el planeamiento del desarrollo del país, que a diferencia de otros programas nacionales busca hacerse efectivamente presente a través de procesos consultivos en el interior mismo del país, como en el caso de los talleres de agendas regionales aquí considerados. Sin embargo, sus estudios evidencian una consideración del tema específico de las energías renovables en estricta clave economicista: en ese sentido, los distintos documentos se refieren a este sector de actividad exclusivamente como factor dinamizador del crecimiento y sin hacer ninguna mención, ni siquiera casual, de la dimensión de sustentabilidad que podría pensarse debiera ser tenida en cuenta por la naturaleza de la propia actividad. Más allá del indiscutible valor de los esfuerzos relativos a la impostergable promoción del desarrollo económico de las regiones más desfavorecidas del país, llama también la atención la desconexión del tema de energías renovables con aspectos relativos a la política ambiental nacional.

De todas formas, estas impresiones se ven matizadas parcialmente si se tienen en cuenta estudios y documentos provenientes de otros organismos nacionales, en particular de la DNETN (Dirección Nacional de Energía y Tecnología Nuclear), que en su presentación e implementación de la política energética nacional tiene entre sus objetivos no solo la necesidad de reducir costos, de disminuir la dependencia de la matriz energética respecto al petróleo, y de promocionar las capacidades nacionales, sino que también incluye el cuidado medioambiental y el fomento de las energías renovables (Otegui, 2010; Sierra, 2010). Sin embargo, los funcionarios del organismo reconocen que su labor comunicacional y de difusión de la temática hacia el territorio del Interior del país dista aún de ser satisfactoria y debe fortalecerse. En ese sentido, es interesante registrar algunos esfuerzos novedosos que se han hecho en el Interior, en cooperación con otros organismos del Estado y que apuntan a un mejor conocimiento de las políticas de Estado sobre la materia, así como la promoción de los contactos entre los actores involucrados.[78]

---

78 Debe mencionarse aquí la convocatoria al Primer Encuentro Regional de Energías Renovables no Convencionales, organizado por la DNETN

En consecuencia, cabe subrayar la necesidad de fortalecer las estrategias comunicacionales y de concientización respecto a la temática de las energías renovables en vinculación con las políticas no solo energéticas, sino también medioambientales. Se impone asimismo articular las políticas divergentes entre los Estados del MERCOSUR, así como generar las condiciones que propicien procesos colectivos de aprendizaje en diferentes niveles (local, nacional, regional) que impulsen la necesaria modernización ecológica como nuevo modo de relacionamiento de la economía y la ecología (Pelfini, 2005). Resulta aquí indispensable el involucramiento de los actores locales, pero al mismo tiempo puede potenciarse la plataforma del MERCOSUR con el eventual compromiso de la futura agencia de desarrollo del bloque, así como optimizarse la articulación con la cooperación internacional en función de las demandas propias de los Estados miembros del bloque.

Referencias bibliográficas

Baldoira, Elena (2009), "Energía eólica: mercados eficientes y regulación", presentación en el seminario "Las energías renovables en el ámbito del MERCOSUR, sus Estados asociados y en el escenario internacional: su dimensión estratégica, productiva, ambiental y económica", Montevideo, 15 y 16 de octubre de 2009. Disponible en línea: http://plataformaenergetica.org/system/files/Seminario%20EERR%20%282%29.pdf.

---

junto con la Comisión Técnica Mixta del complejo hidroeléctrico de Salto Grande, que se realizó en noviembre de 2010, con amplia participación de investigadores, desarrolladores, proveedores, asociaciones profesionales y usuarios.

Barrenechea, Pedro y Carlos Troncoso (2005), *Tacuarembó: un análisis de su perfil socioeconómico y especialización productiva,* Tacuarembó, Agencia de Desarrollo de Tacuarembó.

Barrenechea, Pedro; Adrián Rodríguez y Carlos Troncoso (2008a), "Análisis de potencialidades para el desarrollo local y priorizar recursos", presentación efectuada en el seminario "Recursos endógenos, cadenas productivas, competitividad territorial y marketing territorial", Durazno, Programa ART, 3 de septiembre de 2008.

Barrenechea, Pedro; Adrián Rodríguez y Carlos Troncoso (2008b), Diagnóstico económico local. Análisis y priorización de los recursos económicos del departamento con potencialidad para un desarrollo local sostenible, en *Cuadernos para el Desarrollo Local,* Montevideo, Programa ART.

Bellocq, Pedro (2010), Marco jurídico de las energías renovables en Uruguay: oportunidades de negocios, en *Panorama MERCOSUR,* edición especial medioambiente y energías renovables, Montevideo, MERCOSUR-AHK, febrero de 2010, p. 8-9.

Bizzozero, Lincoln (2020), Las relaciones Unión-Europea-MERCOSUR. ¿Por qué debería cambiarse el formato de negociaciones para concertar un Acuerdo de Cooperación Estratégico?, en *Estudios del CURI,* 04, 10, Montevideo, CURI.

CARBOSUR (2010), *Proyecto "Cuchilla de Peralta" de generación de energía eléctrica a partir del viento,* documento resumen para consulta pública, Ladener SA.

CEFIR (2010), *Atlas de energías renovables del MERCOSUR,* Montevideo, CEFIR.

Comisión Europea COM (2009), 495/3 *Comunicación de la comisión al parlamento europeo y al consejo. La Unión Europea y América Latina: una asociación de actores globales,* Bruselas, 30 de septiembre de 2009.

Dosil, Jorge (2009), "Escenario actual y potencial de las energías renovables en la región", presentación efectuada en el seminario "Las energías renovables en el ámbito del MERCOSUR, sus Estados asociados y en el escenario internacional: su dimensión estratégica, productiva, ambiental y económica", Montevideo, 15 y 16 de octubre de 2009. Disponible en línea: http://plataformaenergetica.org/system/files/Seminario%20EERR%20%282%29.pdf.

Gallicchio, Enrique (2004), "El desarrollo local en América Latina. Estrategia política basada en la construcción de capital social", presentación efectuada en el seminario Córdoba: SEHAS, mayo de 2004.

Ministerio Federal de Relaciones Exteriores de la República de Alemania (2010), *Alemania, América Latina y el Caribe: lineamientos del gobierno federal*, Berlín, Ministerio Federal de Relaciones Exteriores, Labor Comunicacional Nacional (607).

OPP (2009a), "Estrategia Uruguay III Siglo. Aspectos productivos. Documentos para la discusión", Montevideo, agosto de 2009. Disponible en línea: http://decon.edu.uy/~zuleika/modulo/EstrategiaUruguayTercerSiglo-AspectosProductivos%20(1).pdf.

OPP (2009b), *Insumos para construir una agenda de desarrollo en los departamentos de Rivera y Tacuarembó. Pilotos de agendas regionales de desarrollo en el marco de la estrategia Uruguay tercer siglo*, Montevideo, Taller Rivera-Tacuarembó, 4 de noviembre de 2009.

OPP (2009c), *Presentación de pilotos de agendas regionales de desarrollo en el marco de la estrategia Uruguay tercer siglo*, Montevideo, Taller Rivera-Tacuarembó, 4 de noviembre de 2009.

Otegui, Olga (2010), "Política de incorporación de generación eléctrica a partir de biomasa", DNETN, MIEM, presentación efectuada en el seminario exposición Casa

Alemana, Cámara de Comercio e Industria Uruguayo-Alemana, Montevideo, mayo de 2010.

Pelfini, Alejandro (2005), *Kollektive Lernprozesse und Institutionenbildung. Die deutsche Klimapolitik auf dem Weg zur ökologische Modernisierung*, Berlin, Weissensee Verlag.

PNUD (2010), Descentralización y desarrollo local en Uruguay. Elementos para promover un debate político, en *Cuadernos para el Desarrollo Local. Diálogos por la Descentralización*, núm. 3, Programa ART, Montevideo, marzo de 2010.

Sierra, Wilson (2010), "Marco normativo para el desarrollo de la energía solar térmica", DNETN, MIEM, presentación efectuada en el seminario exposición Casa Alemana, Cámara de Comercio e Industria Uruguayo-Alemana, Montevideo, mayo de 2010.

Troncoso, Carlos (2009), *Consultoría para elaboración de insumos para una agenda de desarrollo de los departamentos de Rivera y Tacuarembó. Pilotos de agendas regionales de desarrollo en el marco de la Estrategia Uruguay Tercer Siglo*, Informe Final, Montevideo, ART-OPP.

Vargas, Justo y Miguel Almada (2009), "Estado actual y desarrollo de la agroenergía en los países del CAS", CAS-REDPA, presentación efectuada en el seminario "Las energías renovables en el ámbito del MERCOSUR, sus Estados asociados y en el escenario internacional: su dimensión estratégica, productiva, ambiental y económica", Montevideo, 15 y 16 de octubre de 2009. Disponible en línea: http://plataformaenergetica.org/system/files/Seminario%20EERR%20%282%29.pdf.

Acerca de los autores

Hermann Schwengel

Prof. Schwengel is a german sociologist, Head of the Sociology Institute of the Albert-Ludwigs Universität Freiburg, twice Dean of the Faculty of Philosophy and current Vice-Rector for Research of Freiburg University. Former co-editor of the scientific journals Theory, culture and Society *and* Ästhetik und Kommunikation *(*Esthetics and Communication*), actually Dr. Schwengel is member of the advisory board of* Sozialen Welt *(*Social World*). Among his published work we can find his research on modernization in the USA, American populism and progressivism (particularly* Der kleine Leviathan*, 1988), also on political sociology and theories of culture (*Wer inszeniert das Leben? *with Fritjof Hager, 1996). Prof. Schwengel has also written numerous editorial contributions to many academic journals on European matters.*

El Prof. Schwengel es un sociólogo alemán, Director del Instituto de Sociología de la Universidad Alberto-Ludovicana de Friburgo, dos veces Decano de la Facultad de Filosofía y actual Vicerrector de Investigación de dicha universidad. Fue coeditor de las revistas científicas *Teoría, cultura y sociedad* y *Kommunikation und Ästhetik* (*La estética y la comunicación*) y es miembro del consejo asesor de *Sozialen Welt* (*Mundo Social*). Ha publicado trabajos sobre la modernización en los EE.UU., el populismo y el progresismo americano (en particular *Der kleine Leviatan*, 1988), y sobre sociología política y teorías de la cultura (*Wer das inszeniert Lebem?*, con Fritjof Hager, 1996), así como numerosas contribuciones editoriales a cuestiones europeas.

Sergio Almeida Pacca

Dr. Almeida Pacca is a Brazilian agronomist and social science specialist in energy and natural resources. He has a vast international academic and professional trajectory, mainly in the USA (University of Michigan, University of California, Berkeley). Currently Dr. Pacca is professor of the course Environmental Management at the University of Sao Paulo (USP) and peer reviewer of the scientific publications Environmental Science and Technology, Journal of Systems and Infrastructure *and* Journal of Industrial Ecology. *He is also a member of the International Society of Industrial Ecology. His research areas are energy, sustainability, climate change, life cycle analysis and industrial ecology.*

El Dr. Pacca es un agrónomo y cientista social brasileño, especialista en energía y recursos naturales. Cuenta con una vasta trayectoria académica y profesional internacional, principalmente en los Estados Unidos (Universidad de Michigan y Universidad de California, Berkeley). En la actualidad, es profesor de un curso de Gestión Ambiental en la Universidad de San Pablo (USP) y oficia de evaluador (*peer Reviewer*) en las publicaciones científicas *Ciencia y Tecnología Ambiental, Journal de Sistemas e Infraestructura* y *Journal de la ecología industrial.* Además, es miembro de la Sociedad Internacional de Ecología Industrial. Sus áreas de investigación son: energía, sostenibilidad, cambio climático, análisis del ciclo de la vida y ecología industrial.

Alejandro Pelfini

Dr. Pelfini is an argentine sociologist, Director of the Latin American Module of the Global Studies Programme at FLACSO, Argentina. He is currently a graduate professor, researcher and Head of the Sociology Department at Alberto Hurtado University in Chile and visiting lecturer at the University of Freiburg, Germany. Dr. Pelfini participates in various international research teams on global inequality, environmental policy and green citizenship. His research areas are social theory, environmental sociology and political sociology, particularly the topics of populism, elites, collective learning processes and climate change.

El Dr. Pelfini es un sociólogo argentino, Director del Módulo Latinoamericano del *Global Studies Programme* en FLACSO Argentina. Actualmente se desempeña como profesor, investigador y Director del Departamento de Sociología de la Universidad Alberto Hurtado, en Chile, y como profesor visitante de la Universidad de Friburgo. También dirige o participa en varios equipos internacionales de investigación sobre desigualdad global, política ambiental y ciudadanía verde. Sus áreas de investigación son: teoría social, sociología del medio ambiente y sociología política, en particular los temas populismo, elites, procesos de aprendizaje colectivo y cambio climático.

Adrián Beling

Mgter. Beling studied economics, business management and social sciences in Argentina (UN Cuyo and FLACSO Argentina), Germany (Freiburg University) and India (Jawaharlal Nehru University), and is currently pursuing a doctoral degree at Alberto Hurtado University, Chile. He is also assistant professor and guest lecturer in graduate courses at A.H. University and FLACSO Argentina, and researcher with a FONDECYT team on environmental policy. His research interests include the human dimensions of global environmental change, collective learning, social change and democratization of the public sphere.

Adrián Beling se formó en ciencias económicas y ciencias sociales en Argentina (Universidad Nacional de Cuyo y FLACSO Argentina), Alemania (Universidad de Friburgo) e India (Universidad Jawaharlal Nehru), y actualmente realiza sus estudios doctorales en la Universidad Alberto Hurtado de Chile, desempeñándose como docente asistente de posgrado en dicha universidad y en FLACSO Argentina e integrante de un equipo de investigación FONDECYT sobre política pública ambiental. Sus intereses de investigación son: dimensiones humanas del cambio ambiental global, aprendizaje colectivo, cambio social y democratización de la esfera pública.

Jürgen Hauber

Jürgen Hauber is a researcher and a lecturer at the Institute of Forest and Environmental Policy at Freiburg University, Germany. He is also researcher and head of the project EE-Regionen Sozialökologie der Selbstversorgung (Regions of Renewable Energy. Social Ecology of Self-sufficiency) at the Centre for Renewable Energy (ZEE), Freiburg University. His main research areas are sociology of markets, networks in the area of value creation, knowledge-value at the regional level and bioenergy.

Jürgen Hauber es investigador y docente del Instituto de Bosques y Política Ambiental de la Universidad de Friburgo. También es investigador jefe del proyecto “Regiones de Energía Renovable. Ecología Social de la autosuficiencia”, en el Centro de Energías Renovables (ZEE) de la Universidad de Friburgo. Sus áreas principales de investigación son: sociología de los mercados, redes en la creación de valor, valor del conocimiento a nivel regional y bioenergía.

Simon Funcke

Simon Funcke is currently pursuing his PhD in the field of renewable energies at the University of Freiburg, Germany. He holds a Master of Sciences in Renewable Energy Management from the University of Freiburg and a Bachelor of Sciences in Environmental Sciences from the Leuphana University of Lüneburg. His research interests are the implications of integrating small-scale renewable energy systems into the energy markets and added value effects of the increasing deployment of renewable energies on the regional and municipal level.

Simon Funcke actualmente cursa su doctorado en el campo de las energías renovables en la Universidad de Friburgo, Alemania. Tiene una Maestría de Ciencias en Gestión de Energías Renovables de la Universidad de Friburgo y una Licenciatura en Ciencias Ambientales de la Universidad Leuphana de Lüneburg. Sus intereses de investigación son las implicaciones de la integración de los pequeños sistemas de energía renovable en los mercados de la energía y los efectos de valor añadido del creciente despliegue de las energías renovables a nivel regional y municipal.

Gastón Fulquet

Gastón Fulquet studied international affairs and regional integration (Universidad del Salvador and Universidad de Buenos Aires, Argentina). He is currently a National Science and Technology Research Council (CONICET) PhD scholar at the Social Sciences Doctoral Programme at FLACSO Argentina. He is also assistant lecturer at the Global Studies Programme in that same institution. His topics of interest include regional integration, global governance, International political economy and environmental politics.

Gastón Fulquet se formó en relaciones internacionales y procesos de integración regional (Universidad del Salvador y Universidad de Buenos Aires, Argentina). Actualmente se desempeña como becario doctoral por el Consejo Nacional de Investigaciones Científicas y Técnicas (CONICET) en el Programa de Doctorado en Ciencias Sociales de FLACSO Argentina y se desempeña como docente asistente en el *Global Studies Programme* en la misma institución. Sus temas de interés son la integración regional, la gobernanza global, la economía política internacional y las políticas ambientales.

Amalia Stuhldreher

Dr. Stuhldreher is an International Relations and Political Science scholar from Universidad del Salvador in Argentina and the Johannes Gutenberg University in Mainz, Germany. She currently pursues her independent research agenda with focus on integration processes in the American continent. She is a member of the ADLAF (German Association for Latin America Research) and participates in a workgroup on Latin America at the Arnold Bergstrasser Institut, Freiburg.

La Dra. Stuhldreher se formó en ciencia política y relaciones internacionales en las universidades del Salvador, Argentina, y Johannes Gutenberg-Universität Mainz, Alemania. Actualmente desarrolla una actividad como investigadora independiente, con foco en los procesos de integración en el continente americano. Es miembro de la ADLAF (Asociación Alemana de Investigación sobre América Latina) y miembro de un grupo de trabajo sobre América Latina en el Instituto Arnold Bergstrasser de Friburgo.

Pablo Bertinat

Pablo Bertinat is an Electrical Engineer and master in Human Environmental Systems. Prof. Bertinat has simultaneously developed his career in multiple fronts: the industry, the academia (as a teacher and researcher with the National Technological University / UTN) and civil society environmental initiatives. He is author of several articles and books on sustainability and renewable energy and President of the NGO Taller Ecologista and Coordinator of the Sustainable Energy Programme of Cono Sur.

Pablo Bertinat es Ingeniero Electricista y Master en Sistemas Ambientales Humanos, Centro de Estudios Interdisciplinarios, Universidad Nacional de Rosario. El Ing. Bertinat ha desarrollado su carrera simultáneamente en varios frentes: la industria, la academia (como docente e investigador de la Universidad Tecnológica Nacional-UTN) y el activismo socioambiental. También es autor de diversos artículos y libros sobre sustentabilidad energética y energías renovables. Al mismo tiempo, se desempeña como Presidente de la ONG Taller Ecologista y como Coordinador del Programa de Energía Sustentable del Cono Sur.

Gadadhara Mohapatra

Dr. Mohapatra is a sociologist from Orissa, India. His academic life started in Jawaharlal Nehru University (JNU) in Delhi. Currently he is Assistant Professor at the Department of Sociology of Tripura University. He also worked for the National Institute of Public Cooperation and Child Development (NIPCCD), and for the Indian Institute of Public Administration (IIPA), both in New Delhi. His main research and publication interests are on the topic of poverty alleviation and democracy.

El Dr. Mohapatra es un sociólogo oriundo de Orissa, India. Su vida académica comenzó en la Universidad Jawaharlal Nerhu (JNU) en Delhi. Actualmente es Profesor Asistente en el Departamento de Sociología de la Universidad de Tripura. También trabajó para el Instituto Nacional de Cooperación Pública y Desarrollo del Niño (NIPCCD), y para el Instituto Indio de Administración Pública (IIPA), ambos situados en Nueva Delhi. Sus temas de interés, sobre los que investiga y publica, se relacionan con la mitigación de la pobreza y la democracia.

Björn Nienborg

Björn Nienborg graduated as Environmental Engineer at the University of Applied Sciences in Hamburg, Germany and gained a masters degree in Renewable Energy Management at the University of Freiburg. In 2006 he began working at the prestigious Fraunhofer Institute for Solar Energy Systems (Germany) in the area of thermal systems. As part of his master thesis, he researched on the current state and potential of the market for solar water heaters in Argentina.

Björn Nienborg se graduó como Ingeniero Ambiental en la Universidad de Ciencias Aplicadas de Hamburgo, Alemania, y luego obtuvo un Master en Gestión de Energías Renovables en la Universidad de Friburgo. En el año 2006 empezó a trabajar en el prestigioso Instituto Fraunhofer para Sistemas de Energía Solar (Alemania) en el área de sistemas térmicos. En el marco de su tesis de maestría investigó sobre el estado actual y las potencialidades del mercado para calentadores solares en la Argentina.

Dianne Scott

Dianne Scott is currently a Research Associate in the School of Development Studies, University of KwaZulu-Natal, in Durban, South Africa. She is a human geographer with a specialization in urban geography and environmental governance, sustainable cities, society and space, and in interdisciplinary work at the interface of science and society. Her PhD was obtained in 1995 in urban geography and she is currently rated by the NRF as an established researcher. Her current interest is in understanding climate change through a social science lens.

Dianne Scott se desempeña actualmente como Investigadora Asociada a la Facultad para Estudios sobre Desarrollo, en la Universidad de KwaZulu-Natal, Sudáfrica. Es geógrafa humana, especializada en geografía urbana y gobernanza ambiental, ciudades sostenibles, sociedad y espacio, y en trabajos interdisciplinarios en la interfaz entre ciencia y sociedad. Obtuvo su doctorado en geografía urbana en 1995 y la NRF la cataloga como una investigadora establecida. Su interés actual radica en comprender el cambio climático desde la lente de las ciencias sociales.

Catherine Sutherland

Catherine Sutherland is a geographer and post-graduate lecturer on Environment, Development and Social Policy at the School of Development Studies, University of KwaZulu-Natal, in Durban, South Africa. She engages in both theoretical and applied research on the relationship between social and natural systems and their relationship with space. Her current research is focused on participatory spatial knowledge production in the drive towards more sustainable and resilient cities.

Catherine Sutherland es geógrafa y docente de posgrado en materia de política ambiental, social y de desarrollo en la Facultad de Estudios para el Desarrollo, Universidad de KwaZulu-Natal, en Durban, Sudáfrica. Su investigación es tanto teórica como aplicada, y aborda la relación entre sistemas sociales y naturales, y entre estos y el espacio. Actualmente investiga sobre la producción espacial participativa de conocimiento en pos de ciudades más resilentes.

Haley Leck

Hayley Leck is a PhD Candidate at Royal Holloway, University of London. Her dissertation research focuses on responses to global environmental change (GEC), or more narrowly climate change at the municipal and local levels in the eThekwini (Durban) and Ugu municipal regions, South Africa. Drawing from political ecology insights, particular focus is on human dimensions, specifically social and cultural opportunities and limitations for adaptation to GEC.

Haley Leck es candidata doctoral por la *Royal Holloway* de la Universidad de Londres. Su investigación doctoral se relaciona con las respuestas al cambio ambiental global (CAG); más precisamente al cambio climático a nivel local en las regiones municipales de eThekwini (Durban) y Ugu, en Sudáfrica. Desde una perspectiva de ecología política, se enfoca particularmente en las oportunidades y limitaciones sociales y culturales para la adaptación al cambio ambiental global (CAG).

Eva-Lotta Schiermeyer

Eva-Lotta Schiermeyer is an independent researcher currently affiliated to the School of Development Studies, University of KwaZulu-Natal as well as the School of Sociology, University of Freiburg, Germany. She holds a double Masters degree in social sciences from the University of Freiburg and the University of KwaZulu-Natal, with a specialisation in 'Global Studies.' Her Master thesis explored barriers to environmental citizenship and urban environmental education in different international contexts, including Durban, South Africa.

Eva-Lotta Schiermeyer es una investigadora independiente, actualmente afiliada a la Facultad de Estudios para el Desarrollo de la Universidad de KwaZulu-Natal, Sudáfrica, y al Instituto de Sociología de la Universidad de Friburgo, en Alemania. Tiene un Master conjunto de ambas universidades en ciencias sociales, con especialización en estudios globales. Su tesis de maestría exploró los obstáculos para la construcción de una ciudadanía ambiental y para la educación urbana ambiental en diversos contextos internacionales, incluido Durban, en Sudáfrica.

www.ingramcontent.com/pod-product-compliance
Lightning Source LLC
Chambersburg PA
CBHW020656270326
41928CB00005B/152

* 9 7 8 9 8 7 1 8 6 7 2 6 4 *